纪念中国工农红军长征胜利80周年

红军长征80个历史细节

THE LONG MARCH

80 historical details

褚银 等 著

江西人民出版社
Jiangxi People's Publishing House
全国百佳出版社

图书在版编目（CIP）数据

红军长征80个历史细节 / 褚银等著. - 南昌：江西人民出版社，2016.12（2019.11重印）

ISBN 978-7-210-07486-1

Ⅰ. ①红… Ⅱ. ①褚… Ⅲ. ①中国工农红军长征—史料 Ⅳ. ①K264.406

中国版本图书馆CIP数据核字（2016）第287457号

红军长征80个历史细节

褚银　等著

策划组稿： 游道勤
责任编辑： 陈才艳
装帧设计： 运平设计
出　　版： 江西人民出版社
发　　行： 各地新华书店
承 印 厂： 江西千叶彩印有限公司
地　　址： 江西省南昌市三经路47号附1号
编辑室电话： 0791-86898054
发行部电话： 0791-86898893
邮　　编： 330006
网　　址： www.jxpph.com
2016年12月第1版　2019年11月第2次印刷
开　　本： 787毫米×1092毫米　1/16
印　　张： 21.5
字　　数： 250千
ISBN 978-7-210-07486-1
赣版权登字—01—2016—767
定　　价： 39.00元

前言：长征是什么

中国工农红军长征，最初叫“战略转移”，在1934年开始战略转移时并没有“长征”这种说法，1935年时有人用“西征”一词来指称此事。

1935年2月23日，在发动第二次遵义战役之前，红军总政治部发布《告工农劳苦群众书》，开始使用“长征”一词。5月，中央革命军事委员会以朱总司令名义发布的《中国工农红军布告》中指出：“红军万里长征，所向势如破竹，今已来到川西，尊重彝人风俗。”这样，“长征”一词便使用开了。

12月27日，毛泽东在陕北瓦窑堡党的活动分子会议上所作的报告《论反对日本帝国主义的策略》中首先对“长征”一词做了全面的政治解释，他说：“长征是历史纪录上的第一次，长征是宣言书，长征是宣传队，长征是播种机。自从盘古开天地，三皇五帝到于今，历史上曾经有过我们这样的长征吗？十二个月光阴中间，天上每日几十架飞机侦察轰炸，地下几十万大军围追堵截，路上遇着了说不尽的艰难险阻，我们却开动了每人的两只脚，长驱二万余里，纵横十一个省。

请问历史上曾有过我们这样的长征吗？没有，从来没有的。长征又是宣言书。它向全世界宣告，红军是英雄好汉，帝国主义者和他们的走狗蒋介石等辈则是完全无用的。长征宣告了帝国主义和蒋介石围追堵截的破产。长征又是宣传队。它向十一个省内大约两万万人民宣布，只有红军的道路，才是解放他们的道路。不因此一举，那么广大的民众怎会如此迅速地知道世界上还有红军这样一篇大道理呢？长征又是播种机。它散布了许多种子在十一个省内，发芽、长叶、开花、结果，将来是会有收获的。总而言之，长征是以我们胜利、敌人失败的结果而告结束。谁使长征胜利的呢？是共产党。没有共产党，这样的长征是不可能设想的。中国共产党，它的领导机关，它的干部，它的党员，是不怕任何艰难困苦的。谁怀疑我们领导革命战争的能力，谁就会陷进机会主义的泥坑里去。长征一完结，新局面就开始。”从此，“长征”一词进入史册。

长征是在抗日救亡成为全民族最紧迫的任务，中国面临民族危亡的情况下发生的。1931 年九一八事变是日本企图灭亡中国的开始，1935 年“华北事变”是日本即将发动全面侵华战争的前奏，抗日救亡成为全民族最紧迫的任务。蒋介石置国难当头于不顾，顽固坚持“攘外必先安内”的反动政策，一再对日妥协。日本侵略者的气焰更加嚣张，企图把华北变成第二个“满洲国”。中华民族到了最危险的时候，在这种情况下，中国的所有政治力量，都必须重新审视自己的政治主张，表明自己的立场。中国共产党作为中国人民利益的忠实代表，必然要站在挽救民族危亡的第一线，必然要把军事上的战略转移和政治上的战略转变紧密联系起来，把红军长征前进的大方向与建立抗日的前进阵地联系在一起。

长征是在党和红军面临生死存亡的严重危机的情况下发生的。1933 年 9 月，蒋介石集中 50 万大军，对中央苏区发起第五次“围剿”。以王明为代表的“左”倾教条主义者，脱离中国革命实际，否认敌强我弱的基本形势，要求红军采取“积极进攻的路线”，攻打中心城市，以实现革命在一省或数省的首先胜利。他们排挤毛泽东同志对中央苏区党和红军的领导，全面否定毛泽东同志在指导中国革命实践中形成的一整套正确主张：先是采取进攻中的冒险主义，使红军在战略上完全陷入被动；之后，又采取防御中的保守主义，命令红军以堡垒战、阵地战和“短促突击”与优势之敌拼消耗，最终导致中央苏区第五次反“围剿”的失败。周恩来总结这段历史说，万里长征，就因为在江西打败了，硬拼消耗，拼到最后挡不住，不得不退出江西。他一针见血地指出了中央红军战略转移的直接原因：党和红军陷入严重的生存危机，被迫实行战略转移。中央苏区反“围剿”的失败，改变了中国革命战争的大格局，影响了其他苏区，使长征由局部演变为全局性的战略转移。

这两大危机，决定了红军长征一方面是要保存革命力量，另一方面是要实现把国内革命战争转变为抗日民族战争的历史任务。

为减轻中央苏区反“围剿”的压力，中央于 1934 年 7 月命令红七军团以北上抗日先遣队的名义，向皖浙赣边开进，以吸引敌人；之后，又令红六军团由湘赣苏区西征，为中央红军战略转移先遣探路。8 月 7 日，红六军团开始突围，拉开了长征的序幕。

10 月 10 日，中央红军（红一方面军）被迫进行战略转移，开始了艰苦卓绝的长征。之后，红二十五军、红四方面军和红二、红六军团（红二方面军）相继撤出鄂豫皖、川陕、湘鄂川黔苏区，踏上了长征之路。由于分别处在国民党军的分割、包围之中，四支红军部队在进行长征时，起始的时间、地点各不相同，所走的路程差距也很大。

中央红军的长征最惊心动魄，其成败决定中国革命的命运。1934 年 10 月 10 日，中共中央率中央红军主力 8.6 万余人，撤离瑞金开始战略转移。瑞金是中央首脑机关的长征出发地，带有标志意义；于都是中央首脑机关和红军主力四个军团的集结出发地。还有红军部队从其他地方直接出发作战略转移进行长征的，如红九军团就是从会昌出发的，因而也是长征出发地。属于这个层面的出发地，还有石城、长汀、兴国、宁化等县。中央红军一路闯关夺隘，突破4道封锁线，血战湘江、突破乌江、四渡赤水、巧渡金沙江、强渡大渡河、飞夺泸定桥、夺占腊子口，打破了国民党军的围追堵截；爬雪山，过草地，战胜了自然界的各种艰难险阻。与此同时，我们党还纠正了“左”倾错误，克服了张国焘右倾分裂主义，1935年10月19日，中共中央率中央红军主力到达陕北。此时，除随红四方面军行动的红五、红九军团外，还有7000余人。11月初，与红十五军团在陕西甘泉会师，使党中央实现了把中国革命大本营奠基西北的战略目标。红一方面军长征路上一共368天，有235天用在白天行军打仗上，18天用于夜行军。途中红军只休息44天，平均走365里才休整一次，日平均行军74里。一共翻越了18座山脉，其中5座终年积雪，渡过了24条河流，经过11个省，占领过大小62个城市，突破了10个地方军阀的封锁包围，并且成功通过6个不同的少数民族地区，有苗族、壮族、瑶族、藏族、回族、彝族地区。从瑞金出发到陕北平均每行1公里，就有4名红军战士死亡，大约每12人中只有1人到达陕北。

红二十五军，长征中人数最少的部队，也是最早到达陕北的红军部队。1934年11月，在程子华、吴焕先、徐海东率领下，红二十五军2900余人由河南罗山何家冲出发，途中曾创建鄂豫陕苏区，部队发展到4000余人，1935年7月，为策应红一、红四方面军北上，主动控制西（安）兰（州）大道达半月之久，后因敌重兵逼进，不得不先行北上，9月15日到达陕西延川永坪，还有3400余人。第二天，与刘志丹率领的陕甘红军会师，合编为红十五军团，增强了陕甘苏区的红军力量。

红四方面军于1935年3月发起嘉陵江战役后，张国焘、徐向前、陈昌浩率部队和机关约10万人，撤离川陕苏区从四川苍溪出发长征。6月中旬，与中央红军在四川懋功（今小金）会师。8月，两个方面军混编为左、右两路军分别北上。张国焘反对中央的北上方针，于9月率红四方面军和随其行动的中央红军两个军团南下。11月，在四川名山县百丈地区遭受惨重损失，折兵近万，被迫退向川西北。1936年7月初，与红二、红六军团在甘孜会师。经党中央耐心劝说和红二方面军推动，应红四方面军广大指战员强烈要求，张国焘不得不同意北上。10月9日，在甘肃会宁与红一方面军会师。由于张国焘的分裂主义错误，红四方面军长征期间三过草地，极其艰辛。长征结束时，包括中央红军第五军团在内，部队仅剩3.3万余人。

红二、红六军团（红二方面军）是三大主力长征中损失最少的部队。1935年11月，任弼时、贺龙、关向应率领1.7万余人，撤离湘鄂川黔苏区从湖南桑植出发长征。之后，在云贵交界的乌蒙山区，回旋转战上千里，摆脱了国民党军的重兵追堵。1936年7月1日，在甘孜与红四方面军会师。7月5日，红二、红六军团与红三十二军（原中央红军第九军团）合编为红二方面军。随后，与红四方面军共同北上。10月22日在甘肃会宁以北的将台堡（今属宁夏西吉县）与红一方面军会师，部队仍有1.3万余人。

红军长征到陕北，这不是预先设定的实行战略转移，开始并没有打算走很远。长征的路线和目的地是根据军事形势和作战情况而不断变化的。这好似一个动态过程。红军长征目的地，据初步统计，仅中央红军言，先后有8个设想：（1）在瑞金出发时到湘西与红二、红六军团会合，发展复兴后再回来；（2）黎平会议决定到黔北的遵义地区建立新根据地；（3）遵义会议决定过长江到川西建立根据地；（4）会理会议决定到川西北与红四方面军会合去建立根据地；（5）两河口会议决定去川陕甘一带开辟新的根据地；（6）毛儿盖会议进一步明确到甘南在洮河流域创建新的根据地；（7）俄界会议决定到与苏联接近的地方创建根据地，将来向东发展；（8）在哈达铺初步决定到陕北去，最后的榜罗镇会议正式决定陕北为长征的最后落脚点。中央红军到达吴起镇后，中央政治局召开扩大会议批准榜罗镇会议政治局常委会议的决定，宣告中央红军长征胜利结束。随后，中共中央将“红都”设在瓦窑堡，陕北成为中国革命的大本营。

长征历时两年。其中，中央红军长征历时一年，转战 11 个省，渡过 22 条江河，翻越 20 座大山，行程两万五千里。1935 年 11 月 5 日，毛泽东在向随行部队讲话时说：“从瑞金算起，十二个月零两天，共三百六十七天，战斗不超过三十五天，休息不超过六十五天，行军约二百六十七天，如果夜行军也计算在内，就不止二百六十七天。”红二十五军长征历时 10 个月，转战 4 个省，渡过渭河、泾河、葫芦河等河流，翻越桐柏山、伏牛山、蟒岭、秦岭、六盘山等大山，行程近万里；红四方面军长征历时 19 个月，转战 6 个省，渡过 15 条江河，翻越 5 座雪山，行程万里；红二方面军长征历时 11 个月，转战 8 个省，渡过元江、乌江、金沙江、渭水等江河，翻越将军山、乌蒙山、哈巴雪山、玉龙雪山等大山，行程 2 万余里。将上述四支红军的长征路，历经 14 个省的里程加在一起，长征的实际总里程为 6.5 万多里。

四路红军长征出发时，总人数共 20.6 万人，经过 14 个省，总行程 6.5 万里；途中共进行师以上规模的战役战斗 120 多次，牺牲营以上干部 432 人，职务最高的是红三军团参谋长邓萍，年仅 27 岁；沿途补充兵力有据可查的为 1.7 万人，长征结束时共保留下来 5.7 万人。

三大主力红军会师西北，标志着长征胜利结束，宣告了国民党反动派消灭红军的企图彻底破产，实现了党中央对全国红军的统一指挥，开创了中国革命的新局面。

长征的胜利，粉碎了国民党“剿灭”红军的企图，挽救了红军，挽救了党；促进了国内革命战争向抗日战争的战略转变，推动了抗日救亡运动的发展；扩大了党和红军的影响，为中国革命发展奠定了广泛的群众基础；铸就了伟大的长征精神，为中华民族的复兴提供了宝贵的精神财富；促进了我们党和军队走向成熟。

长征是信念不朽的象征。坚定的信念、坚强的意志以及无与伦比的勇气，这些都是可以创造人间奇迹的精神——小到决定一个人人格的优劣，大到决定一个民族和国家文明的兴衰。无数历史证明，一个没有精神的民族，是没有希望的民族。不论时间多么久远，时代如何变迁，长征锻造的伟大精神，永远是中华民族取之不竭的精神财富。继承和弘扬好伟大的长征精神，无论遇到任何艰难险阻，我们同样能无往而不胜，同样能谱写出更加辉煌而壮丽的诗篇。

长征精神永放光芒！

目　录

整个国家走上了征途

10 月 10 日，这一天，对国人来说是个值得记住的日子。1911 年的这一天，爆发了推翻封建帝制的辛亥革命。8 年后的这一天，孙中山将中华革命党改组为中国国民党。而 1934 年的 10 月 10 日，农历九月初三，将是属于中国共产党和红军的重要日子。

这一天晚上，中央红军开始实行战略转移。为便于随军行动，中共中央、中华苏维埃临时中央政府、中革军委机关和直属部队编为 2 个纵队。第 1 野战纵队由红军总部和干部团组成，叶剑英任纵队司令员兼政治委员，钟伟剑任参谋长，王首道任政治部主任。下辖 4 个梯队：第一梯队由军委总部第一、第二、第三局及无线电 3 台、电话 1 排、通讯队、警备连、工兵连、运输 2 排组成，负责人彭雪枫；第二梯队由军委总部第四、第五局及总政治处、警卫营、红军总政治部、医务所、运输 1 排组成，负责人罗彬；第三梯队由军委工兵营、炮兵营、运输一大队、附属医院组成，负责人武亭；第四梯队由干部团、医务所、运输 1 排组成，负责人陈赓、宋任穷。其中干部团是由红军大学、公略步兵学校、彭杨步兵学校、特科学校合并组成，陈赓任团长，宋任穷任政治委员，毕士悌任参谋长，莫文骅任政治部主任。下辖 4 个营，第一、第二营为步兵营，第三营为政治营，第四营为特科营。另有上级干部队（简称上干队），分指挥科、政治科等，属干部团指挥。博古、李德、周恩来、朱德等随该纵队行动。

第二野战纵队由中共中央机关、中华苏维埃共和国临时中央政府机关、后勤部队、卫生部门、总工会、青年团等组成，罗迈（李维汉）任司令员兼政治委员，邓发任副司令员兼副政治委员，张宗逊任参谋长，后为张劲武、姚喆代理，邵式平任政治部主任。毛泽东、张闻天、王稼祥等随该纵队行动。以上 2 个纵队和红军主力第一、第三、第五、第八、第九军团，共 8.6 万余人，组成战略转移的野战军。

中央红军主力转移前，中央决定由项英、瞿秋白、陈毅、陈潭秋、贺昌等组成中共苏区中央分局、中央军区和中华苏维埃共和国中央政府办事处，项英为中央分局书记、中央军区司令员兼政治委员，陈毅为办事处主任，统一领导中央苏区和闽浙赣苏区的红军和地方武装继续坚持斗争。

李德后来回忆说，参加大规模军事转移的红军有 10 万人。然而红军参谋部制作的“野战人员武器弹药供给统计表”显示，中央红军开始大规模军事转移时的兵力与装备情况是：

第一军团：军团长林彪，政委聂荣臻，参谋长左权，政治部主任朱瑞；下辖第一师、第二师、第十五师，共计 19880 人。

第三军团：军团长彭德怀，政委杨尚昆，参谋长邓萍，政治部主任园国平；下辖第四师、第五师、第六师，共计 17805 人。

第五军团：军团长董振堂，政委李卓然，参谋长刘伯承，政治部主任曾日三；辖下等十三师、第三十四师，共计 12168 人。

第八军团：军团长周昆，政委黄苏，参谋长唐浚，毕占云（后），政治部主任罗荣桓；下辖第一师、第二十三师，共计 10922 人。

第九军团：军团长罗炳辉，政委蔡树藩，参谋长郭天民，政治部主任黄火青；下辖第三师，第二十二师，共计 11538。

第一纵队共计 4693 人，第二纵队共计 9853 人。

中央红军野战部队总人数 86859 人。

共有马匹 338 头，各种枪支 3.3244 万支(挺)，枪弹 173.213 万发，迫击炮 38 门，炮弹 2473 发，冬衣 8.3 万件，盐 3.4826 万斤，银元 202.4 万元，药品 177 种，通信器材可供给至 11 月 24 日。

但是，如果加上两个军委纵队和各个军团所雇用的大量民夫，这支队伍的总人数应该能够达到 10 万。

数量庞大的民夫队令各军团都成立了后方部。其中东西最多的是军委第二纵队，不但担子达到了 1000 担以上，而且奇形怪状的东西堆积如山。由于物资太多，且有重要之物，经中央指示成立了由张经武任师长、何长工任政委的教导师，教导师的 3000 兵力负责帮助中央机关搬运各个部门的物资。

当时，中央决定所有可以搬走的东西都要捆扎起来搬走，包括兵工厂、服装厂、印刷厂、医院等部门的织布机、缝纫机、铅印机、石印机、印币机，还有红军总部储备的银元、大米、盐巴、药品、通讯器材等等。野战医院的同志认为转移仅仅是到苏区的边缘作战，因此把病号的尿盆都捆在一起带上了。更有机关办公的桌椅和文件柜被捆扎好等待着教导师的战士们抬着行军。所有这些物品堆放在一起，就是教导师再派 3000 名兵力也无法全部搬走。最后，中央统一把已经捆扎起来的物品重新拆开、整理、压缩，并要求每副担子不得超过 50 斤，但结果还是整理出了 1000 多担。红军战士必须携带的干粮、枪支和弹药加起来已有 40 多斤，再挑上五六十斤重的担子，如何长途行军？一旦遇到敌情又如何机动作战……“整个国家走上了征途”，美国记者斯诺说得很形象。

10 月 9 日，中革军委向各野战军团下发了由总部一局受命拟制的《中国工农红军第一方面军突围前部队集结位置图》和《野战军由 10 月 10 日至 20 日行动日程表》，具体规定了军委第一、第二纵队和各军团实施战略转移的逐日行动路线、任务、要求、分界线和通信联络方法等。

同日，中国工农红军总政治部发布《关于准备长途行军与战斗的政治训令》，要求各部队“加强部队的政治、军事训练，发扬部队的攻击精神，准备突破敌人的封锁线，进行长途行军……”

10日晚，中共中央、中革军委率领第一、第二野战纵队，分别由瑞金县的田心、梅坑地区出发，向集结地域开进。16日，中央红军各部队在于都河（即贡水）以北地区集结完毕。17日，按照中革军委颁布的《野战军渡河计划》，分别从于都、花桥、潭头好（龙石咀）、赖公庙、大坪心（龙山门）、峡山圩（孟口）等10个渡口南渡于都河，向赣县、信丰、安远边界的王母渡、塘村地域集结开进。

20日，中革军委向各军团发布命令：

（一）三军团未能赶到二十日的指定地点，其他各军团尚无报告。

（二）为保证各兵团行动之协调及同时动作，总攻击改在二十一日夜至二十二日晨举行。

（三）三军团及其他未能按时抵达之各兵团，应于二十一日晨抵达指定地点（命令上二十日的指定地点）。特别后方机关，不应在制定的后方分界线以北。

（四）已抵达二十日指定地点之各兵团，应隐蔽配置一日。

（五）各兵团利用二十日及二十一日应进行：（A）加强侦察敌情与地形。（B）肃清进攻出发地区与向前接敌地区之铲共团及可疑分子。（C）最后制定进攻计划并准备攻击。

（六）各军团、各纵队应逐日报告自己行动及配置，各军团（除五军团）应于二十一日午前报告自己的进攻的决心。

（七）军委司令部二十一日仍至河（合）头。

随后，中革军委决定：中央红军由王母渡、韩坊、金鸡、新田之间地区突破粤军的封锁，向湘南前进。中央红军主力先后到达国民党南路军阵地前的仁风圩（街）、双芫（园）、牛岭、长洛、桂林江等地区，完成了突围西进的进攻准备。

为加强对红九、红八、红五军团的领导，中共中央派凯丰、刘少奇、陈云为中央代表，先后到达这些部队，随军行动。“三人团”也准备将张闻天、毛泽东、王稼祥分散下去，但由于毛泽东坚决不同意，最后“三人团”做了让步，将他们三个人编在军委第一纵队所属的中央队。对红军命运的担忧和对现状的不满，使这三个特殊人物有机会相互接近，就有了后来被人戏称之“担架上的阴谋”，及决定中国之命运的遵义会议的召开。

由于中央机关把笨重的机器和“坛坛罐罐”都带上了，有上千名挑夫组成的运输队伍，行动十分迟缓，有时一天只走 10 至 15 公里。这种大搬家式的转移，使主力红军变成了中央机关的掩护队，严重地影响了红军的机动能力，极大地削弱了红军的战斗力，为湘江之战的惨痛失败埋下了祸根。

借道陈济棠

1933年9月，蒋介石集中了100多万军队、200架飞机，向根据地发动了空前规模的第五次反革命“围剿”。由于王明“左”倾机会主义的错误指挥，导致了第五次反“围剿”的严重受挫。面对国民党反动派的重重包围，中国共产党内部以周恩来、朱德等为首的军事领导人，认识到要打破敌人的包围，实行战略转移，必须充分利用蒋介石与各地方军阀的矛盾，从地方军阀那里打开突破口，才能有效地保存我党我军的力量。

陈济棠，广东防城（今属广西壮族自治区）人，17岁时入学广东陆军小学，后在粤军担任团长、旅长等职，1925年任国民革命军第四军第十一师师长。1931年，陈济棠参与反蒋活动，把所属部队扩编为第一集团军，自己担任司令，并接管了广东海、空军，他手下等兵力达15万以上，成为独霸广东的“南天王”。1932年1月蒋介石复职后，陈济棠非常害怕蒋介石对其报复，特别是害怕蒋介石乘他与红军进行大规模正面冲突的时机，以追剿红军为借口袭取广东，结束广东半独立的局面。第五次“围剿”开始后，蒋介石封其为南路军总司令，指挥粤军11个师又1个旅，担负阻止红军向南发展，并向筠门岭、会昌推进的任务，一方面借陈济棠之力“围剿”红军，另一方面则是让粤军在与红军的作战中消耗实力，自己坐收渔翁之利。陈济棠对此心知肚明，当然不会轻易上当。于是，迫于蒋介石的压力，陈济棠只是采取消极应付、敷衍了事的态度，“表面上摆出继续进攻红军的架势，骗蒋饷械”，暗地里则秘密派人向红军作不再互犯的试探。

对陈济棠与蒋介石之间的矛盾和陈济棠在“剿共”中的态度，红军领导人毛泽东、周恩来、朱德等人一清二楚的。

为减轻红军突围西进的阻力，中共中央决定接受“围剿”中央苏区的国民党南路军总司令陈济棠的建议，同其进行停火谈判。9月，朱德致信陈济棠，说明中国共产党的抗日主张，并就停止内战、恢复贸易、代购军火和建立抗日反蒋统一战线等问题愿与粤军举行秘密谈判。10月5日，中共中央、中革军委派潘健行（潘汉年）、何长工为代表，同陈济棠的代表在寻乌进行会谈。双方经过反复协商，达成了就地停战、互通情报、解除封锁、互相通商和必要时可互相借道等5项协议。谈判之前，毛泽东、周恩来就曾同何长工分析过陈济棠与蒋介石的矛盾，认为可以利用陈、蒋的矛盾来大做文章。据史学工作者秦庆钧在《严应鱼夜述与红军谈判停战的经过》一文中披露，为了打破敌人的重重包围圈，“周恩来、朱德利用蒋、陈间的矛盾，运用统战政策，向陈宣传中国人不要打中国人，同胞不要互相残杀、枪口应一致对外的道理”。中国共产党的大力宣传和争取，终于打动了陈济棠，陈济棠很快就作出反应，电约共产党，要同共产党举行秘密军事谈判。据秦庆钧所述，当陈济棠听到共产党的宣传后，“陈氏当即派第七师师长和第一集团军总部代表杨幼敏赶到罗塘，与黄旭南师长会合，作为代表和红军商谈停战协定。中共中央也派出粤赣军区司令员兼政治委员何长工和中共中央宣传部长潘汉年作为代表，到陈济棠管辖区寻乌附近和陈济棠派来的代表举行秘密谈判，最后达成了停战协议。

10月初，周恩来通知何长工急速赶到瑞金接受任务。何长工驰马赶到瑞金后，周恩来详细地向他交代了任务和联络密语等事项，然后叮嘱他：派你和潘汉年为代表，前去与陈济棠的代表举行密谈，这是中央给你的重任，望你勇敢沉着，见机而作。军委副参谋长叶剑英也叮嘱何长工，此去白区谈判，任务重大，谈成了，是很有益处的，要尽力而为；谈不成，也不要紧，关键是沉着灵活。潘汉年、何长工接受后任务后，带着朱德总司令10月5日亲自署名的介绍信，立即从瑞金出发，赶往寻乌。介绍信全文如下：

黄师长大鉴：

兹应贵总司令电约，特派潘健行（即潘汉年）、何长工两君为代表前来寻乌与贵方代表幼敏、宗盛两先生协商一切，予接洽照拂为感！专此，顺致

戎祺

朱德手启

10月5日

由于谈判的地带和内容极端保密，杨幼敏等人到达罗塘镇后，即令旅长严应鱼严密封锁消息，并加强警戒，确保红军代表的安全。严应鱼深知事关重大，专门派参谋长兼军法主任韩宗盛具体负责接待保卫工作。

当何长工、潘汉年到达与白区交界地会昌县筠均门岭时，严应鱼专门派特务连待此迎接。特务连连长严直同何长工、潘汉年一见面，就悄悄地说:“何先生,我听到了你们的宣传,看到了你们的宣传,是啊,我们与贵军都是炎黄子孙，真不愿意看到中国人打中国人。”为了安全和保密起见，严应鱼先派了四名轿夫，并准备了两顶轿子。何长工、潘汉年坐上轿子，特务连护送着前行。每遇岗哨盘问，严连长就高声说“这是司令请来的贵客”，喝令他们退回去，因此，一路畅通无阻。

傍晚时分，何长工、潘汉年被护送到罗塘镇。严应鱼把他俩安排

在旅部新建的一幢崭新的两层小楼房的二楼。陈济棠的代表住在楼下。为了加强警卫，严应鱼将站岗的士兵一律换上与他亲近的客家子弟。

第二天，在何长工、潘汉年住的二楼上一间不大的会议室里进行首次谈判。据何长工《难忘的岁月》回忆：谈判开始时，双方就停止作战、解除封锁、恢复贸易、恢复通讯联络、互通情报及抗日反蒋等问题，各自提出了条件和建议。在谈判中，何长工、潘汉年遵照周恩来、朱德等领导的指示，勇敢沉着，把原则的坚定性和策略的灵活性结合起来，同陈济棠的代表经过三天三夜的谈判，双方最后“达成了以下五项协议：1. 就地停战，取消敌对局面；2. 互通情报，用有线电通报；3. 解除封锁；4. 互相通商，必要时红军可在陈的防区设后方，建立医院；5. 必要时可以互相借道，我们有行动事先告诉陈，陈部撤离四十华里。我军人员进入陈的防区用陈部护照”。

何长工、潘汉年在谈判期间，接到周恩来事先商定的密语电报：“长工，你喂得鸽子飞了。”陈济棠的谈判代表很敏感，立即问：“是否你们要远走高飞？”何长工平静地回答说：“不是，这是说谈判成功了，和平鸽上天了。”但何、潘心里明白，红军很快就要进行战略转移了。

谈判结束后，何长工、潘汉年立即离开罗塘镇返回会昌。离开时，严应鱼又派特务连和自己的贴身轿夫，将何长工、潘汉年护送到筠门岭。分别时，何长工、潘汉年向护送的特务连长和轿夫握手致谢。何长工还赠给领班轿夫李春霖一块银元。

何长工、潘汉年回到会昌，见到了周恩来派人留下的一封信，知道中央军委机关已经从瑞金转移到于都。于是，他俩急速赶到了于都，向周恩来详细汇报了谈判情况。周恩来得知谈判成功，达成了五项协议，非常高兴，并且说，这对我们红军、总部机关的突围转移，将起重大作用。

10 月 26 日，中革军委专门电令各军团：“现我方正与广东谈判，让出我军西进道路，敌方已有某种允诺。故当粤军自愿撤退时，我军应勿追击及俘其官兵。但这仅限于当其自愿撤退时，并绝不能因此而消弱警惕性及经常的战斗准备。”

10月下旬，中央红军开始突围长征，“陈济棠执行协议，在湘粤边境划定通路，让红军通过。惟是仍装模作样，派出部队堵截，沿途筑碉掘壕，架设枪炮如临大敌。但秘密通知各高级将领，谓共产党只借路西行，保证不侵入广东境，互不侵犯。应饬属做到‘敌不向我射击不得开枪，敌不向我袭击不准出击’。……让红军安全通过”。但是，由于双方达成的秘密协议没有及时贯彻到粤军驻赣南部队，10月21日夜至22日清晨，红军突破粤军第一道封锁线时，战斗打得非常激烈，红军伤亡3000余人。

之后，陈济棠命令其主力部队撤至大余、南雄及粤北一线。果然，11月5日至8日，突围西进的红军到达粤军管区的第二道封锁线时，未经交火，就从汝城、城口间顺利通过广东边境，从而使蒋介石三道防线作战的计划全部落空，为中国共产党做了一件大好事，用朱德的话说就是“为中央红军长征初期突破蒋军第一道封锁线创造了有利条件”。

血战湘江

中央红军渡过潇水后，蒋介石命令何键的“追剿”军与粤、桂军相配合，凭借湘江险阻，从四面对中央红军进行围追堵截，企图把红军歼灭于湘江以东地区。中央红军为了调动敌人，寻机渡江，以一部兵力西进永明。李宗仁、白崇禧误认为红军要夺取桂林，匆忙将桂军主力由全州、兴安一线撤向龙虎关、恭城一带堵截，以阻止红军西取桂林。这样，兴安、全州一线敌军防守的兵力比较空虚。

中共中央、中革军委决定抓住这一战机，迅速从兴安、全州间抢渡湘江，突破敌人第四道封锁线，冲出国民党军的重围。

11 月 25 日 17 时，中革军委下达关于向全州、兴安西北之黄山地域进军，强渡湘江的作战命令，规定第一步进到湘江地域。这时，何键的“追剿”军 2 个师正由东安向全州、咸水一线急进；第二路一部进至零陵、黄沙河一线；第三路由宁远进至潇水以东之道县地区；第四、第五路则由宁远向东安集结；桂军见红军主力未经永明西取桂林，由全州、兴安南撤的部队约 4 个师重向灌阳及其西北前进，企图配合“追剿”军围歼红军于湘江以东地区，形势十分严峻。

按照中革军委的命令，中央红军昼夜兼程向湘江急进。27日，红一军团先头部队第二师顺利地渡过湘江，控制了界首到脚山铺之间的渡河点，并在附近架设浮桥。28日，红一军团主力经鞍山坝到达石塘圩。同日，红三军团第四师先头第十团渡过湘江进至界首以南光华铺、枫山铺地区。红五军团扼守蒋家岭、永安关、雷口关地域，迟滞追击之敌，掩护后续部队通过。军委纵队已进到灌阳以北的文市、桂岩一带，距湘江渡河点只有80多公里，如果采取轻装急进，可迅速渡过湘江，减少损失。但是，部队仍带着那么多“坛坛罐罐”，行动迟缓，每天只走二三十公里，致使湘江两岸的部队为了掩护全军渡江，与优势的敌军展开激烈的战斗，付出了沉重的代价。

29日，农历十月二十三，敌第一路“追剿”军一部由全州向脚山铺的红二师发起进攻，一部向黄沙河开进；其余几路“追剿”军正分别向道县、文市等地红军后卫部队进攻。桂军李宗仁、白崇禧将其主力分两路，一路由灌阳地区北上向湘江东岸进攻；一路由兴安向湘江西岸的红军进攻，企图夺回渡河点。于是，在湘江两岸，红军与各路敌军进行了一场殊死的决战。是日，红一军团主力由石塘圩、太平圩渡过了湘江，占领了界首、绍水，红二师前进到朱塘铺，一部向全州迫近。红三军团第四师主力过江后，占领光华铺、界首之间地区。红五军团仍在蒋家岭一带遏阻追敌。红八、红九军团到达水车。野战军司令部、军委第二纵队之一部在官山。

30日，红一军团在湘江西岸之脚山铺与敌第一路“追剿”军激战终日。红三军团第四师在湘江西岸之光华铺及其以西抗击由兴安北上之桂军，掩护军团主力渡过湘江。红五军团主力由文市渡过灌江，进占王家湾。红八、红九军团由水车附近渡过灌江，到达青龙山、石塘圩地域。军委纵队渡过湘江后进到界首附近的王家。野战军司令部渡过湘江后进到界首西北的大田。

这时，红军的处境十分险恶。渡过湘江的部队正在同截击的敌军顽强拼搏，滞留湘江以东部队的困难更多。

12月1日，农历十月二十五，这天的战斗最为激烈。北上的桂军和“追剿”主力，向中央红军各部队发起全线进攻、妄图夺回渡口，围歼红军于湘江两岸。战场上，硝烟弥漫、杀声震天。红军广大指战员发扬英勇顽强的战斗精神，不顾一切牺牲、同敌军展开激烈拼搏、用刺刀、手榴弹打垮敌军整连、整营一次又一次的冲击。经过整日的浴血奋战，终于阻止住敌军的进攻。至下午17时，中央机关和红军部队大部渡过了湘江，并于12月3日进入西延地区休整。担任掩护任务的红五军团第三十四师和红三军团第十五团被阻止在湘江以东，与围攻之敌进行了英勇的战斗，予敌以重大杀伤，终因寡不敌众、弹尽粮绝，大部壮烈牺牲，为中国人民的解放事业立下了不朽的功勋。

对于湘江战役，许多亲历者都有详尽的回忆。

聂荣臻元帅生前在回忆录中写道：

> 12月1日，是战斗最激烈的一天。凌晨，敌人在敌机狂轰滥炸之下，更加嚣张地向我进犯。而总参谋部命令我们在本日12时前，要保证决不让敌人突破白沙河，使总部和全野战军能顺利地渡过湘江封锁线，敌众我寡，但在“一切为了苏维埃新中国”的口号下，我们的士气惊天地而泣鬼神。于是在20多里地的战场上，炮声隆隆，杀声震天。在茂密的松林间，展开了生死存亡的拼杀战。
>
> 开始，敌人猛攻三团阵地，三团连续打了几次冲锋。敌转而猛攻我一、三师的接合部，终于被敌突进四五里地，并迂回到三团背后，包围了三团两个营。一个营当天奋勇地突出了重围，和一、二团会合。一个营突错了方向，反而突入敌群，被分割成许多小股，在班、排长和党的支委小组长带领下，两天以后多数人归回了自己的部队。敌人从我接合部突破以后，红二师也有被包围的危险。因为红二师部署靠外，他们当机立断，命

令守白沙的团队将敌人坚决顶住，这个团打得非常顽强，他们硬是凭着刺刀，将来势汹汹的敌人顶住了，其他两个团才撤出向西边大山靠拢。

……

在红一军团与敌人血战的同时，红三军团在兴安、灌阳一带，与广西敌人进行了激战。红五军团则在文市附近与周浑元等追敌进行了激战。他们也都打得顽强而艰苦，损失很大。

时任红三军团第四师师长张宗逊在后来的回忆中也比较详细地记述了血战湘江的悲壮情景：

红军通过第三道封锁线以后，蒋介石大为震惊，亲自部署20个师，要在湘江以西堵截消灭红军。湖南和广西军阀商定以全州为界，全州以北为湖南军阀防区，全州以南为广西军阀防区。由于“左”倾机会主义的错误领导，红军在接近第四道封锁线时行动迟缓，延误了4天时间，以致敌人重兵紧迫，造成非常严重的局面。

蒋介石在湘江东岸修筑了大量碉堡，他预期在湘江以东消灭红军，万一红军突过湘江以西，也不能让中央红军和四川红军或红二、红六军团会合。红军决定在全州和兴安之间渡过湘江，红一军团在右翼，红三军团在左翼苦战，冒着敌机轰炸和地面敌军的火力封锁，掩护全军脱离了险境。这次强渡湘江的战役，红八军团损失惨重，溃不成军，其他军团的损失失也很大，强渡湘江时，红四师在界首渡过湘江，控制了界首渡河地段，以一天时间阻击广西敌军的进攻，掩护中央红军通过。第二天，我率红四师两个团继续西进，红十团在湘扛以西掩护军委纵队和红九军团、红五军团过江。红十团艰苦战斗了两天两夜，打退了敌人十多次冲锋，红十团团长沈述清在战斗中英勇牺牲，红四师参谋长杜宗美接任团长指挥战斗，不久也壮烈牺牲了。红十团胜利完成了掩护任务，付出了伤亡 400 多人的代价。

湘江之战，是中央红军撤出中央革命根据地以来打得最激烈、损失最惨重的一仗。红军将士以高度的政治热情和英勇的献身精神，与优势的国民党军苦战 5 昼夜，终于打破了湘军、桂军和蒋介石嫡系部队的围追堵截，渡过湘江，突破了国民党军的第四道封锁线，粉碎了蒋介石围歼中央红军于湘江以东的企图。但是，红军也付出了极为惨重的代价，由出发时的 8.6 万余人锐减到 3 万余人。特别是红三军团第十八团、红五军团第三十四师全军覆灭，这在红军历史上还属首次。

陈树湘断肠就义

1934年10月，中央红军开始长征，由东向西连续突破了敌人的三道封锁线后，蒋介石已判明了红军西进的战略意图，急调25个师40万大军，在湖南、广西交界处的湘江沿岸300里长的地段，精心设置了第四道封锁线，企图将红军“歼灭于湘江、漓水以东地区”。

中共中央、中革军委决定利用国民党军集结尚未完成，兴安、全州一线兵力相对空虚之机，下达了关于向全州、兴安西北之黄山地域进军，强渡湘江的作战命令，对抢渡湘江作了具体部署。随后，红五军团军团长董振堂和参谋长刘伯承，匆匆来到自长征后随红五军团一直担负着全军殿后任务的红三十四师，召开紧急干部会议，传达中革军委的湘江战役具体任务：坚决阻击尾追的国民党军，掩护红八军团通过苏江、泷江，而后为全军后卫；万一被国民党军截断，返回湘南发展游击战争。

11月27日，农历十月二十一，红三十四师师长陈树湘在广西灌阳的水车至文市一线布置兵力，阻击追击敌人。28日清晨，尾追红军的国民党中央军周浑元部从北面、湘军李云杰部从东面、桂军夏威部从南面包围红三十四师。面对如此严重危局，陈树湘师长镇定自若，他深知，阻击战多坚持一分钟，党中央和主力红军在渡江中就会减少一分危险。在他的率领下，红三十四师以勇猛顽强的精神，与十几倍于己的敌人殊死激战四天五夜，阻止了国民党军的疯狂进攻，自身付出了重大牺牲，全师由原来的6000人锐减到不足千人。至17时，中共中央、中革军委机关及红军大部渡过了湘江。

30日，农历十月二十四。这天清晨，陈树湘接到此消息时，发现部队已被国民党军阻于湘江以东，西进的道路被切断，部队处在国民党湘军、桂军和中央军的包围之中。

12月1日，敌人已在湘江东岸部署了4个师，西岸部署了2个师，封锁了北起东安、南到兴安的湘江沿岸渡口。当陈树湘率全师到达全州境内的箭杆青，试图从湘江边上的凤凰咀徒涉渡江时，又遭到桂军第四十三、第四十四师的猛烈阻击。陈树湘预感到这可能是争取渡江的最后一次机会了，便下令烧毁所有文件，亲自拿起一支步枪，上了刺刀，率部冲锋。虽经几次殊死搏斗，仍未能夺取江边的徒涉点，部队又伤亡100多人，政委程翠林以及政治部主任蔡中都和两个团长在战斗中牺牲。

3日，陈树湘接到军团首长“迅速退回到群众基础较好的湘南去”的指示后，连夜召开师团干部和党员会，宣布了两条决定：第一，寻找敌人兵力薄弱的地方突围出去，到湘南发展游击战争；第二，万一突围不成，誓为中国革命流尽最后一滴血。陈树湘决定兵分两路向湘南突围。突围过程中，由陈树湘率领的师部和另两个团余部到达江永县牯子河时遭敌袭击，陈树湘腹部中弹，身负重伤，他紧了紧皮带压住伤口，躺在担架上继续指挥战斗，最后，弹尽粮绝，伤重被俘。在驷马桥正生药店坐镇指挥的敌道县保安团营长何湘，听说抓到了一名红军师长，高兴得发狂，立即叫人把陈树湘带到药店来进行审讯、利诱。在毫无结果后，只好将陈树湘送往保安团司令部去邀功请赏。在敌押解途中，陈树湘趁敌不备，用手从腹部伤口处绞断肠子，为革命献出了年仅 29 岁的生命。

红军师长陈树湘的英雄壮举让我们再一次确信：英雄的宿命，注定是在热血飘洒的战场上。陈树湘在生命即将消逝的一瞬，毫不畏惧，毅然决然地绞断自己的肠子，壮烈牺牲，实现了“为苏维埃新中国流尽最后一滴血”的誓言。

“夫战，勇气也”。古代兵法把“忠勇”纳入武德要义，认为无气不足勇，少气不成师。红三十四师师长陈树湘被俘后所表现出的一往无前的牺牲精神和革命英雄主义气概，让人们看到，精神和意志是支撑信念、迸发激情、克敌制胜的利器和法宝。毛泽东曾经说过：“这个军队具有一往无前的精神，它要压倒一切敌人，而决不被敌人所屈服。”有了这种精神，无论遇到多么强大的敌人或危险，都能激发出压倒他们、战胜他们的无敌血性，关键时刻，毫不退缩，甚至牺牲个人生命。勇者所至，荆棘让道。

绝望的李德企图掏枪自杀

在中央红军撤出苏区之时，蒋介石又调遣了40万大军，设下三道封锁线，除先堵后追外，每天还派出几十架飞机，不停地狂轰滥炸、机枪扫射……

这支8万多人的部队在山中羊肠小道上行进，拥挤不堪，又带着些不必要的“坛坛罐罐”，常常是一夜只翻一个山坳，显得又疲劳又滞缓。

1934年11月28日，农历十月二十二，惨烈的湘江之战打响了。

几批敌机轮番轰炸，大地在重磅炸弹的撞击下颤抖，爆炸声和附近的枪声汇成连续的轰鸣，巨大的弹坑里冲出一股股热浪，把四周的人像草捆似地冲走。

透过慢慢消散的烟尘，可见大树倾伏，驮马狂奔，被炸者肢体枪支鞋帽行装一起飞迸……

渡口边沙滩上，散落着马匹和人体的残骸，还有两米多深的弹坑。坑中还冒着黑烟，那是死神的呼吸。弹坑附近倒伏的树枝上挂着带血的布条碎片，有一个弹坑四周，竟躺着三十多具尸体。

焦煳、血腥和辛辣的气味直刺鼻腔。渡江的人个个脸色发灰发青。许多人疲倦到极点，一登上江岸便倒卧在沙滩上。

作为红军最高军事领导核心“三人团”之一的李德，注视着湘江，不能不佩服这支军队，他们穿着不蔽风雨，不挡严寒，甚至连皮肉都遮不严的破衣烂衫；时饥时饱；带着伤痕和病痛，迈着血迹斑斑滞重蹒跚然而坚定的步伐，怀着不可动摇的意志和信念，面不改色地向着茫茫无际的万水千山，以顽强和耐力，辗转开进……

“这是熔岩的奔流！”李德不止一次地发出赞叹。指挥这样一支军队，可以攀越比阿尔卑斯山更高的山峰，创造出比苏沃洛夫更大的奇迹！

“夺取中心城市，争取一省或数省首先胜利！”这是他的追求目标。这是共产国际的要求。

然而，面对湘江，李德的梦幻破灭了。

“大概损失二万人。”李德嘟哝着，大大低估了湘江战役的严重性。他希望部队拼死渡过湘江从而进入湘西，不惜一切代价迅速与红二、红六军团会合，以求新的发展。此时此刻，任何后退犹豫便是死亡！

在险峻崎岖的山路上行进的时候，挥之不去的压抑情绪一直笼罩着红军的队伍。中国工农红军遭遇到前所未有的重创，中国共产党人的心灵也遭遇了前所未有的苦痛。

李德掏出手枪企图自杀，被聂荣臻制止了。李德的绝望不仅来自包括自己在内的中国红军前途的未知，更来自政治上的极度恐惧；中国红军的遭遇令他无法向共产国际交代，无论他有多么理由充足的辩解，中国红军的巨大损失也会让他难以自圆其说。而博古自从过了湘江就进入了一种茫然状态，这个年轻的共产党领导人已经预感到自己将要承担怎样的政治后果。茫然无措令他曾经咄咄逼人的自信荡然无存。

即使红军主力部队已经损失大半，即使在黑夜的大山里行进，红军依旧保持着以军委纵队为核心的“甬道”式的行军序列，这让无论是李德还是博古，谁也无法看见红军军团指挥员的表情。

惨痛的湘江之战，在红军将士心中是不愿意回忆又终生难以忘怀的战役。耿飚在回忆录中说："湘江战役是教条主义在军事指挥上的失败，它促使红军指战员必须考虑党的领导权的问题了。"

老山界，是当地少数民族对越城岭的称呼，这是中央红军战略转移以来遇到的第一座真正的高山。它位于广西与湖南交界地区，主峰真宝顶，海拔 2123 米，最高峰苗儿山，海拔 2142 米，险峻异常。由于山高路陡，大军拥堵，行动非常缓慢。特别是在险峻的雷公山下，摔死不少骡马。陈云在《随军西行见闻录》中有这样的描述："老山界这个山高得非常使人发急，到了一个山顶，见前面只有一个高峰了，不料上了那个高峰，前面还有一个高峰。这样一个又一个地爬着高山，大家不停喘气和汗流浃背。"

黑暗中，宣传队员们站在高处喊道："还有十几里就到山顶了！爬上去国民党军追不上啦！我们就胜利了！"

1934 年 12 月 5 日，农历十月二十九，中央红军终于翻过了老山界的主峰。到达山顶的毛泽东放眼望去，老山界的主峰直插云海。

山，快马加鞭未下鞍。惊回首，离天三尺三。
山，倒海翻江卷巨澜。奔腾急，万马战犹酣。
山，刺破青天锷未残。天欲堕，赖以拄其间。

在毛泽东正式发表的所有诗词作品中，这首《十六字令》是唯一一首跨年度写作的词，毛泽东标明的时间是"1934 年到 1935 年"。而最值得注意的是词的最后一节，因为它的寓意与即将发生的历史事件惊人的吻合。

通道会议，毛泽东破例参加决策

1934 年 4 月，广昌保卫战失利后，中央苏区根据地开始逐步丧失。10 月，中央红军及中共中央、中革军委和直属部队共计 8.6 万余人分别从江西的瑞金、于都和福建的长汀、宁化出发突围，拉开了中央红军长征的序幕。

11 月初，中央红军虽然连续突破了国民党军的三道封锁线，却暴露了大转移的战略意图。蒋介石调集 40 万大军，在湖南、广西交界处的湘江沿岸，精心设置了第四道封锁线，企图利用湘江天险，歼灭红军于湘江东岸。25 日，中革军委下达了强渡湘江的命令，红军分四路纵队向湘江地域挺进。27 日，红一军团先头部队占领了从屏山渡至界首的所有湘江渡口。中央红军激烈奋战五昼夜，突破了国民党军的第四道封锁线，但损失惨重，人数锐减至 3 万余人。此时，蒋介石当局已判明中央红军主力与红二、红六军团会合的意图，急忙调兵遣将，调集 20 万军队进行围堵，以阻止红军主力从湘黔边境北上。但是，博古、李德仍然坚持原定计划，准备率领红军继续往蒋介石布置好的口袋阵里钻。

在这一危急关头，毛泽东向中央最高“三人团”建议：红军主力放弃与红二、红六军团会合的计划，改变战略方向，立即转向西进，到敌人力量薄弱的贵州去。

毛泽东的这一正确主张首先得到了王稼祥的全力支持。毛泽东对王稼祥说：“蒋介石已经布下了一个大口袋，要我们去钻，只有傻瓜才去钻呢！”

“不钻怎么办？”王稼祥若有不解地问。

毛主席指着西边说：“那边是贵州，敌人力量薄弱，我们何不来个避实就虚，甩掉眼前的强敌，到贵州去，为什么一定要钻口袋呢？大路朝天，各走一边嘛！”王稼祥当即表示完全同意毛泽东的主张。

随后，毛泽东的主张又得到张闻天的赞同。新中国成立后，罗明曾回忆起当时的情景，仍历历在目。他说：我到通道的第二天，即去看望毛主席。他正在同张闻天谈话。张闻天说，敌人已经发现我们的意图，已调集几十万兵力部署在我们的前进道路上，企图围歼我们，现在处境十分困难。今后应该怎么办？还想不出好办法。

毛主席说，1933 年 11 月 20 日，在第五次“围剿”开始后，发生了福建事变。我当时主张红军主力应突进到江浙去地区，威胁敌人的根本重地，迫使敌人回援。我们便可与第十九路军合作，共同打击国民党军的进攻，趁机消灭其一路或几路，即可粉碎第五次“围剿”。当时我们不出兵。敌人打败了第十九路军后，又回来向我们根据地进行“围剿”，继续用步步为营的堡垒政策。后来我又提出红军主力应向湖南中部地区前进，调动江西敌人到湖南而消灭其一路或几路，以便打破敌人的第五次“围剿”，你们又是不听。现在我们突破了敌人的第四道封锁线，红军受到严重损失，无论如何不能再按照原计划去湘西北与红二、红六军团会合了，因为敌人已经调集了几十万兵力，部署在我们前进的道路上，企图消灭我们。我现在坚决主张中央红军应该向敌人兵力薄弱的贵州前进，才有可能挽救危机，争取主动。

毛泽东的正确主张得到王稼祥、张闻天的拥护和支持，这在当时意义非同一般。那时，王稼祥是中央政治局候补委员、中革军委副主席、红军总政治部主任，是实权派；张闻天是中央政治局常委、书记处书记、中华苏维埃共和国人民委员会主席，在党内的地位仅次于博古。王稼祥、张闻天凭借他们所处的政治地位和作用，积极提议召开中央政治局会议，讨论毛泽东提出的这一主张。另外周恩来也认为，要改变原定计划，事关重大，必须经过博古、李德等人的同意才行。

1934 年 12 月 11 日，农历十一月初五，红军占领湖南通道县城。12 日中午，在毛泽东、王稼祥、张闻天的强烈要求下，博古、李德才勉强同意在湖南通道城芙蓉镇（今县溪镇）召开长征出发以来第一次军事紧急会议。根据邓颖超的回忆，此次会议在通道城外农村某处一户农民的厢房里举行的，当时这家农民正在举行婚礼。会议由周恩来召集，讨论红军战略转移的前进方向问题。毛泽东首先发言，他说："我们何不来个避实就虚，甩掉眼前的强敌，到贵州去。为什么一定要去钻口袋呢？大路朝天，各走一边嘛！"李德、博古不顾已经变化了的客观情况，仍然坚持去湘西同红二、红六军团会合，认为"我们依靠二军团的根据地，再加上贺龙和萧克的部队，就可以在广阔的区域向敌人进攻，并在湘川黔三省交界的三角地带创建一大片苏区"，并且说，这是报共产国际批准的计划。毛泽东不同意李德的意见，从实际出发耐心细致地晓以利害，说明红军主力如果现时北上湘西同红二、红六军团会合，是自投罗网之举，将会陷入敌军重围，后果不堪设想。唯有立即向西，到敌人力量薄弱的贵州去开辟新的根据地。王稼祥、张闻天先后发言支持毛泽东的主张，朱德、周恩来也赞同毛泽东的意见。李德坚决不同意毛泽东提出的转兵贵州的战略方针，博古以中共中央早已定下了北上湘西战略计划为由，支持李德的意见。由于在李德和博古的干扰下，会议未能采纳毛泽东的正确主张，但根据大多数人的意见，决定在行军路线上进行调整，放弃经通道北上的计划，改由经贵州的黎平、锦屏北上湘西，与红二、红六军团会合，并寻机召开中共中央政治局会议。

这虽是短促的一次紧急军事会议，却有不可估量的作用和重要意义。在红军面临生死存亡的危急关头召开的紧急军事会议，虽没有采纳毛泽东的改变战略进军的正确主张，但却促成了行军路线上的调整，不仅避免了全军覆灭的危险，也引起了党和红军高层领导人的深入思考，更为随后的一系列重要会议的召开尤其是遵义会议确立毛泽东在党中央的核心领导地位开启了重新崛起之路。

这是一次突破性的会议。在成千上万的红军献出了生命之后，毛泽东终于获得了表达自己主张的机会，这说明中共高层正在发生一种微妙的变化。在相当长的时间里，参与重大决策的只有 3 个人，而现在有 6 个人参与了讨论，毛泽东、张闻天和王稼祥都受邀参加了通道会议。特别是毛泽东，早在长征前已被免去了在军中的一切职务，对军事指挥问题已无发言权，自 1932 年 10 月宁都会议后，就未能参加军事决策会议。据康克清后来回忆："出了老山界，来到湖南境内，不久走到通道县的一个村子里……中革军委在这里临时开会，研究下一步红军行动的计划。这是个十分重要的会议。在群众的强烈呼声、老总和周恩来的推动下，会议破例请毛泽东参加。"毛泽东的正确军事主张第一次在中央层面的会议上成为主题。从一定意义上说，在偏僻的通道县城进行的这次讨论，正是中国革命命运发生转折的开端。尽管当时所有人都尚未意识到这一点。

当事人李德多年后在那本《中国纪事》的回忆录里这样叙述了当时的情形："在谈到原来的计划时，我提醒大家考虑：是否可以让那些在平行路线上追击我们的或向西面战略要地急赶的周（浑元）部和其他敌军超过我们，我们自己在他们背后转向北方，与二军团建立联系。我们依靠二军团的根据地，再加上贺龙和萧克的部队，就可以在广阔的区域向敌人进攻，并在湘川黔三省的三角地带创造一大片苏区。”对于毛泽东和其他与会者的态度，李德是这样写的：“毛泽东又粗暴地拒绝了这个建议，坚持继续向西进军，进入贵州内地。这次他不仅得到了洛甫和王稼祥的支持，而且还得到了当时准备转向‘中央三人小组’一边的周恩来的支持。因此的建议被通过了。他乘此机会以谈话的方式第一次表达了他的想法，即应该放弃在长江以南同二军团一起建立苏区的意图。”

李德回忆录的字里行间充满了为自己的辩解和对毛泽东的指责，但从他的叙述中依然可以读出通道会议所具有的重要历史意义。

会后，朱德于当日19时半下达“万分火急”的《我军明十三日继续西进的部署》，确定仍按李德、博古的意见行事，电令一军团之第二师及九军团应向黎平方向前进，“相机进占黎平”。同时寻机北上，与红二、红六军团会合。野战军司令部在13日《我军进入贵州动作的部署指示》中指出：“我军已迅速脱离桂敌，西入贵州，寻求机动，以便转入北上。”14日，野战军司令部给红二、红六军团的指示重申：“我西方野战军已西入黔境，在继续西进中，寻求机动，以便北上。”

由此可见，通道会议并没有从根本上实行战略转变，只是在行军路线上作一些变通，改变了原定中央红军由通道北出湘西，与红二、红六军团会合的计划，而是绕道黎平、锦屏，北出湘西，与红二、红六军团会合，战略进军方向没有改变。中革军委放弃由通道北出湘西的行动路线，其原因是自湘江战役后，博古、李德等人已经黔驴技穷，一筹莫展，周恩来在实际上就开始负责军事指挥和政治局的协调工作了。他根据毛泽东的意见和中央红军所处的危险境地，以及通道会议讨论的结果，认为要从根本上改变中央红军的战略进军方向，必须迅速举行一次中央政治局会议才能解决，而在行军路线上作些变通，则是他职权范围内许可的。因此，他为了避免红军覆灭的危险，并在博古的支持下，毅然改变了李德原定由通道北出湘西会合红二、红六军团的计划，命令红军绕道贵州，沿黎平、锦屏北上湘西，与红二、红六军团会合。

时任红军总参谋长的刘伯承后来在《回顾长征》一文中，深情地回忆道："当时，如果不是毛主席坚决主张改变方针，所剩 3 万多红军的前途只有毁灭。"

可以说，没有通道会议，就没有黎平会议，更不会有后来的遵义会议。如果说遵义会议是中国共产党历史上生死攸关的转折点，那么通道会议就是这个伟大转折的起始点。

黎平转兵

1934年12月15日，农历十一月初九，由湘入黔的中央红军进占黎平。17日，中央纵队进驻黎平。在此期间，敌情又发生了重大变化。红军继续西进，破关入黔，使得国民党军在湘西南城一线张开的口袋阵瞬间失去了作用。蒋介石急忙调整部署，以黔军退守黔东的施秉、台拱（台江）一线，继续堵击红军；以“追剿”军两个兵团迅速向桐仁、玉屏、天柱一线开进，企图构成新的防线，配合黔军，拦截中央红军北上。桂军也趁火打劫，用一个师的兵力向榕江推进，企图对红军进行侧击，并趁势入黔。

国民党军正在黔东北、湘西北地区形成新的口袋阵。红军如继续北上，坚持与红二、红六军团会合计划不变，不仅将困难重重，而且是自投罗网，前景凶险莫测。

18日，中共中央政治局在黎平县城二郎坡胡荣顺店铺内召开会议，集中讨论中央红军进军的战略方向问题。出席会议的有：博古、周恩来、张闻天、王稼祥、毛泽东、刘少奇、朱德、邓发等。李德因患疟疾发高烧没有出席会议。

会议由周恩来主持。博古并代表李德在会上发言，继续讲了由黔东北上湘西，与红二、红六军团会合，在湘西一带建立根据地的战略方针。毛泽东根据当时敌人已在湘西布重兵，并正向黔东北集结的严重情况，进一步阐述了他在通道会议上的意见，正式建议中央放弃北上与红二、红六军团会合的计划，继续西进，进入敌人力量空虚的黔西北地区，在那里建立新的根据地。

王稼祥、张闻天、朱德等先后在会上发言，对第五次反“围剿”以来的军事路线错误进行了尖锐批评，一致赞成毛泽东的正确主张，坚决主张放弃同红二、红六军团会合的原定计划，改向黔北进军。

会议只开了一天，经过激烈争辩和反复讨论，与会多数同志接受毛泽东的建议，并通过了根据毛泽东的发言写成的中共中央政治局《关于战略方针的决定》。同时决定在适当时机召开会议，决定审查以黔北为中心建立新苏区根据地的决议，总结第五次反“围剿”和长征中军事指挥上的经验教训。

据周恩来的警卫员范金标回忆，开完会后，周恩来将中央政治局新决定的译文送给李德看，李德大发脾气，质问周恩来。两人用英语对话，吵得很厉害。周恩来批评了李德，把桌子一拍，搁在桌子上的马灯都跳起来，熄灭了。

关于黎平会议，周恩来在 1943 年延安中央政治局会议上曾谈到：“从湘桂黔交界处，毛泽东、王稼祥、洛甫即批评军事路线，一路开会争议，从老山界到黎平，在黎平争论尤其激烈。这时李德主张折入黔东，这也是非常错误的，是要陷入蒋介石的罗网。毛主席主张到川黔边建立川黔根据地。我决定采纳毛主席的意见，循二方面军原路西进渡乌江北上。李德因争论失败大怒。”

自湘江战役后，周恩来就在实际负责军事指挥和政治局的协调工作。在黎平会议上，周恩来的态度具有决定意义。他是会议的主持者，又是关键人物，如果没有他的认识转变，黎平会议不可能取得成功。

黎平会议由于是中央政治局会议，许多军团的负责人没有参加，但接到政治局的决定和中革军委根据政治局的决定下达的命令后，无不称快。聂荣臻说："这是一个十分重要的决议，是我们战略转变的开始。其中最主要的是指出去湘西已不可能，也不适宜，决定向遵义进发。这样一下子就把十几万敌军甩在湘西，我们争取了主动。"杨尚昆在其回忆录中也说："黎平会议的决定是在行军途中由军委电告我们的。我们当即向师以上干部传达，大家听了十分高兴。这一来，打乱了蒋介石原来的部署，把几十万敌军甩在阻挡红军去湘西的道上，使我们取得了主动。彭老总立刻和我联名向军委发电，坚决支持新的战略方针。"

黎平会议有两项主要内容，除讨论战略方针外，还讨论了红军反对敌人的第五次"围剿"战争以来的失败问题，对中央的错误军事路线进行了初步的批评，这就为遵义会议的召开做了直接准备。

黎平会议后，也有两项重要决策：一是朱德、周恩来在会议结束的第二天就以中革军委名义，发布"为执行黎平会议作出的行动部署"的命令，明确规定了红军的具体军事行动方针和路线，同时要求红二、红六军团在湘西积极活动，调动湘敌，随后向黔境移动，以钳制黔境敌军；要求红四方面军在川北发动新的进攻，钳制川境全部敌军，以策应中央红军向川黔边进军。二是鉴于部队大幅减员，军委对部队进行了整编，撤销第八军团建制，除营以上干部外，人员全部并入第五军团。中央的第一、第二纵队合并为军委纵队。由五军团调回军委工作的刘伯承，重新任红军总参谋长兼军委纵队司令员，陈云为政治委员，叶剑英任副司令员，钟伟剑为参谋长，下辖3个纵队。这两个决策保证了黎平会议决议的贯彻执行。

猴场，遵义会议的前夜

周恩来后来说："在遵义会议前夜，就排除了李德，不让李德指挥作战。这样就开好了遵义会议。"这里所指的"遵义会议前夜"就是指猴场会议。

由于它召开在遵义会议的前夜，为遵义会议的顺利召开作了充分的准备，因此应当认为是遵义会议的一次预备会议。

猴场会议最后完成了中央红军转兵贵州的战略转折，使党中央召开遵义会议的设想得以实现。

召开于猴场会议前的黎平会议，作出了两项重要决定：其一，正式决定放弃东进湘西的计划，改向以遵义为中心的川黔边广大地区进军；第二，决定在适当的时机召集政治局扩大会议。"（一）决定好审查黎平会议所决定的以黔北为中心，建立速去根据地的问题。（二）检阅在反对五次围剿中与西征中军事指挥上的经验与教训"，从战略上规划中央红军转兵贵州的宏图，也为遵义会议的召开提出了设想。

1934 年 12 月 19 日，农历十一月十三，中革军委作出了《关于执行中央政治局十二月十八日决议的决定》，中央红军分左右纵队，开始向黔北地区进军。月底，中央红军进抵与黔北毗邻的乌江南岸地域。表面上看，中央红军转兵贵州的战例行动即将完成，其实不然，由于种种原因，此前召开的黎平会议虽然解决了中央红军最为紧迫的战略方向问题，但缺乏必要的思想保证和组织保证。李德等“左”倾错误领导人对放弃进军湘西的计划从一开始就是不情愿的。在红军到了乌江地域，仍面临着实渡乌江进入黔北地区，彻底放弃去湘西的计划；还是由乌江岸边掉头，沿红六军团西征故道，经余庆、石阡北上黔东北，再转入湘西的最后抉择。遵义会议《关于反对敌人五次“围剿”的总结决议》指出：李德等人在“红军到了乌江地域，又不知按照新的情况的变化，提出在川黔边转入反攻消灭蒋介石追击部队的任务，而只是看见消灭小部黔敌以及消灭所谓土匪的任务”。其目的是“不愿意渡乌江，仍然企图向东进到湘西与二六军团会合”。李德等人这时还是“三人团”的主要人物，还把持着中革军委。因此，乌江边上发生的新争论，不可避免地严重威胁着转兵贵州这一战略行动的最后完成，也威胁着党中央召开政治局扩大会议设想的实现，结果便导致了猴场会议的召开。

1934 年 12 月 31 日，农历十一月二十五，“军委纵队之第一纵队于本日十五时到猴场宿营”。下午 5 时左右，红军野战司令部到达瓮安县猴场，中共中央和中革军委领导人大多住在猴场西 1 公里的红军总司令部下榻的宋家大院。晚饭后至 1935 年 1 月 1 日凌晨在此召开了政治局会议，史称“猴场会议”。周恩来主持会议。会议的议题是：讨论博古、李德提出的意见。

博古首先发言，依旧老调重弹，提出要红军“一是不过乌江”在南岸打游击；“二是回头与红二、红六军团会合”。他话音刚落，毛泽东就发言指出，“不能走回头路”，去湘西与红二、红六军团会合是行不通的。重申应该尊重黎平会议作出的决议，中央红军主力应该在川黔边地区以遵义为中心建立新的根据地。随后，王稼祥、张闻天、朱德、李富春相继发言，全力支持毛泽东的主张。当李德从翻译伍修权处得知大家几乎是一边倒地支持毛泽东的意见后，暴跳起来，甩掉身上的大衣，咆哮道，现在必须回头东进湘西，这是得到共产国际同意的，决不能更改。毛泽东反问：共产国际已经与我们失去了这么久的联系，事情都是发展变化的，第五次反“围剿”的失败，湘江战役的失利就是打的“神仙仗”“糊涂仗”。目前，国民党蒋介石在通往湘西的路上布下了口袋阵等着红军去钻，“怎么能听天书呢？”持续了近 10 个小时的会议，就是这样激烈地进行着，随着其他与会领导人众口一辞地支持毛泽东的意见，博古心余力拙，坐在一旁默然无语，李德则理屈词穷。最终会议再次否定了李德等人回头东进与红二、红六军团会合的错误主张，作出了《中央政治局关于渡江后新的行动方针的决定》，指出渡过乌江以后实施黎平会议决定的新的行动方针，决定“创造川黔边新苏区根据地”，“彻底粉碎敌人五次‘围剿’”，“消灭蒋介石的主力部队”。针对李德无视军委集体领导的状况，《决定》还规定：“关于作战方针以及作战时间与地点的选择，军委必须在政治局会议上做报告。”开始改变过去那种表面是军委，实际上“军委的一切工作为华夫同志个人所包办”，中央政治局完全不过问军事的错误现象。因此，猴场会议实际上已经把李德从最高军事指挥位置拉了下来，基本上“结束了‘左’倾机会主义者的军事指挥权”。美国作家哈里森•索尔兹伯里在他的《长征——前所未闻的故事》一书中说：“会议迟迟不散，致使他（毛泽东）的警卫员开始发愁他们准备好的年夜饭可能要耽误了。”索尔兹伯里接着写道：“政治局会议终于结束了，外面阴沉的天空又纷纷扬扬地落下了雪花，警卫员在送毛回住处的路上，兴致勃勃地对他讲着他们准备怎样吃年夜饭的打算。听着听着，毛高嗓门地对他们说，今晚不能大吃大喝，必须抢在敌人三个师之前赶到乌江。”毛泽东说此话时已是 1935 年 1 月 1 日凌晨。

猴场会议在组织上作出的这一决定，对李德等人的打击是空前的。它从根本上保证了遵义会议的召开及成功，使最终能彻底解决军事和组织问题，顺利地实现党和红军最高领导的改组，开始确立毛泽东同志在党和红军的领导地位。

根据中央政治局的决定，中革军委红军总部主要领导人周恩来、朱德、刘伯承、叶剑英等又及时部署和组织了乌江战役，指挥中央红军向黔北广大地区进军。从1935年1月2日开始，中央红军分三路突破天险乌江，相继开进乌江以北地区。至此，早在通道会议即开始酝酿，由黎平会议最先提出的转兵贵州的战略行动，才算最终完成。所以，猴场会议的召开，对中央红军转兵贵州，创建川黔边新根据地的战略行动，起了关键性的作用，是“转兵”这一过程的最后终结。只是到这时，中央红军才暂时摆脱了数倍敌军的围堵，在黔北地区获得宝贵的休整时间。黎平会议关于召开党的政治局扩大会议的设想，才可能在遵义实现。

担架上的谋略

长征出发前，中央最高“三人团”决定：中央政治局成员一律分散到各军团去。毛泽东从政治局常委张闻天那里得到消息后，便提出请求，自己要同张闻天、王稼祥一路同行。

在毛泽东看来，转移途中如能与这两人结伴同行，便可借机向他们宣传自己的思想和主张；若能得到他们二人的支持，对于推行正确路线，扭转目前红军面临的极为严峻的局势，有着不可估量的作用。毛泽东还意识到，这或许是最后一次机会，因为红军在博古、李德的错误指挥下，很有可能一着不慎就全军覆没。

其时，毛泽东因经受了几个月疟疾的折磨，差点丢掉性命，加上受排挤后心情郁闷、对红军的前途忧心忡忡，身体非常虚弱。因此，过了于都河，他不得不坐上了担架。

凑巧的是，王稼祥因在第四次反“围剿”斗争中遭敌机轰炸，右腹部伤势十分严重。长征一开始，他就坐在了担架上。张闻天身体没什么毛病，时而骑马，时而步行。

他们一路相谈。路宽时一左一右谈，路窄时一前一后谈，走上大路，就两副担架并列前进躺着谈；行军谈，休息谈，宿营时住在一起仍然在谈。路上，他们认真分析了自第五次反“围剿”以来在苏区所发生的事情以及长征途中的情况，特别是导致广昌保卫战惨败的经验教训。王稼祥不无忧虑地对毛泽东说：“中国革命的道路不能再这样走下去了，这样下去是不行的。”毛泽东对此也是心急如焚，他虽然失去了参与谋划军事的权力，却仍然不时地提出自己对行军路线的建议。

后来，毛泽东的身体有所康复后，便不坐担架，而是到各个军团去走走看看。时隔 40 多年后，李德在他的《中国纪事》一书中作了这样的描述：毛泽东“不顾行军纪律”“一会儿呆在这个军团，一会儿呆在那个军团，目的无非是劝诱军团和师的指挥员和政委接受他的思想”。

1934 年 12 月 11 日，农历十一月初五，中央红军沿着湘江西岸越城岭、老山界进入湖南通道。12 日，中共中央在这里召开了一次军事紧急会议，讨论红军战略进军方向问题。毛泽东提出了放弃北上湘西与红二、红六军团会合的原定计划，改向敌人兵力薄弱的贵州挺进，寻机开辟新的根据地的建议，得到了王稼祥和张闻天的同意和支持。通道会议以后，中央红军分左、右两路经通道进入贵州黎平县境。

18 日，农历十一月十二。这天，中共中央在黎平县城召开政治局会议，继续讨论红军战略行动方向问题。毛泽东进一步阐述了在通道会议上发表的意见，提出向遵义挺进的主张。同时，中革军委决定，军委第一、第二野战纵队合并为军委纵队。

20 日，军委纵队到达乌江边一个叫黄平的橘子园里。此时的张闻天因身体不好也坐上了担架。橘园里，他和王稼祥头挨头躺在一起。王稼祥问张闻天：“也不知道这次转移，目标中央究竟定在什么地方？”张闻天叹了口气：“唉，没有个目标，但是这个仗这么打下去，肯定是不行的。”接着，他又说：“毛泽东同志打仗有办法，比我们都有办法。我们是领导不了了,还是请毛泽东同志出来吧。”张闻天这两句话,正好说到了王稼祥的心坎里。这个时候，红军已经开始按照毛泽东的意见进行战略行动，并且已经出现了转机。如果这个时候让毛泽东出来主事，应该顺理成章。

橘园中担架上的谈话，使原来在黎平会议决定的在遵义地区召开会议又增添了一项重要的内容，那就是请毛泽东同志出来指挥，即要求进行人事上的变动。于是，遵义会议的核心内容就这么定下来了。

立下头功的“反报告”

担架上频频召开的“碰头会”，让毛泽东、王稼祥和张闻天逐渐组成了反对李德、博古错误领导的“中央队三人团”。

1935 年 1 月，红军强渡乌江成功，尔后又迅速智取遵义。这在客观上为中央红军的休整提供了条件。经过酝酿，党和红军领导人为遵义会议的召开作了充足的准备。毛泽东、张闻天、王稼祥经过共同讨论，由张闻天执笔写出一个反对“左”倾教条主义军事路线的报告提纲。

15 日，农历腊月十一。这天，中央政治局在遵义老城枇杷桥召开扩大会议。会议的主要议题是“检阅在反对五次‘围剿’中与西征中军事指挥上的经验与教训”。

博古首先作关于第五次反“围剿”的总结报告。他将红军的失利归结为敌强我弱，过多地强调了客观原因。接着，周恩来作了副报告。他则提出红军失利的主要原因是军事领导战略战术的错误，并主动承担了责任。

针对博古为第五次反“围剿”失利所作的辩护，张闻天首先站起来批判。在长达1个多小时的发言中，他手执“提纲”，侃侃而谈，矛头直指博古、李德，而且在摆事实、讲道理的基础上，点名道姓地加以批评。他的发言一针见血地指出，第五次反“围剿”以来红军接连失败的主要原因是博古、李德在军事指挥上犯下的一系列严重错误，并揭露了他们试图推脱罪责的本质，被视为博古报告的“反报告”。

张闻天的发言宛如剥笋一般，从现象到本质，从理论到事实，逻辑严谨，措辞激烈，引爆了与会者积压多日的对“左”倾领导的不满和怨气，从而有力地批评了博古、李德的错误指挥，为遵义会议彻底否定单纯防御军事路线定下了基调。同时，张闻天首先站出来作这个“反报告”，也是他从“左”倾中央领导集团中分化出来，同“左”倾错误路线决裂的标志。

1935年二三月间，在从威信到鸭溪的行军途中，陈云撰写了《遵义政治局扩大会议传达提纲》手稿，其中对遵义会议讨论的概况作了如下简要的述评：“扩大会中恩来同志及其他同志完全同意洛甫及毛王的提纲和意见，博古同志没有完全彻底的承认自己的错误，凯丰同志不同意毛张王的意见，A同志完全坚决的不同意对于他的批评。”

从中不难看出，张闻天的“反报告”是遵义会议上的主导意见，得到了周恩来和除博古、凯丰和李德以外的其他同志的“完全同意”。也就是说，“洛甫及毛王的提纲和意见”代表了党中央政治局多数同志和各军团首长的共同意见。

遵义会议结束时，指定张闻天起草决议。他根据毛泽东的发言内容起草了《中央关于反对敌人五次“围剿”的总结的决议》。决议指出，“军事上的单纯防御路线，是我们不能粉碎敌人五次‘围剿’的主要原因”；同时，充分肯定了毛泽东在历次反“围剿”战役中总结的符合中国革命战争规律的积极防御的战略和战术原则。

毛泽东后来在中共七大期间关于选举的讲话中说："如果没有洛甫、王稼祥两个同志从第三次'左'倾路线分化出来，就不可能开好遵义会议。"可以说，没有张闻天的襟怀坦荡和仗义执言，没有他为了党的利益一无所惜、除了党的利益一无所求，或将没有遵义会议的胜利召开。

"反报告"为遵义会议彻底否定"左"倾军事路线作了很好的铺垫，也为毛泽东的发言奠定了基础，从而立下头功，永载史册。

“关键一票”的关键作用

在 1932 年 10 月举行的宁都会议上，当苏区中央局决定解除毛泽东的军事指挥权时，时任红军总政治部主任的王稼祥表示坚决反对，主张毛泽东留在前线指挥部队。

被解除军权的毛泽东十分失意痛苦，用他自己的话来说：“那时候，不但一个人也不上门，连一个鬼也不上门。”而此时，王稼祥不仅没有疏远，反而更加亲近毛泽东，增进了两人之间的革命友谊。

战略大转移中，在毛泽东的积极争取下，王稼祥同毛泽东、张闻天等被编在一纵队所属的中央队结伴同行。

一天，王稼祥不无忧虑地对毛泽东说：“目前形势已非常危急，如果再让李德这样瞎指挥下去，红军就不行了！要挽救这种局面，必须纠正军事指挥上的错误，采取果断措施，把博古和李德‘轰’下台。”毛泽东忙问：“你看能行吗？支持我们看法的人有多少？”王稼祥坚定地说：“必须在最近时间召开一次中央会议，讨论和总结当前军事路线问题，把李德等人‘轰’下台去。”

接着，王稼祥先找到张闻天，详细谈了毛泽东和自己的主张，三人逐渐形成了比较一致的看法。他们又利用各种机会，找了聂荣臻等其他一些同志，一一交换意见，并获得了大家的支持。与此同时，毛泽东又同周恩来、朱德进行了谈话，也得到了他们的支持。周恩来后来回忆说："从湘桂黔交界处，毛主席、稼祥、洛甫对批评错误的军事路线，一路开会争论。在黎平，争论尤其激烈。"

在随后召开的通道、黎平和猴场会议上，毛泽东战略转兵的正确主张得到了多数人的拥护和支持。1935 年 1 月 7 日，中央红军占领黔北重镇遵义城。

15 日至 17 日，中共中央在遵义召开政治局扩大会议。到会的 20 人中，除了政治局委员和候补委员外，还有红军总部和各军团的主要负责人。王稼祥作为中央政治局候补委员出席了这次会议。

会议开始，博古作"主报告"，周恩来作"副报告"，张闻天作"反报告"，毛泽东就长征以来的各种争论问题作长篇发言……如此一来，会场上出现了两种完全对立的思想观点和路线方针。一场严肃而深刻的党内路线斗争，就完全摆到桌面上来了。

在这关键时刻，王稼祥挺身而出，旗帜鲜明地支持毛泽东的意见。同时，他严肃地批评了博古、李德在军事指挥和战略战术上的错误，指出第五次反"围剿"以来红军的接连失败，"就是李德等一再地拒绝毛泽东等同志的正确意见，否定了他们和广大群众在长期斗争中共同创造并行之有效的实际经验，少数人甚至个别人实行脱离实际的瞎指挥"。他郑重建议，立即改组中央军事指挥机构，取消李德和博古的军事指挥权，由毛泽东参与军事指挥。周恩来、朱德、刘少奇、陈云等同志相继表态支持。至此，"毛张王"的正确主张得到了绝大多数与会同志的完全支持。

多年后，王稼祥在回忆遵义会议时谈道："我是带着伤发着烧参加会议的。毛泽东同志发言完后，我紧接着发言。我首先表示拥护毛泽东同志的观点，并指出了博古、李德等在军事指挥上的一系列严重错误，尖锐地批判了他们的单纯防御的指导思想，为了扭转当前不利局势，提议请毛泽东同志出来指挥红军部队。”伍修权同志也曾在回忆录中写道：“客观地讲，促成遵义会议的召开，起第一位作用的是王稼祥同志。”正是王稼祥这“关键一票”，在历史的重要关头起了关键性的作用。

与会者的“唇枪舌剑”

遵义会议上博古近乎推卸责任的报告让与会人员深感失望，很多人流露出不满的情绪。而周恩来就军事问题所作的副报告则说出了绝大多数同志的心声，得到了与会代表的热烈响应。对于批评，李德、博古、凯丰等人听得直皱眉头，表情十分尴尬。

主、副报告作完之后便是大会发言。张闻天作“反报告”的话音刚落，毛泽东便一反常态，站起来说：“我来说几句。”他点名批评了博古、李德，指责他们无视红军打运动战的传统策略，“路是要用脚走的，人是要吃饭的”，“领导者最重要的任务是解决军事方针问题，而你们根本不顾这样明白的现实。假如一个指挥员不了解实际地形和地理情况，只知道根据地图部署阵地和决定进攻时间，他肯定要打败仗”。他稍稍停顿一下后，又一针见血地指出：在前四次反“围剿”作战中，红军都面临数倍于己的敌人，却都取得了作战的胜利，唯独第五次反“围剿”落得惨败的结果，这归根到底是军事策略和指挥的问题，是李德和博古忽视红军运动战的优良传统，脱离红军实际情况所造成的恶果。

毛泽东的论述鞭辟入里，一下就抓住了问题的实质，引起了与会人员的强烈共鸣。两条泾渭分明的军事路线激烈地撞击着、冲击着每一个与会同志的思想。博古被批驳得面红耳赤，无奈地说道："我要考虑考虑。"

素来谦逊稳重、宽厚慈祥的朱德，这次也声色俱厉地追究起临时中央领导的错误。他大声质问李德："有什么本钱，就打什么仗，没有本钱，打什么样仗？"同时，他还严肃地指出："如果继续这样的领导，我们就不能再跟着走下去！"周恩来在发言中也支持毛泽东对"左"倾军事错误的批判，全力推举毛泽东参加军事指挥。他严肃地说："只有改变错误的领导，红军才有希望，革命才能成功。"

凯丰会前就忙着四处活动，拉拢人心。他曾找到红一军团政委聂荣臻，三番五次地劝他支持博古，但遭到拒绝。在会上，他狂妄地对毛泽东说："你打仗的方法一点都不高明，你就是照着《三国演义》和《孙子兵法》打仗的。"毛泽东反驳道："打仗之事，敌我形势那么紧张，怎能照书本去打！我并不反对理论，它非有不可，要把马列主义当作行动指南，决不能变成'书本子主义'！"

李德远远地坐在门旁，只能通过伍修权的翻译来了解其他人在说什么。他一边听一边不停地抽烟，神情十分沮丧。他也一度为自己军事上的"左"倾教条主义错误辩护，拒不承认自己的错误，还想把责任推到客观原因和临时中央身上。但此时，他已经理不直、气不壮了。大概他也意识到"无可奈何花落去"，自己很快就将失势无权了，只能硬着头皮听取大家对他的批评。

那些来自作战第一线的指挥员们，出于对错误路线危害的切肤之感，个个言辞激烈，会场出现一片要求结束李德、博古在红军的指挥权的场面。之后，李富春、刘少奇、陈云等领导人也在会上发了言，支持毛泽东的正确意见，赞成王稼祥、张闻天、周恩来的正确建议，主张撤换博古的领导职务，由毛泽东来指挥。

就在这中国革命生死攸关的转折点上，遵义会议独立自主地解决了党中央的组织问题，结束了"左"倾路线在中央的统治，实际上开始了以毛泽东为首的中央的新的领导，在最危急的关头挽救了党和红军。

青杠坡，战场上召开的政治局会议

1935年1月19日，农历腊月十五。在遵义驻扎了12天的中央红军从遵义、桐梓一带驻地分三路向赤水河挺进，拟定抢占赤水、合江一带作为渡江前进阵地。24日，红一军团占领土城后继续向赤水县城前进。27日，红军中央纵队进抵土城后，从綦江、江津尾追堵红军而来的川军郭勋祺旅、潘佐旅赶到土城镇东南枫村坝至青杠坡一线，与红五军团后卫接火。面对这一战场态势，军委决定集中优势兵力，围歼青杠坡尾追之敌，为北渡长江创造有利条件。

28日，农历腊月二十四，一个血腥的星期日。这天拂晓，彭德怀率红三军团、红五军团抢占桐梓窝、楠木山、猴子丫、老鹰石、尖山子等高地，向营棚顶的敌人发起猛攻。由于川军占据有利地形拼死抵抗，红军进攻失利，双方伤亡较大。毛泽东、周恩来到大埂上指挥战斗，朱德、刘伯承分别到桐梓窝、尖山子红军阵地指挥作战。红军经过十余次的冲锋，反复冲杀，攻下营棚顶，向敌军前线指挥所永安寺推进。中午，川军廖泽旅先头部队赶到增援，红五军团阵地被突破，敌军步步向土城进逼。在这紧急关头，军委命令干部团投入战斗，干部团在团长陈赓、政委宋任穷率领下奋勇拼杀，将川军压回其师部阵地附近。从猿厚跑步到达的红一军团二师随即投入战斗，连续反击，将敌击退，红军阵地得以巩固。

这天下午，在青杠坡战斗激烈进行的时候，中央政治局在土城召开紧急会议，会议根据敌情变化，认为原定由赤水北上，从泸州、宜宾之间北渡长江的计划已经不能实现了。为打乱敌人的追堵计划，变被动为主动，果断决定不与川军恋战，改变行军路线，作战部队和军委纵队立即轻装前进，从土城迅速西渡赤水河。并对工作进行分工：一、毛泽东、朱德、刘伯承等留前线指挥。二、周恩来负责架浮桥。三、陈云负责安置伤病员，处理军委纵队笨重物资。

赤水河，发源于云南省镇雄县乌蒙山脉北麓，经贵州赤水县。到四川合江县汇入长江，全长420公里，穿行于川、滇、黔三省边的崇山峻岭之中，水流奔腾湍急，滩多浪大，是三省交通的一道天然屏障。

根据会议决定，红军改变了《中革军委关于渡江的作战计划》制定的行军路线，令全军轻装，从土城一线西渡赤水河，向川南前进，开始从被动转向主动。从这个意义上说，青杠坡会议是中央红军战略转移中具体的转折点。

29日凌晨，红军兵分三路从土城、猿厚全部西渡赤水河，突出重围。青杠坡战斗，红军牺牲和受伤3000多人，红一军团二师五团政委赵云龙壮烈牺牲，张宗逊、王集成、姚喆、杨勇、张震等负伤。

青杠坡战斗，是红军在遵义会议召开后，毛泽东重新进入决策层后提出方略并且亲自指挥的一次大战，是一次主动求战，意图围歼追敌的一场恶战，在这场战斗中，后来的两代中央领导核心（毛泽东、邓小平）、一位国务院总理（周恩来）、三任国家主席（毛泽东、刘少奇、杨尚昆），五任国防部长（彭德怀、林彪、叶剑英、耿飚、张爱萍），七大元帅（朱德、彭德怀、林彪、刘伯承、聂荣臻、罗荣桓、叶剑英），十四位总参谋长（刘伯承、叶剑英、萧劲光、张云逸、赖传珠、彭德怀、周恩来、聂荣臻、黄克诚、罗瑞卿、杨成武、黄永胜、邓小平、杨得志）参加了青杠坡战斗。近 300 名将军率领 20000 多红军战士在不足 2 平方公里的葫芦地形中与 40 万围追堵截敌人搏杀，创造了中外战争史上的奇观，成为我军历史上最高级别的一次战斗。

提着马灯，毛泽东夜劝周恩来

1935 年 2 月 10 日，农历正月初七。这天，隐蔽集结在云南威信扎西地区的中央红军，在召开著名的三次扎西会议后，进行了扎西整编。全军除干部团外，共编为 16 个团。除红一军团还保留师的建制外，其他军团一律取消师的编制。

蒋介石获悉中央红军主力到达扎西的消息后，急忙调整战略部署，令龙云、薛岳第二路军 13 个师又 4 个旅，采取分进合击的部署，纷纷向滇东北杀将而来。龙云更是占着地理优势，断然宣称，红军“已入死地”“不久即可一网打尽”。

11 日，红军全部离开扎西。15 日，红军野战司令部下达《二渡赤水河的行动计划》。因渡赤水河必须抢占渡口，中革军委将这项艰巨的任务交给了红一、红三军团先头部队。红一军团负责抢占太平渡，红三军团抢占二郎滩。18 日傍晚，红三军团经过一夜激战，击溃川军两个团，成功抢占二郎滩，与此同时，红一军团也抢占了太平渡。从 19 日至 21 日，红军经过 3 天时间，成功实施了二渡赤水，赶到河边的敌人只能望河兴叹。

24日，红军一路向黔北急进，攻占黔北重镇——桐梓。次日，红三军团从抓获的俘虏口中获悉，守卫桐梓与遵义间的娄山关，只有黔军柏辉章部3个团，彭德怀立即报告了中央。中革军委迅即电令红一、红三军团，进攻娄山关，坚决消灭守敌，并乘胜占领遵义。经过一天激战，娄山关被攻克。红军乘胜向遵义追击。28日凌晨，红军指战员向遵义老城发起总攻，经过三个多小时的激战，第二次胜利占领遵义。当日上午，敌以吴奇伟部第五十九师主力及第九十三师的1个团为左路，经桃溪寺向红花岗、老鸭山进攻，黔军2个团为右路，由忠庄铺向遵义进攻；第九十三师主力与第五十九师1个团控制忠庄铺为预备队。11时许，第五十九师攻击我红花岗阵地受挫后，将主力转攻老鸭山并占领了制高点；但右路黔敌观望不前。红一军团主力乘隙从水师坝地区向忠庄铺猛烈反击，采取掏心战术，直插敌人第一纵队指挥所。已经将全部部队投入老鸭山一线的吴奇伟，此时的纵队指挥所没有了多少部队，见势不妙，丢下部队慌忙率残部约一个团向滥板凳方向逃窜。眼见指挥官逃走，敌人溃不成军，四散奔逃。红一军团跟踪猛追。此时，滞留在老鸭山地区之敌第五十九师被迫转入防御。黄昏，干部团进入战斗，配合红三军团夺下老鸭山制高点，歼敌第五十九师大部，残敌向八里水、鸭溪方向逃窜。

3月2日，农历正月二十七，红军总部公布了遵义战役的辉煌战果。红军取得遵义大捷之后，蒋介石异常震怒，一面严厉斥责部属，一面调集各路大军向黔北遵义扑来；同时，加强乌江防御，严防红军再往湘西与红二、红六军团会合。针对蒋介石的部署，中革军委按照毛泽东的意见，决定将计就计，一面以部分兵力占据娄山关一线有利地形，阻止敌人南进。一面在遵义鸭溪地区伪装徘徊，寻求在机动中歼灭敌军。

4日，为了粉碎敌人新的进攻，也为了加强作战指挥，中革军委成立前敌司令部，朱德为前敌司令员，毛泽东为前敌政治委员。同日，为了引诱敌人出动，中央红军开始陆续撤离遵义，转移至遵义西南以鸭溪为中心的地区活动。鉴于遵义战役重创国民党中央军吴奇伟部，红军的下一个目标锁定了另一支中央军周浑元部。

5日，毛泽东以前敌司令部政委的名义定下战役决心，决定各军团集中鸭溪，“突击周敌”。具体部署以红九军团在桐梓、遵义地区吸引川敌向东，集中主力红军红一、红三、红五军团及干部团由遵义地区西进遵义、仁怀一路，寻歼周浑元部，但未果。

6日，农历二月初二。这天，毛泽东调整部署，准备在白蜡坎以西迎击周浑元。决定以林彪、聂荣臻率领的红一军团由北向南包抄周浑元后路，以彭德怀、杨尚昆率领的红三军团由南向北迎头堵截，以董振堂、李卓然率领的红五军团在白蜡坎为预备队，以罗炳辉、蔡树藩率领的红九军团警戒大渡口；先集中兵力与火力解决周浑元部萧致平第九十六师、谢溥福第五师，七日再解决万耀煌第十三师。可是，周浑元部并没有进入红军预伏击地域，两次寻歼周浑元部最终未能实现。

9日，农历二月初五，中央纵队到达距离遵义百里之外的苟坝村。就在这里，林彪的一封万急电报引来了轩然大波。当日晚，毛泽东、朱德正集中精力按照中央政治局的决定，准备指挥中央红军乘遵义大捷的胜利寻歼国民党军周浑元纵队。10日凌晨一点，林彪、聂荣臻发来建议中央红军改为进攻打鼓新场（时属黔西，今属贵州金沙县城）急电。

（万急）朱主席：

关于目前行动，建议野战军应向打鼓新场、三重堰前进，消灭西安寨、新场、三重堰之敌，方法如下：1. 以三军团之两个团经安底、儿母洞向三重堰前进，以三日行程赶到，切断三重堰之西安寨地域之敌退黔西之路。2. 三军团另两个团及一军团之两个团明日协同消灭西安寨之敌，一军团之两个团明日经洪关坝，十三时到达泮水，断西安寨敌退新场之路，三军团之两个团经波罗海到西安寨，于十四时到达西安寨（西安寨到祥水十五里）。十一日此一、三军团之各两个团到达打鼓场。3. 鼓新场附近攻击，干部团明日佯攻周敌。4. 五军团为总预备队，明日由原地出发向打鼓新场前进，限十一日到达。5. 9 军团任务仍旧。1935 年 3 月 10 日。

电文不简短，对各部队行程时间、途经地域、到达的具体位置，均有缜密分析计划。看得出来，这一建议是经过认真思索的。

中央政治局接电后，因为事关重大，马上决定在苟坝召开扩大会议，讨论林彪、聂荣臻的建议电。3 月 10 日至 12 日，中共中央在贵州遵义县苟坝村先后召开了三次政治局会议，史称“苟坝会议”。出席会议的有张闻天、毛泽东、周恩来、王稼祥、朱德、刘伯承、李富春、博古、邓小平、张云逸、陈云、刘少奇、凯丰、邓发、彭德怀、杨尚昆、李维汉、叶剑英等，红一、红五、红九军团因为驻地较远，领导人没有出席会议。

苟坝是一个村庄，位处遵义县枫香镇，南北长 3000 米，东西宽 1000 余米，是个群山怀抱中的小坝子，形成一个睡葫芦。中间一条小河穿流而过，坝子的北面是山势陡峭的马鬃岭，形成一道天然屏障的岭下，就是苟坝会议召开之地——卢家大院，也就是今天所称的新房子。

3 月 10 日，农历二月初六。这天凌晨，会议在新房子举行。张闻天主持会议，主要议题是：讨论进攻打鼓新场问题。会议开始后，大家觉得林、聂的建议不无道理。打鼓新场是黔北重镇，地势险要，商贾云集，位于四大场镇之首，当地百姓素有“一打鼓、二永新、三鸭溪、四茅台”之说，林、聂主张发起打鼓新场战斗的考虑，主要是认为驻守打鼓新场的黔军两个团是“双枪”(一手拿步枪，一手拿烟枪)，军纪废弛，装备落后，战斗力孱弱，且黔军多次沦为红军手下败将，红军与之交战，有很大心理优势。如果集中红一、红三军团优势兵力，守敌只有一两个团，完全可以轻取，如果攻下这个战略要点，对西进开辟新的根据地极为有利，因此同意攻打。

只有毛泽东独持异议，早在云南威信境内，他就构思好把滇军调到贵州腹地来，绕个大圈子把中央红军带出蒋介石大包围圈的绝境，创建新根据地的计划；同时，军委二局已经截获敌方向遵义调动部队的电令，除去黔军王家烈两个师外，打鼓新场周围的态势不容乐观。

表面上看，那里虽然只有黔军两个团把守，但碉堡工事坚固，更为危急的是，打鼓新场西北面鲁班场、坛厂驻有国民党中央军周浑元部 3 个师近 5 万人、西南面毕节地区有滇军孙渡 6 个旅和 2 个团，东面有国民党中央军吴奇伟部 2 个师 3 万余人已经进抵遵义县刀靶水，东南面川军郭勋祺模范师已经攻占遵义城，国民党中央军上官云相 3 个师、川军另有 3 个旅外加 8 个保安团已经推进到松坎、桐梓地区。这些敌军正从四面八方向遵义、鸭溪、枫香山、打鼓新场压来。

据此，毛泽东则认为，如果打鼓新场不能很快解决战斗，红军就会陷入腹背受敌的窘境，紧接着就会遭遇敌军 100 个团的围歼，弄不好红军就会遭遇灭顶之灾！

毛泽东的分析一出，不少人不以为然。有的人讥讽说："你是不是被土城失利把胆子弄小了！"

"我们应当在运动战中调动敌人，避实击虚，乘隙歼敌，才是上策嘛！为什么要去攻坚呢？"毛泽东仍坚持不打的方针。

然而，大多数同志还是坚持出击，进行打鼓新场战斗。凯丰等人还宣称"少数应该服从多数"云云。会议进行了一整天，在打与不打的问题上争论得很激烈。

眼见争论无果，久拖不决。这时，毛泽东有些生气，他目视着主持会议的张闻天说："那好，你们硬要打，我就不当这个总指挥了。你们既然要我在前敌负责，又不听我的意见，我不干了。"说完，一甩手走出会议室。

众人为之一惊。张闻天一时不知如何是好，显得有些尴尬。

张闻天“鉴于博古过去领导缺乏民主”的教训，根据党的组织原则，尊重多数同志的意见，决定了攻打计划，并通过民主表决，取消了毛泽东的前敌司令部政委职务，改由彭德怀暂时担任。会议决定，由周恩来起草进攻打鼓新场的作战命令，11 日清晨下达。

散会后，毛泽东尽管心中郁闷，但强烈的责任感没有让他就此罢休，他独自一人提着马灯，在深夜刺骨的寒风中，沿着黔北山区的田埂小路，摸摸索索来到 2 公里之外的周恩来的住所。此时，周恩来已经拟好了作战命令，正准备休息，毛泽东来了，要求周恩来再商量，暂缓下达命令。仔细听完毛泽东的分析，周恩来豁然开朗，明白攻打鼓新场将带来无法预料的危险，他同意了。对此，周恩来后来回忆说：“主席那个时候半夜提着马灯又到我那里来，叫我把命令暂时晚一点发，还是想一想。我接受了主席的意见，一早再开会，把大家说服了。”

随后，毛泽东、周恩来连夜找朱德。毛泽东对朱德分析说，打鼓新场是古镇，有护城河，坚固的碉堡工事，再加一师黔军驻守，进攻一旦成胶着状态，极不易退出，外围蒋介石已令“剿匪”二路军和川军共计 100 个团向红军合围，进逼鸭溪、枫香坝，再进攻打鼓新场，红军将落入国民党军的包围圈。

朱德不再坚持自己的观点，他也被愉快地说服了。于是，3 月 11 日晚，在苟坝新房子举行会议。会议由张闻天主持。主要议题是：讨论进攻打鼓新场问题。周恩来提议再次讨论攻打鼓新场的问题。会议争论很激烈。后来，毛泽东、周恩来、朱德终于说服了求战心切的红军高级将领，一致同意放弃攻打计划。

21 时，中革军委向一、三军团发出《关于我军不进攻新场的指令》。

林聂彭杨：

据昨前天情报，犹旅已由西安寨退泮水，如见我大部则续退新场。滇军鲁旅已到黔西，十二号可到新场，安龚两旅则跟进。依次，我主力进攻西南场已失时机。因为我军十二日才能到新场，不但将为黔滇两敌所吸引，且周川两敌亦将出我侧背，如此转移更难，所以军委已于昨十号二十一时发出集中平家寨、枫香坝、花苗田地域之电令，以便寻求新的机动，望准此行动。1935 年 3 月 11 日

攻打鼓新场的问题总算解决了。不过，毛泽东痛感天天召开 20 多人的会议决定军事指挥贻误战机，提议成立三人团全权指挥军事，对中央政治局负责。周恩来随即将这一建议向张闻天作了通报。

3 月 12 日，农历二月初八。这天上午，张闻天主持会议，主要议题是：提议由毛泽东、周恩来、王稼祥 3 人组成的“三人团”（即“三人军事小组”），以周恩来为团长，代表全权负责指挥军事。提议得到与会人员的一致赞同。至此，新“三人团”在贵州苟坝宣告成立。

在当时的战争环境中，新“三人团”是中央重要的领导机构。通过苟坝会议，毛泽东就进入新“三人团”，表明了他在新的中央领导地位在全党得到了进一步巩固。对此，毛泽东在 1967 年的一次谈话中谈及此事时说：“后来搞了个‘三人团’，团长是周恩来，团员一个是我，一个是王稼祥。”周恩来也曾说：“这样，主席才说，既然如此，不能像过去那样指挥，还是成立个几个人的小组，有主席、稼祥和我，三人小组指挥作战。”

苟坝会议是遵义会议的继续，在长征乃至中国革命之路中，具有非同寻常的意义，其独特的历史地位不容小视。如果不是毛泽东力排众议，撤销进攻打鼓新场的计划，那么党中央机关和中央红军的处境将不堪设想。它不仅在法理上进一步巩固和确立了毛泽东继遵义会议后确定的领导地位，也意味着毛泽东军事思想有了更加容易贯彻的组织保证。

一字之差，成就毛泽东的“得意之笔”

1960 年 5 月，“二战”名将蒙哥马利来华访问。在受到毛泽东的亲切接见时，他说：“阁下指挥的辽沈、淮海、平津三大战役，可以与世界上任何伟大的战役相媲美。”而毛泽东却以他特有的幽默，微笑着摇摇头，说：“‘四渡赤水’才是我一生的‘得意之笔’！”殊不知，这“得意之笔”却是因情报错误遭遇失利的情况下写就的。

《长征组歌》中有这样一句人们再熟悉不过的唱词：“四渡赤水出奇兵，毛主席用兵真如神！”的确，四渡赤水确是毛泽东高超军事指挥艺术的突出体现，但成就毛泽东这“得意之笔”的却是以青杠坡战斗为核心的土城战役。

土城战役是毛泽东重新回到红军领导岗位后亲自指挥的第一个战役。由于情报失误，土城战役没有达到预期的目的。但正是由于土城战役的失利，才有了后来的四渡赤水。

根据刘伯承、聂荣臻的建议，1935 年 1 月召开的遵义会议分析了黔北地区是否适合建立根据地的问题。经过讨论，大家认为这里人烟稀少，少数民族又多，党的工作基础薄弱，不便于创建根据地，于是决定中央红军北渡长江，同四方面军会合，在川西或川西北创建根据地。

与此同时，蒋介石加紧对红军的围追堵截作了重新部署，除分别以湘鄂、川陕敌军各一部对付红二、红六军团和红四方面军外，集中国民党中央军薛岳兵团和黔军全部、川滇军大部、湘桂粤军一部共17个师又13个旅150个团近40万人，妄图将中央红军37000多人围歼于乌江西北地区。红军周围的局势变得更加严峻了。

临危受命的毛泽东急欲在惊涛骇浪中杀出一条生路。他力主放弃原定与红二、红六军团会合的计划，改为北上渡过长江，与红四方面军会合。这一主张，得到大家的一致赞成。于是，中共中央、中革军委决定率领部队撤出遵义城，逐次向北转移，在川黔交界的赤水、土城地区集中，准备渡江北上。

1月19日，中央红军分三路从松坎、桐梓、遵义地区向土城方向开进，并于27日全部进抵赤水河以东地区。然而，川军郭勋祺部也尾追而至。行军途中，毛泽东同朱德、周恩来、刘伯承等共同察看了沿途地形，发现道路两侧均系山谷地带，如果追兵孤军深入，红军便可以利用两边山谷的有利地形，集中优势兵力，合围夹击歼灭该敌。这个时候，军委二局截获了川军潘文华的26日电令，获悉尾追之敌只有郭勋祺部4个团的兵力，跟进潘佐部2个团。毛泽东当即下决心，命令在土城镇以北的红二师继续北上，同先头已抵达旺隆场的红一师相机夺取赤水城；以红三军团3个师，占领土城东北5公里的607.5至杨柳庄一线南面高地，以红五军团2个师占领青杠坡至一碗水一线北面高地，从南北夹击歼灭郭勋祺部；干部团在土城以东两公里处的白马山作预备队，对尾追之敌展开一场"歼灭战"。

28日凌晨，细雨蒙蒙，寒风刺骨。红三、红五军团在彭德怀、杨尚昆的指挥下，从土城镇外水狮坝分两路向进占枫村坝、青杠坡地区的川军阵地发起进攻。敌郭勋祺部凭借有利地形拼死顽抗，红军官兵拼死争夺，往复冲杀。战斗异常激烈，交战双方陷入胶着状态，成了一场名副其实的“拉锯战”“消耗战”。

更严重的是，红军从俘虏的番号中发现原来的情报有误，川军不是4个团6000多人，实为6个团万余人，还有后续部队，且装备精良，战斗力很强。据当年在军委总部任作战参谋的孔石泉同志回忆：“我们在土城那一仗没有打好，因为对敌人估计不足。敌人的发报我们收到了，但把‘旅’翻译成了‘团’，因此估计敌人是两个团的兵力。如果知道是旅就不会打的。以后伤亡很大，不能不走了，是我们自己撤退的，只打了个击溃战。”

对于此事，美国作家哈里森·索尔兹伯里在《长征——前所未闻的故事》一书中有过这样的评价：“毛和他的部下意识到他们正在进行一场危险的战斗。敌人并不是不堪一击的黔军，而是驻守宜宾的川军总司令刘湘手下的精锐部队，前线指挥官是外号叫‘熊猫’的郭勋祺。”敌人的兵力总数“至少1万人，而且训练有素，纪律严明，指挥有方。毛因失算使红军遇上了长征中最关键的一次战斗。他得到的情报错得不能再错了”。

“旅”和“团”一字之差的情报失误，让毛泽东痛心疾首、刻骨铭心，但从来都不墨守成规的他迅速从不利战局中寻找有利因素，急令红一军团红二师火速返回增援，以求变被动为主动。在增援部队尚未赶到的两三个小时内，敌军的反攻更加凶猛，阵地一度被攻破。敌人抢占部分山头后，步步进逼，甚至打到了位于大埂上东南方向一个叫“漏风垭”的地方，而那正是中革军委指挥部前沿。山后就是赤水河，无险可守，战局于我十分不利。在这紧急关头，毛泽东果断命令陈赓、宋任穷率军委纵队干部团发起反冲锋。临危受命的干部团猛打猛冲，打得敌人失了神，连滚带爬地溃退下去。毛泽东在白马山上用望远镜看到这个情景，兴奋地对身边人员说：“打得好！打得好！陈赓行，可以当军长。”

红二师返回后，中革军委认真分析了形势，重新调整了进攻部署，决定再次向青杠坡敌军发起总攻。战事危急，朱德总司令亲临前线统一指挥，指战员备受鼓舞，士气大增。下午2点，总攻开始，一场殊死搏斗在青杠坡山梁及两翼峡谷展开。红二师担任正面作战，主攻青杠坡山腰川军指挥所永安寺。川军凭借有利地形，布置了3层防卫火力，红军多次进攻都未能奏效。红三师从两翼发起猛烈攻击，正面佯作后退之势，诱敌转向两侧防卫。红二师5团突击队一跃而起，直扑永安寺，经一场白刃战，终于将永安寺占领。此时，大量占据着临时工事的敌军依然负隅顽抗，且敌后援部队独立第三旅迅速增援上来，教导师第二旅由古蔺向土城方面迂回堵截，赤水的第五师2个旅及第一师第三旅第七团也从西北向红军侧后攻击，其余增援部队源源不断。当晚，毛泽东提议召集中央政治局几个领导人开会。会议根据各路国民党军正汇集而来进行围堵的新情况，判明原定在这里北渡长江的计划已不能实现，决定迅速撤出战斗，西渡赤水，向川南古蔺、叙永地区转移。

1月29日，农历腊月二十九，红军在土城、猿猴两地一渡赤水，进入川南古蔺、叙永地区。继而放弃了北渡长江的计划，迅速转向川滇黔三省边境国民党军设防空虚的云南扎西地区集结，跳出了国民党军的包围圈。毛泽东以一当十，声东击西，瞒天过海，导演出一部“四渡赤水”的千古绝唱，写下了自己军事生涯中的“得意之笔”，创造出了中外战争史上的奇迹。

四渡赤水

土城战役受挫，局势越来越朝向不利于红军的方向发展。在这危急时刻，中央政治局召开紧急会议，暂时放弃了原定在这里北渡长江的战略意图，果断决定迅速撤出战斗，折向西行，渡过赤水，朝古蔺以南方向前进，以寻机北渡长江。

赤水河古称大涉水、安乐水和赤虺河。它发源于云南省镇雄县，流经滇、川、黔三省交界地域，于四川省合江县汇入长江，是长江上游的一条重要支流。赤水河源远流长，奔腾于崇山峻岭之中，蜿蜒400余公里，素以水流湍急、岸险难行著称。明代诗人吴国伦曾特意为其作诗一首，感慨赤水河的险峻："万里赤虺河，山深毒雾多。遥疑驱象马，直欲捣岷峨。筏趁飞流下，樯穿怒石过。劝郎今莫渡，不止为风波。"同时，赤水河也以酝酿美酒而闻名于世，著名的茅台等美酒产地大都集中在河水两岸，酒香弥漫，沁人心脾。就是在这样一条充满传奇色彩的河水边，20世纪30年代，中央红军在毛泽东的指挥下，与数倍于己的敌军展开周旋，东西驰骋千里，南北往返数次，神出鬼没，穿插迂回，上演了一出精彩绝伦的历史活剧。

1月29日，中革军委发出了西渡赤水河的命令："我野战军拟于29日拂晓前脱离接触之敌，西渡赤水河向古蔺南部前进。"中央红军开始一渡赤水。除少数部队阻击敌人外，红军主力兵分三路，从猿猴场、土城南北地区西渡赤水河，向四川省古蔺、叙永地区转进。到傍晚时，3万红军全部渡过了赤水河，进入四川古蔺境内。红军的这一行动大大出乎蒋介石的意外，他慌忙调兵遣将、重新布阵，企图截击红军。2月3日，中央红军到达永宁地区。此时，敌军已加强了长江沿岸的防守，封锁住了红军前进的道路；古宋、兴文、长宁、毕节、镇雄等地均有敌人大量的集结部队，对红军虎视眈眈；黔军和薛岳部也正在迅速向川南推进……前有狼，后有虎，红军腹背受敌，又一次陷入了危急之中。鉴于此时的情况，处于决策地位的毛泽东当机立断，做出了渡江北上已不可能的明智判断。2月7日，中共中央和中央军委决定暂缓执行原定渡江计划，改取以川滇黔边境为发展地区，以作战的胜利来开展局面，以争取由黔西向东的有利发展。依照指示要求，中央红军迅速摆脱四川追敌，改向川滇边的扎西地区集结。

红军到达扎西时，正值除夕，大雪漫天。在这里，中央红军利用战斗间隙进行了整编，史称"扎西整编"。这次短暂的整编对红军今后的行动有着重要的意义，它不仅精简了机构，提高了部队战斗力，而且对改变红军一渡赤水以来的被动局面，也产生了积极的作用。

8日，毛泽东随中央军委纵队进驻云南省威信县的扎西镇，并出席了在这里召开的中央政治局扩大会议，即扎西会议。在会议上，毛泽东认真地总结了土城作战的教训，指出，土城战斗是一场拉锯战、消耗战，敌情没有摸准，大意轻敌和兵力分散，是红军土城失利的主要原因。并讨论、确定了"回师东转，再渡赤水"的行动方针。同时，为了使遵义会议的精神得以在更大的范围内贯彻，中央书记处也制定了《中央政治局扩大会议总结粉碎五次"围剿"战争中经验教训决议大纲》，由洛甫（张闻天）在军事扩大会议上向营科以上干部作传达。会后，中革军委立即颁发了整编命令，规定全军除干部团外，共编为

16 个团。一渡赤水是在土城失利、敌情严峻的情况下进行的。虽然红军经历了一场出师不利的恶战，使红军的人员、物资和士气等诸多方面受到了损失，但是，作为一个伟大的军事家，毛泽东却能及时转变战略方向，使红军渡过了赤水，摆脱了追敌，改变了被动局面。诚如毛泽东所说的，“这一仗，由于部队果断地变成轻装，甩掉了包袱，行动更加自如了，更能打运动战、游击战了”。因此，这不得不说是一个变被动为主动的卓越指挥战例。

就在红军积极整编备战时，蒋介石也没有放松对红军的围追堵截。这时，他仍判断红军有北渡长江或西渡金沙江的意向，并在红军进入川黔边境后，重新调整了部署：将其“追剿”军分编为两路军，第一路军以主力“围剿”红二、红六军团，一部封锁黔东；第二路军则重点“围剿”中央红军。

2 月 9 日，当中央红军刚刚在扎西集结完毕，川、滇敌军重兵很快从南北两面向扎西逼近。根据对敌情的分析，毛泽东等认为自中央红军从遵义挥师北上以后，敌军主力已全部被吸引到川滇边地区，黔北的力量则相对比较薄弱。因此，毛泽东决定乘敌人不备之机，避强击弱，在制造假象、迷惑敌军的同时，突然折回黔北遵义，杀敌人一个措手不及。于是，为了甩开追敌，毛泽东毅然挥戈东进，二渡赤水河。按照毛泽东的部署，2 月 11 日，中央红军各纵队由扎西地区突然回师东向，行动神速地从敌人空隙间穿插而出，将十倍于己之敌远远抛在长江北岸和乌江西岸。红军此举完全出敌意外。当继续向扎西合围的川军潘文华和滇军孙渡两部回过神来时，他们已与红军相差了 4 天多的路程，这时再去向东追击红军，已是望尘莫及了。

2 月 15 日 20 时，中革军委下达了二渡赤水河的命令。2 月 18 日至 21 日，由太平渡、二郎滩等渡口二渡赤水河，再入贵州，然后兵分两路，向桐梓、遵义挺进。红军的行动打乱了蒋介石的部署，黔军王家烈见红军主力重返黔北，急忙抽调遵义及其附近部队向娄山关、桐梓增援，吴奇伟第一纵队第五十九、第九十三师亦由黔西、贵阳地区向遵义开进，企图阻止并围歼红军。但是，敌人的回援并没奏效。外号“双枪军”的黔军在红军面前不堪一击。24日，林彪指挥红一军团攻占了桐梓县城，黔军弃城而逃。25日，军委令第五、第九两个军团在桐梓西北迟滞川军，向遵义北大门——娄山关发起猛攻。

娄山关历来是黔北的重要关隘，其四周群峰如刃，峭壁若林，雄关隘口更有“万峰插天，中通一线”的称号，险峻异常，向来为兵家必争之地。25日，红三军团先头部队第十三团攻占娄山关，又经过一夜激战，粉碎了敌人的反扑，并乘势一举歼灭黑神庙、板桥和观音阁的残敌，大获全胜。娄山关战役重创了黔军，红军上下都弥漫着攻克“铁关”的喜悦，毛泽东也按捺不住勃发的激情，立即填词一首：《忆秦娥·娄山关》

西风烈，长空雁叫霜晨月。
霜晨月，马蹄声碎，喇叭声咽。
雄关漫道真如铁，而今迈步从头越。
从头越，苍山如海，残阳如血。

27日，红军拿下娄山关后，一鼓作气、乘胜追击，向遵义城发起猛攻，并成功地击溃了黔军的顽抗。28日晨，再占遵义城。红军在五天之内，势如破竹地连占桐梓县、攻克娄山关、重入遵义城，以迅雷不及掩耳之势，击溃、歼灭国民党军2个师又8个团，俘敌3000余人，缴获枪支2000余条，子弹10万余发，取得了长征以来第一个大胜利，极大地鼓舞了红军的斗志。红军将士们唱起了自编的顺口溜：“北渡不成变南征，二次占领遵义城；打垮黔军8个团，消灭周（浑元）薛（岳）两师人。”蒋介石也不得不沮丧地承认：“这是国军追击以来的奇耻大辱！”

蒋介石为了“雪遵义失败之耻”，他立刻由汉口飞抵重庆亲自坐镇督战，并于第二天发出电令：“本委员长已进驻重庆，凡我驻川、黔各军，概由本委员长统一指挥。如无本委员长命令，不得擅自进退。务期共同一致完成使命。中正手令。”直到这时，蒋介石仍相信自己的判断，认为中央红军“必向东图”，一面重新布阵、周密部署；一面采取碉堡推进和重点进攻相结合的战法，企图南北夹击，歼灭红军于乌江以西、巴黔大道附近。

1935 年 3 月 4 日，中革军委为了加强红军的作战指挥，应对蒋介石新的围攻，决定组织前敌司令部，发布了《关于设前敌司令部并以朱德为司令员毛泽东为政治委员的命令》。这样，自宁都会议后离开红军领导岗位长达 2 年 5 个月的毛泽东，终于从幕后走到了台前，重新掌握了在红军中的具体领导实权。同时，鉴于红军处于强敌包围之中，敌情瞬息万变，稍有不慎就会贻误战机，甚至导致惨败。因此，建立一个权威的军事指挥机构，就成为红军迫在眉睫的课题。这个重大的问题在 3 月 12 日，中共中央政治局召开的苟坝会议上得到了很好的解决。在会议上，经张闻天、毛泽东等提议，中央成立了由周恩来、毛泽东、王稼祥 3 人组成的新“三人团”，即三人军事指挥小组，全权指挥军事。这是中共中央最重要的领导机构和最高统帅部，表明了经过革命实践的检验，全党全军已接受毛泽东的正确主张，标志着毛泽东对中国革命领导地位的进一步确立。

3 月 15 日，红军为避免被动，主动寻机歼敌，以主力进攻鲁班场之敌第二纵队，但因其 3 个师密集一起，战场态势于我不利，红军遂转兵北进。针对蒋介石重兵围歼红军的意图，毛泽东早已洞若观火、成竹在胸。为迷惑蒋介石，他决定将计就计，在遵义附近布下疑兵假阵，故意让蒋介石误以为这是红军“仓皇无计，方针不定”的表现，从而做出错误判断。事态的发展果如毛泽东所料，蒋介石急忙调兵，敌军如潮水般向遵义城涌去。就在敌军以为，“残匪西窜是将其围歼唯一良机，如再不能剿灭，则再无革命军人之资格，剿匪成功，在此一举”的时候，3 月 16 日毛泽东突然率领红军在茅台镇三渡赤水，再入川南。19 日，红军攻占了镇龙山，击溃川军 1 个团的拦阻，进到大村、铁厂、两河口地区，摆脱了敌人的围追堵截。

红军神出鬼没、声东击西，令蒋介石怒火中烧、大为头痛。蒋介石等人认为红军往返于川南、黔北地区“乃系大政方针未定的表现”，其今后的行动很可能是“化整为零，在乌江以北打游击”。于是，他重新部署兵力，迅速制定了围歼红军于古蔺地区的军事计划，电令川、滇、黔各部队一齐向川南集结，以阻止红军北渡长江与红四方面军会合。同时，蒋介石还严令各纵队赶筑碉堡，形成碉堡封锁线，企图将红军聚歼于长江南岸的古蔺地区。并声称“剿匪成功，在此一举”，若再不歼灭红军，“何颜再立于斯世”。然而，就在蒋介石认为“万事俱备，只欠东风”的时候，毛泽东却实则回师东渡，夺取战略主动。蒋介石连忙调动各路大军火速奔集川南与红军决战，殊不知这正中了毛泽东的调虎离山之计。

3 月 20 日，正当国民党军队疲于奔命的时候，中革军委正式发布了四渡赤水河的命令：“估计尾追我军之郭敌，将配合叙、蔺之川敌及毕节、赤水镇之滇敌等的截击，这使我西进不利。我野战军决秘密、迅速、坚决出敌不备折而东向，限二十一日夜由二郎滩至林滩地段渡过赤水东岸，寻求机动。”同日，中共中央和红军总政治部电令各军团首长：“我再西进不利，决东渡，这是野战军此后行动发展严重紧急关头。”要求各军团首长坚决而迅速地组织部队东渡，并指出：“渡河迟缓或阻碍渡河的困难不能克服，都会给野战军最大的危险。”21 日晚至 22 日，红军以隐蔽、神速的动作，分别经二郎滩、九溪口、太平渡四渡赤水河。接着，从敌重兵集团右翼分路穿插而过，与其相对而行，向南急进，跳出了蒋介石苦心经营的包围圈，将大批的敌军抛在赤水河西岸一带。红军在赤水河“出敌不备”的佯动，使敌军深信不疑。所以，当红军全部渡河后，敌军还在源源不断地向北运送辎重物质，蒋介石也被蒙在鼓里，毫无察觉。相反，他却错误地认为，此时是歼灭红军的大好时机，因而做出了亲临前线指挥的轻率决定。24 日下午，蒋介石偕夫人宋美龄、私人顾问澳大利亚人端纳以及顾祝同、陈诚和晏道刚等人从重庆飞抵贵阳，并以胜利者的口吻对其党政军要人训话道："共匪已是强弩之末，现今被迫逃入黔境，寻找渡江地点未定，前遭堵截，后受追击，浩浩长江俨如天堑，环山碉堡星罗棋布，除非他们长翅膀，否则逃不出我们的天罗地网……"

红军东渡赤水后，毛泽东以红九军团伪装主力向北佯攻，吸引敌军北上。蒋介石果然误以为红军一定会故技重施，进攻遵义，忙不迭调集大军向遵义地区推进。就在蒋介石判断红军在他的遵、仁封锁线，将继续向南前进时，3 月 31 日红军主力出敌不意，冒着狂风暴雨，急速南下突破乌江，进入云南，又一次跳出了蒋介石精心布置的"口袋"，一下子将追歼的国民党部队甩在赤水河西岸和乌江以北，兵锋直指贵阳。

此时，贵阳守备力量十分薄弱，城内只有郭思演的第九十九师所辖 4 个团的兵力，周围也无兵可调。正在贵阳督战的蒋介石着实惊出一身冷汗，急令滇军孙渡纵队 3 个旅火速东进"救驾"，同时令守城部队死守飞机场，并准备好了轿子、马匹和向导，以便随时逃跑。

为了加剧贵阳的紧张气氛，进一步迷惑蒋介石，毛泽东大造进攻贵阳的声势：在主力大张旗鼓进逼贵阳的同时，沿途到处贴满了红军"拿下贵阳城，活提蒋介石！"的标语。贵阳城内关于红军就要攻来的传闻铺天盖地，众说纷纭，使得敌军内部人心惶惶，战战兢兢。同时，毛泽东令部队在清水江附近摆出全军即将东渡的姿态。得知这一消息，蒋介石更是风声鹤唳，草木皆兵。然而，毛泽东在贵阳只是虚晃一枪，调出滇军，扫除中央红军西进云南、抢渡金沙江的主要障碍。为解燃眉之急，蒋介石急令滇军孙渡部"兼程猛进"，火速前来救驾。此时云南布防空虚，实现了毛泽东"只要能将滇军调来就是胜利"的战略设想。乘各路敌军纷纷向贵阳以东调动的时候，红军突然于 4 月 8 日掉头向南，突破贵阳、龙里之间的防线，甩开敌人，乘虚直插云南。这时蒋介石才如梦初醒，气急败坏地命令各路大军向西追击，但由于两军相距甚远，敌军往返奔波又疲惫不堪，士气低落，追剿只能作罢。被红军拖得疲惫不堪的国民党官兵无比沮丧，他们对蒋介石的屡次错误也愈加不满。敌军第十三师师长万耀煌曾私下发牢骚说:“共军拐个弯,我们跑断腿！”原贵阳警察局长王天锡后来更“坦率”承认：“这是一次非常机动灵活的军事行动。红军牵住了蒋介石的鼻子。”进入云南后，红军以最快的速度抢渡天险金沙江，摆脱了几十万国民党军队的围追堵截，取得了战略转移中的决定性胜利。

若干年后，在谈到四渡赤水时，刘伯承元帅回忆说：“由于毛泽东巧妙地指挥，使红军掌握了主动权，它在晕头转向的国民党军队之间快速穿插，有时看起来似乎在向东行进，而实际上是在向西走……”美国著名传记作家哈里森·索尔兹伯里对毛泽东出神入化的军事指挥艺术也赞叹不已：毛泽东屡用奇兵，计胜一筹，蒋介石就像“巴甫洛夫训练出来习惯于条件反射的狗一样，毛泽东要他怎么样，他就怎么样”。在毛泽东的卓越指挥下，红军就如歌谣里唱的那样：铁腿踏破万里云，脚踩黔军牵川军。能打善走是红军，拖垮累死中央军……

四渡赤水之战，是红军长征史上惊心动魄的军事行动，是毛泽东平生的“得意之笔”，是长征以来的第一个伟大胜利。

毛泽东安顺场请教老秀才

红军走出彝民区之后，毛泽东随军委纵队向安顺场前进。在距安顺场 3 公里的一个山脚下，矗立着一块石碑，上面记录着石达开在安顺场全军覆灭的史实。毛泽东仔细看完碑上的文字，沉思片刻，对身边的工作人员说："石达开不是一个有才干的战略家。既然渡不过大渡河，为什么不沿左岸直上，进入西康？为什么不向下走，到大树堡拐回西昌坝子？或者再往下走，到大凉山东的岷江沿岸去呢？那里的活动地区不是很大吗？现在，我们红军也来到了石达开失败的地方。蒋介石和四川军阀亦认定，摆在我们面前的注定是石达开的命运，幻想也把红军消灭在安顺场。这石碑为我们红军竖起了一个教训。石达开没有走通的路，我们一定能走通！"

26 日夜，毛泽东在安顺场中药铺的隔壁歇息，但怎么也不能入睡。

尾追红军的国民党中央军薛岳部五十三师，这时已经抵达西昌北部，并向红军追来；川军二十军杨森部和"川康边防军"的追击部队，离红军也只有几天的路程。如果几万红军，仅仅在安顺场一船一船地渡大渡河，就需一两个星期。如果那样，中央红军非但不能实现与红四方面军会合的战略目标，而且还会面临被敌人歼灭的巨大危险。红军成为石达开第二，不是绝对不可能的。

石达开惨败的原因之一，是延误战机。当年，“行军急如风雨，旌旗蔽日，杀气腾腾”的石达开率领部队来到这大渡河边，却为了祝贺他新添了一位公子，便传令部下：“孤今履险如夷，又复弄璋生香，睹此水碧山青，愿与诸卿玩景欢。”命令部下为他新得儿子安营扎寨庆祝 3 天。待他重新从开拔时，河水已经上涨，清军也追了上来。

红军总政治部代主任李富春告诉毛泽东，听说安顺场有一位年龄已届 90 岁的清末秀才宋大顺，算得上是当年太平军悲剧的见证人。

听后，毛泽东不顾夜已很深，叫两名警卫员提着马灯立即去请宋大顺前来。

安顺场并不大，就只有一条街。不一会儿，白发银髯的宋达顺来到了毛泽东住的房子里。

“老人家，你知道石达开当年怎样在安顺场失阵落马、全军覆没的情况吗？”宋大顺一面喝茶，一面抹了抹银须，说：“长官面前，老朽就班门弄斧了。纰缪之处，还望长官不吝赐教。”

宋大顺，是安顺场的童馆教师。当年曾目睹石达开在此失败的情况。

看见毛泽东推心置腹地对待他、尊重他，宋大顺便开诚布公地把石达开极具悲壮色彩的历史讲述起来。

1863 年 5 月 14 日，石达开率军由冕宁小路经大桥场至大渡河边的紫打地，这里后来才改名叫安顺场。

紫打地当时是个只有几百人居住的小场。北濒大渡河，西临松林小河，东南两方都是崇山峻岭。在松林小河的对岸，有当地番族土司王应元率领一些土兵据河防守。

在石达开积极准备渡河的同时，清王朝四川总督骆秉章也在紧急布置，对太平军进行包围。

骆秉章派重庆镇总兵唐友耕、雅州知府蔡步钟率兵勇 8000 防守大渡河北岸，阻止太平军渡河北上；派人收买番族土司王应元、彝族土司岭承恩，要他们出兵助攻太平军，允诺“破贼之后，所有资财，悉听收取”。协议达成后，骆秉章即命番族土司王应元扼守松林河，阻断太平军向西前往泸定桥的道路；命彝族土司岭承恩堵住太平军东进的道路；派南字营游击王松林把守筲箕湾一带，截断太平军南退的道路。

由于石达开延误了战机，大渡河、松林河均暴涨洪水，太平军陷于四面包围之中。

正当太平军血战抢渡大渡河与松林河时，被骆秉章收买的彝族土司岭承恩却在背后进行偷袭，攻破了马鞍山上太平军的大营，抢走了存粮。石达开虽然率军收复了大营，但是存粮被抢被烧，荡然无存，全军陷入困境。

太平军初到紫打地时，有 3 万多人，20 多天中战死病死 1 万余人，还剩 1 万余人。“至是战守俱穷，进退失据。粮尽食及草根，草尽食及战马。兼之疟痢流行，死亡枕藉。阅时一月，而军屹然不动，其得士心如此。”石达开很得军心。尽管全军将士愿意和石达开同生死，石达开觉得困守紫打地并非良策，决定向东突围。对于因伤病难行与参军不久的新兄弟数千人，石达开发给遣散费，嘱咐各自夺路求生。这些人后来也有逃回原籍的，也有被彝族土司掳去当娃子（奴隶）的。至今，四川彝族地区还有太平军战士后裔数千人之多。

石达开率 6000 余人向东突围也未成功，全军便作好了宁可战死也绝不屈服的准备。石达开妻妾怀抱幼子携手投河，伤病员体力不支难以迎敌的也相继投河。

置个人生死于度外的石达开，准备牺牲自己保全部下几千人的生命。可是阴险毒辣的清军，对已停止抵抗、等待遣散的太平军袭杀殆尽。

石达开牺牲自己，却保全不了部下的生命，成为千秋遗恨。

石达开本人被押解成都，“自就绑至刑场，均神气凛然，无一毫畏缩态。且系凌迟（先分割肢体，后切断咽喉）极刑处死，至死亦均默然无声，真奇男子也”。

太平天国翼王石达开饮恨败北了，但是他进军四川所造成的影响、他宁死不屈的英雄气概，受到了四川许多爱国志士的推崇，尤其在辛亥革命以后，许多人都把他奉为老革命党，民族英雄。

老秀才对毛泽东说，有人分析了石达开饮恨大渡河的教训称:“达开不自入绝境，则不得灭;即入绝境，而无彝兵四面扼制，亦不得灭。”石达开自己在供词里也承认：“到紫打地，方被兵勇夷人击败。”

宋大顺建议红军千方百计争取尽快脱离安顺场这块彝汉杂居，隘口险窄，不利于大部队活动的危险地区。

送走了宋大顺以后，毛泽东认真思索和分析了导致石达开悲剧结局的各种因素，还特别想到宋大顺讲的石达开未能过松林河前往泸定桥这件事。

毛泽东发誓，决不让红军遭到太平军的命运。他召集中共中央负责人以及刘伯承、林彪、聂荣臻、罗荣桓、罗瑞卿等人开会，决定改变原来计划，夺取泸定桥，然后从这个出人意料的地方过河。

毛泽东在会上讲了他对红军兵分两路行军的意见:红一师和陈赓、宋任穷率领的干部团仍从安顺场渡河，为右纵队，归刘伯承、聂荣臻指挥，循大渡河左岸前进；林彪率红一军团部、第二师主力和红五军团为左纵队，循大渡河右岸赶向泸定桥。安顺场到泸定桥 160 公里，限定 3 日内到达。两岸部队互相策应，溯河而上，夺取泸定桥。军委纵队和红三、红九军团和红五团随左纵队后跟进。

毛泽东指出，假如右纵队和左纵队不能会合，被分割了，刘伯承、聂荣臻就率部队单独走，“到川西去搞个局面”。

聂荣臻在他的回忆录中说：“安顺场到泸定桥三百四十里行程，要求我们两天半赶到。毛泽东同志特别向我们指出，这是一个战略性措施，只有夺取泸定桥，我军大部队才能过大渡河，避免石达开的命运，才能到四川去与四方面军会合。”随后，遂以军委主席朱德的名义，给各军团发出了相应的电令。

激战安顺场

安顺场，原名紫打地，位于四川西南部石棉县西北部松林河与大渡河交汇处之西岸，1902 年 8 月 5 日，老鸦山山崩，松林河河水陡涨，紫打地被冲毁。同年，清朝政府拔库银在紫打地旧址东边二里处中坝重新建场，更名安顺场，“取山镇久安，河流顺轨”之意。安顺场形势险要，前亘大渡河，左濒松林河，右临老鸦漩河，东南方向峰峦重叠，山势险峻，兵力难以展开和回旋，乃易受包围伏击而难以反击。

5 月 24 日，红军走出彝民区，开始向大渡河前进。先头红一师第一团由先遣队司令刘伯承、政委聂荣臻直接指挥，冒着大雨直扑安顺场。红一师第二、第三团由师长刘亚楼、政委黄甦率领，随后跟进。

在前往大渡河的途中，如何夺取渡船成为刘伯承反复考虑的问题。他曾是川军名将，对大渡河的情况略知一二，沿途又多方收集情况，对安顺场渡口也比较清楚。安顺场渡口，河宽 300 多米，水深 30 多米，流速如箭，河底乱石峻峨，构成水面无数旋涡，俗称“竹筒水”，可让鹅毛沉底，任何人都无法泅渡。由于水深流急，不能架桥不说，就是船渡也要先牵至上游两里，放船后还要有经验的艄公掌舵和10余名船工篙竿齐施，形成一股合力，使船沿一条斜线冲到对岸才成。此外，对岸渡口铺砌了石级，如不对正，碰到石壁上，又会船毁人亡。红军必须渡过大渡河，而最关键的是要搞到船。船使得刘伯承一路沉思，常常喃喃自语："有船我就有办法！有船我就有办法！"警卫人员回忆说：刘司令连睡梦中也经常说着这两句话。

在红军向大渡河开进的时候，国民党军第二十四军第五旅余味儒团已在大渡河两岸安顺场至大冲一线布防，安顺场渡口北岸部署有1个营，南岸部署1个营。蒋介石下令收缴大渡河南岸所有渡河船只及可用于渡河的材料，全部集中北岸销毁。

驻守南岸的第五旅营长韩槐阶是当地的袍哥头目，其所率的队伍也是由袍哥队伍整编而成。他下令把船只及粮食全部撤到北岸，并在街上堆积柴草，准备24日点火烧街，坚壁清野。不料从西昌地区兵败逃回安顺场的当地恶霸、第24军"彝务总指挥部"营长赖之中却拒不受命，安顺场有一半房屋属于赖之中的财产，如果红军不走安顺场这一线，烧街岂不让他白受损失。

赖之中最后与韩槐阶达成协议，红军如果到了安顺场就立即放火烧街；红军不到则不烧街。同时，赖之中也暗做逃命的准备，在岸边偷偷保留了一条渡船，准备一旦红军到来，就逃往北岸。他万万没想到，就是他留在南岸的这条船竟然帮助刘伯承解决了大难题。

晚上8时许，红军先遣队冒雨到达安顺场附近。红一团团长杨得志、政委黎林下达作战部署：第一营夺取安顺场，第二营向下游佯动，第三营为预备队。刘伯承、聂荣臻亲自向第一营营长孙继先部署任务，要求他们迅速夺取渡口，找到船只，并做好渡河的一切准备，并规定：找到渡船，就点燃火堆报信。

团长杨得志亲自指挥一营战斗，令第一营三路攻击：第一连正面攻击，从安顺场南面冲入镇内；第三连从左侧出击，从安顺场西南冲锋；第二连和营部机枪排则由镇东南面沿着大渡河边迂回攻击，直插渡口，堵住守敌退路，并负责找船。他要求全体官兵攻击动作一定要猛、要快，迅速结束战斗。

晚上10时，部队冒雨开始行动。此前一天，左权和刘亚楼率红五团攻占距安顺场30余里的大树堡，在那里造船扎筏，守在安顺场的川军韩槐阶以为红军要从大树堡方向渡河，加上天降大雨，认定红军根本不会在这个时候到安顺场，所以毫无防备。当第一营隐蔽进至安顺场街心时，川军都待在屋内唱戏、拉琴、打麻将。第一营官兵顺利解决了敌哨兵，随后包围了敌营部和部队，然后突然发起进攻，猛打猛冲。守军死的死、伤的伤、降的降、逃的逃，仅30分钟就结束了战斗。

红军入滇第一仗

1935 年 4 月 22 日，中央红军四渡赤水、重占遵义、佯攻贵阳之后，乘云南兵力空虚之际，快速向云南挺进。先头部队从云南平彝（今富源）黄泥河第二次进入云南。

此时，龙云十分惶恐，他生怕红军抄了他的老巢昆明，也怕蒋介石如同处置贵州王家烈一样，派中央军入滇，趁机解决他。因此，他立即急调李嵩独立二团赶到沾益、富源一线堵截，并严令李嵩于 23 日到富源拦击红军。

24 日下午，正当滇军手忙脚乱，穷于应付的时候，红军主力日夜兼程，顺利地越过了云南境内的第一道险阻——横跨在块择河上的铁索桥，向富源县羊场营进发。当时，李嵩独立团已抢先一步赶到羊场营，占领了海拔 1800 米的白龙山制高点。敌人摆开阵势，凭险据守，妄图阻挡红军进路。

下午 5 时，战斗打响。红一军团一师二团的指战员冒着枪林弹雨，连续三次从正面向杨梅垴守敌发起了猛烈攻击，枪声、喊杀声、爆炸声，震荡得山鸣谷应。激战 30 分钟，红军夺下了杨梅垴。杨梅垴失守后，滇军为挽救败局，组成严密的火力网向杨梅垴扫射，封锁红军突击主峰的道路。由于山势险峻和敌军的火力凶猛，红军一连 10 次冲锋都未能得手。天渐渐黑了下来，红军为了迅速攻占白龙山，决定集中优势兵力打歼灭战。天黑后，红二团一面正面佯攻主峰，一面在夜色的掩护下，分兵两路迂回包抄，一路由右侧迂回，经鸡蛋山沟袭击右侧守敌；另一路由左侧经打驴沟，占领磨盘山后，向左翼敌人进攻。迂回部队在越过深沟巨堑后，击溃了左右守敌，夺得了两侧的山梁，对主峰顽敌形成包围之势。夜间 23 时，红军一个连在两侧战友的掩护下，向白龙山主峰发起猛攻，占领了主峰。李嵩唯恐全军覆没，慌忙收拾残兵败将，摸黑向东山方向狼狈逃去。

25 日清晨，红军先头部队连夜追击 30 多公里，在富源县糯岗村的车新口追上了逃敌。车新口是一道非常险要的关口，两座山峰并肩拔地而起，中间只有一条狭窄的石阶路道，周围山高林密，无路可行。隘口前地势开阔，是个天然的易守难攻的地势。李嵩以为有险可据，于是急忙分兵守住两座山头，严密封锁了道路，妄图负隅顽抗，伺机反扑红军。

红军采用声东击西的战术，以一部分兵力向隘口的敌人轮番进攻，把敌人注意力都吸引到正面阵地来，然后以主力从两侧迂回，占领车新口附近的制高点松山垴，并向车新口守敌猛烈扫射。红军像神兵一样突然出现在敌人身后，切断了敌军后路，而正面佯攻的红军部队也一鼓作气，攻上隘口。敌人腹背受敌，军心大乱，有的夺路逃生，有的钻进岩洞，李嵩也如丧家之犬，带上几个随从仓皇逃命。当敌人惊恐万状乱作一团时，攻上隘口的红军又分兵占领两座山头，对敌人形成钳制之势。在红军的夹击下，滇军被压缩在一条山沟里。红军战士乘胜攻击，从四面八方杀下山谷，轻重武器一齐开火，打得敌军鬼哭狼嚎，尸横遍野。幸存的残敌纷纷缴械投降。

经过两个多小时的激战，击毙敌人 200 多名，俘敌数百名，重创李嵩独立团。红军入滇这一仗打得干净利落，教训了滇军，红军威震滇东。

两河口，确定北上抗日的战略方针

1935 年 6 月 12 日，中央红军先头部队一军团二师四团与红四方面军先头部队九军二十五师七十四团在四川懋功达维地区胜利会师。红一、红四方面军领导人互致贺电，热烈庆贺长征中的两大主力会师，并表示要在党的统一指挥下，携手共进，去争取苏维埃运动的更大胜利。会师时，中央红军约 2 万人，红四方面军约 8 万人。中央红军于会师后改称第一方面军。

红一、红四方面军会合前后，在红四方面军工作的中央代表张国焘对当时的政治形势的认识就同党中央存在着分歧。党中央认为两个方面军的会合为开创红军和革命发展的新局面，创造了十分有利的条件，因此，“总的方针应是占领川陕甘三省，建立三省苏维埃政权”，目前应当先夺取松潘、平武，消灭胡宗南部。张国焘却认为，革命形势低落了，红军是在退却。因此，他主张向西康发展，建立“川康政府”，实现其所谓“川康计划”。

26 日，农历五月二十六，是个难得的晴天。为了统一战略思想，中央政治局在懋功以北的两河口的一座喇嘛庙召开了扩大会议，主题是讨论目前红军的战略方针问题。出席会议的政治局委员和候补委员有：毛泽东、朱德、周恩来、张闻天、张国焘、王稼祥、博古、刘少奇、凯丰、邓发，以及刘伯承、彭德怀、聂荣臻、林彪、林伯渠、李富春共计 16 人。

会议由张闻天主持，周恩来首先代表党中央和中革军委作关于目前战略方针问题的报告，着重阐述了以下三个问题：

（一）关于战略方针。一、四方面军在会师以前的战略方针是不同的。四方面军决定西去懋功向西康；一方面军决定到岷江东岸，并派支队到新疆。两个方面军会师后在什么地区创建新根据地，首先要便利于我军作战，应力求具备如下三个条件：1. 地域宽大，好机动。松潘、理番、懋功地域虽大，但路狭，敌人容易封锁，我不易反攻。2. 群众条件好，汉族人口较多的地方。松潘、理番、懋功、温川、抚边等 8 个地区人口只有 20 万，且藏民占多数。3. 经济条件好，要比较宽裕。松潘、理番、懋功一带粮食缺少，牛羊有限，布匹不易解决，军事补给困难，在大草原和游牧地，既不习惯又不安全。鉴于此，党中央决定在川陕甘建立新根据地，而且必须迅速前进。

（二）关于行动方针。目前一、四方面军的战略行动转移，如向南是不可能；向东过岷江也不可能，因岷江东岸有敌兵力 130 个团，对我不利；向西北是广大草原。在这种情况下，党中央认为现只有一个转向到甘肃。应向岷山山脉以北向西，这地域道路多，人口多，山少，我可用运动战消灭敌人，以实现建立川陕甘根据地的战略方针。

（三）关于战略指挥。指挥问题的最高原则是：1. 应集中统一，集中军委。2. 使作战更有力量，须统一为左、中、右三个纵队。3. 为克服粮食、气候、地形、少数民族区等各种困难，须加强政治工作。

在讨论周恩来的报告时，张国焘首先发言。他虽然勉强地接受了中央政治局决定的北上在甘肃南部建立根据地的战略方针，但对中央北上战略方针仍持半信半疑的态度。他承认一、四方面军会合后，消灭敌人更有把握，但对具体战略方向，又含糊其辞。他认为：由于胡宗南部有 20 个团兵力牵制我们，还有蒋介石的部队，“我们去甘南还是立足不稳的，还要移动地区，还要减员，所以去甘南，一定要取得主力打下胡敌至少打下他几团，才能立稳运动战中各个击破敌人”。这就充分暴露了张国焘害怕敌人的力量，特别是怕胡宗南，因而主张避开胡敌，向川康边方向发展的右倾思想。

周恩来报告之后，会议进行了充分的讨论，彭德怀、林彪、博古、毛泽东、王稼祥、邓发、朱德、刘伯承、聂荣臻、凯丰、刘少奇、张闻天等先后发言，一致同意周恩来的报告提出建立川陕甘根据地的战略方针。认为这是前进的唯一正确的方针。实现这一战略方针的关键是，应首先迅速攻打松潘，进占甘南，消灭敌人有生力量，建立革命根据地。还强调，统一组织与指挥两个方面军对实现战略方针的重要性与迫切性。

毛泽东发言强调指出：我们的战争性质不是决战防御，不是跑，是进攻，根据地是依靠进攻的。我们必须要高度机动，集中主力，迅速打破胡宗南军向松潘前进，今天决定明天即须行动，应力争 6 月突破，经松潘到决定的地区去。

博古发言还强调：必须有一定的地区根据地，做出模范来影响全国，现在甘川陕首先甘南，依靠群众工作，游击战争，这能影响全国。

会议开了一天，周恩来最后做总结发言，归纳了大家的意见。最后一致通过了周恩来的报告提出的战略方针，并责成张闻天为中央政治局起草一个会议决定。

28 日，农历五月二十八，中央政治局作出了《关于红一、四方面军会合后战略方针的决定》。明确指出：“在一、四方面军会合后，我们的战略方针是集中主力向北进攻，在运动战中大量消灭敌人，首先取得甘肃南部，以创造川陕甘苏区根据地，使中国苏维埃运动放在更巩固更广大基础上，以争取中国西北各省以至全中国的胜利。”“为了实现这一战略方针，在战役上必须首先集中主力消灭与打击胡宗南军，夺取松潘与控制松潘以北地区，使主力能够胜利的向甘南前进。”

《决定》认为 :“必须派出一个支队，向洮河、复河活动，控制这一地带，使我们能够背靠于甘、青、新、宁四省的广大地区，有利的向东发展。”《决定》还认为，大小金川流域，“不利于大红军的活动与发展，但必须留下小部分力量发展游击战争，使这一地区变为川陕甘苏区之一部”。《决定》最后尖锐地指出“为了实现这一战略方针，必须坚决反对避免战争退却逃跑以及保守偷安停止不动的倾向，这些右倾机会主义的动摇是目前创造新苏区的斗争中的主要危险”。

两河口会议确定的北上建立以甘南为中心的川陕甘苏区根据地的战略总方针，为一、四方面军共同北上，深入发展革命运动，指明了正确的前进方面。

29 日，中革军委为贯彻两河口会议的决定制定了以夺取甘南，赤化川陕甘为目的的《松潘战役计划》，该计划分为“敌情判断”“战役纲领”“军队区分”“部队行动”七个部分，并将一、四方面军分编为左、中、右三路北进。

芦花，总结红四方面军的历史经验

张国焘在两河口会议上虽表示拥护党中央关于在甘南建立根据地的北上方针，会后口头上也赞成攻打松潘、平武地区，但行动上却借口所谓“组织问题”没解决，按兵不动，故意延宕四方面军的行动。

7 月 8 日，张国焘在杂谷脑召开四方面军干部会议，不是宣讲两军会师的伟大意义和北上的战略方针，大力促进两军团结，反而抓住凯丰在《前进报》上发表的一篇《列宁论联邦》的文章中，批评成立西北联邦政府和中央与红军中极少数干部不负责任的言论大做文章，肆意歪曲中央路线，挑拨一、四方面军之间的关系。

张国焘是中央政治局委员，又是红四方面军的最高领导人，他的话当时在红四方面军中很有影响力。在他的引导和怂恿下，红四方面军中对中央和中央红军的不满情绪开始增加。在张国焘的指使下，7 月 8 日，中共川陕省委致电中央，称张国焘成立的西北联邦政府“在理论上、在组织上都是正确的”，《前进报》上凯丰文章中对联邦政府的批评，是不正确的。9 日，中共川陕省委又致电中央，称“为统一指挥，迅速行动进攻敌人起见，必须加强总司令部”。提出要徐向前任红军副总司令，陈昌浩任总政治委员，周恩来任总参谋长。“军委设主席一人，仍由朱德兼任，下设常委，决定军事策略问题。”电报用强硬的口气要求：“中央政治局速决速行，并希立复。”10日，张国焘亲自致电中央，提出：“我军宜速决统一指挥的组织问题。”并要挟说：否则“不能以坚决的意志，迅出主力于毛儿盖东北地带，消灭敌人”。

18日，陈昌浩秉承张国焘的旨意，从马河坝致电朱德，这封电报是通过张国焘和徐向前转给朱德的。陈昌浩在电报中说：“职坚决主张集中军事领导，不然无法顺利灭敌。职意仍请张国焘任军委主席，朱德任总前敌指挥，周副主席兼参谋长。中政局决大政方针后，给军委独断决行。”此时，张国焘、徐向前来到芦花。

在这种情况下，中共中央不得不在敌情严重的情况下，首先解决迫在眉睫的组织问题。毛泽东、张闻天商议了这个问题。

毛泽东说：“张国焘是个实力派，他有野心。我看不给他一个相当的职位，一、四方面军很难合成一股绳。”

张闻天说：“我这个总书记的位子让给他好了。”

毛泽东坚决地说：“不行！他要抓军权，你给他作总书记，他说不定不满意，但真让他坐上这个宝座，可又麻烦了。”

两人考虑再三，最后毛泽东说：“让他当总政委吧。”

毛泽东提出这一建议，是要尽量考虑张国焘要求，但又不能让张国焘全部掌握军权。两人与当时担任红军总政委的周恩来商量，周恩来毫不计较个人得失，立即表示赞同。

7月18日，中央政治局在芦花召开常委扩大会议，讨论“组织问题”。张闻天主持会议，并提出了关于人事安排的方案：“军委设总司令，国焘同志任总政治委员，军委的总负责者。军委下设小军委（常委），过去是四人，现增为五人，陈昌浩同志参加进来，主要负责还是国焘同志。恩来同志调到中央常委工作，在国焘同志尚未熟悉前，恩来暂帮助之。这是军委分工。关于总政治部，本是（王）稼祥主任，因病实际是博古，现决定博古任主任。”

会议讨论中，张国焘提出：要提拔干部，有的“可到军委”，毛泽东说：提拔干部是需要的，但不需要集中这么多人集中到军委，下面也需要。

会议最后通过张闻天提出的方案，决定任命张国焘为红军总政治委员，增补陈昌浩为中革军委常委，博古任总政治部主任，并决定设立红军前敌总指挥部，徐向前、陈昌浩分别兼任总指挥、政治委员。

这样，张国焘才开始调动部队北进。但是，由于张国焘的阻挠，红军进展迟缓，使《松潘战役计划》未能实现。20日，中央军委又制定了《松潘战役第二步计划》。

21日，为了增强一、四方面军的团结和信任，进一步统一两大主力红军的行动，中央政治局在芦花(今黑水县城)再次举行扩大会议，专门听取了四方面军的汇报，统一对红四方军工作的认识。参加会议的有：毛泽东、朱德、周恩来、张闻天、王稼祥、博古、凯丰、邓发、李富春、徐向前、刘伯承、张国焘、陈昌浩等。

在会上，徐向前第一次见到毛泽东，毛泽东代表中央政府亲自授予他一枚红星奖章，以表彰他在四方面军的杰出贡献。

会议首先听取张国焘关于四方面军发展历史情况的报告。他全面汇报了四方面军从鄂豫皖根据地到川陕根据地的斗争情况。他承认由于对敌情的判断错误，以及作战方针和兵力部署上的失误，造成部队在鄂豫皖根据地第四次反“围剿”中的较大伤亡。他说，四方面军在反敌人四次“围剿”中，是用尽力量与敌人战斗的，但由于红军在平汉铁路东西两侧都挡不住敌人的进攻，又由于没有动员广大群众进行反四次“围剿”，所以最后决定将主力向平汉路西侧撤退。而退出鄂豫皖根据地，为的是保存兵力，继续作战。他还说，四方面军从鄂豫皖根据地到四川通（江）南（江）巴（中）建立根据地，“未伤元气”，“元气很足”，总的战略战术一般是正确的，但也存在错误和缺点。

接着，徐向前和陈昌浩分别作了关于四方面军情况的补充报告。

他们着重总结了四方面军由于大批提拔工人干部，使红军得到很大发展的经验。徐向前指出：红四方面军工人干部多，军事理论训练少，对战略战术弱，但主要是自己的经验。

会议对以上3个报告进行了讨论。邓发、朱德、凯丰、周恩来、张闻天、毛泽东、王稼祥、博古等先后在会上发言，他们对四方面军取得的成绩给予充分的肯定。主要是：1. 正确执行了党中央的路线，使红四方面军在艰苦的斗争中得到巩固与发展，其中有许多宝贵经验是值得一方面军学习的。2. 坚决、积极、大胆地提拔工农干部，使红军得到迅速发展。3. 坚决执行命令，遵守纪律，作战勇敢，富有战斗能力。4. 克服了疲劳和各种困难，到通南巴建立了川陕根据地，恢复了元气，使红军扩大了10倍以上。与此同时，与会者也严肃指出了四方面军存在的主要错误与不足：1. 退出鄂豫皖根据地预先没有很好准备。大家认为，鄂豫皖根据地是在预先缺乏准备的情况下退出的，既没有充分动员群众，又有些轻视敌人，而且战略战术的配合不够，仗又打得不好。因此不能得出这样的结论：鄂豫皖的反四次“围剿”一定不能胜利，一定要退出苏区。2. 在胜利的情况下放弃通南巴根据地是个严重错误。大家认为，中央苏区是不得已退出的，而通南巴是在打了胜仗的顺利条件下退出的。这违背了中央提出不应退出通南巴的正确主张。3. 对根据地建设重视不够。大家认为，建立革命根据地需要具备很多条件，由于张国焘对建立根据地的重要意义认识不够，所以到通南巴以后，没有坚决迅速地建立起苏维埃政权，没有充分发展广大的游击战争，没有深入开展土地革命和扩大地方武装。4. 退出通南巴后缺乏明确的发展方向。大家认为，四方面军西渡嘉陵江后未能抓紧向川陕甘发展。同时，退出通南巴把所有的干部、游击队都带出根据地，这是战略上的失误。

同日，为加强前方部队作战的统一组织与指挥，利于迅速北上，军委发出《关于一、四方面军组织番号及干部任命的决定》，决定组织前敌总指挥部，徐向前任总指挥，陈昌浩兼政委，叶剑英任参谋长。

原一方面军之一、三、五、九军团依次改为第一、三、五、三十二军；原四方面军之第四、九、三十、三十一、三十三军的番号依旧不变。

两次芦花会议，毛泽东、张闻天等中央领导人从大局出发，采取党内斗争的正确方针，对张国焘争权的无理要求进行了坚决的抵制。同时在确保党对军队绝对领导的前提下，为保证北上战略方针的实施和战役行动的顺利进行，为了促进两军的团结，做出了极大的让步，调整了中革军委的组成和红军的领导人，将前线作战指挥权交给了红四方面军领导人，这充分反映了中央对红四方面军的信任和维护两军团结的坚定而积极的态度。

沙窝，重申党的北上战略方针

由于敌情的变化，敌胡宗南主力集结松潘地区，张国焘发生动摇，主张主力走阿坝，另一部走班佑，结果延宕了部队北进的行动，失去了迅速攻打松潘的战机。在这种情况下，1935 年 8 月 1 日，中央军委放弃了原定的《松潘战役计划》。3 日制定了《夏洮战役计划》，决定：攻占阿坝，迅速北进夏河流域，消灭敌人主力，形成在甘肃南部广大区域发展之局势。

为了推动张国焘执行中央的北上方针，党中央政治局决定在毛儿盖以南的沙窝举行会议。8 月 3 日，张闻天签发了《八月四日在沙窝召开政治局会议》的通知。4 日至 6 日，在毛儿盖以南不远处的沙窝召开会议，重申红军北上抗日、创建川陕甘革命根据地的方针是正确的，而加强一、四方面军的团结是实现这个方针的基本条件。会议开了 3 天。出席会议的有张闻天、毛泽东、朱德、周恩来、张国焘、陈昌浩、刘伯承、傅钟、凯丰、邓发、博古共计 11 人。其中陈昌浩、刘伯承、傅钟三人没有参加政治局工作，是扩大参加会议者。会议有两项议程：一是讨论一、四方面军会合后的形势与任务；二是讨论组织问题。

会上，张闻天首先作关于一、四方面军会合后的决议草案的报告。在讨论这一报告即第一项议程时，毛泽东首先发言，谈到形势和任务时指出：（一）西北地区的主要敌人是蒋介石。蒋介石用全部力量来对付我们，受了极大损失，从总的方面看，蒋介石的统治不是强了，而是削弱了。（二）西北地区的特点，是统治阶级最薄弱的一环，帝国主义势力最薄弱的地方，少数民族最集中的地方，靠近苏联在政治上物质上能得到帮助。西北地区的困难是人口稀少、物质条件缺乏、交通不便、气候条件不好等，这些都能克服。要用全力实现在西北首先是甘肃地区建立根据地的战略方针。有了总的方向，两个方面军会合后，会取得更大的胜利。（三）领导全国革命的党中央在这个区域的第一个任务，是要使一、四方面军和兄弟一样地团结。过去我与朱德在井冈山会合的经验，今天可以利用。两个方面军要相互了解，以诚相待。军委应负起使两个部队融洽起来的责任。

接着，朱德、邓发、凯丰、张国焘、陈昌浩、刘伯承、周恩来、傅钟、博古等相继发言。一致赞同张闻天的报告，并对决议草案的内容提出一些补充意见。同时，强调必须提高党在红军中的威信，认为这是增强红军战斗力的关键。这实际上是不指名地批评了张国焘的错误。

张国焘在会上极力为其错误进行辩解，认为退出川陕根据地和在少数民族地区建立联邦政府都是正确的。同时批评一方面军退出中央革命根据地是打掩护战，有失败情绪，部队疲劳，纪律松弛，减员很大，应好好总结这方面的经验教训。陈昌浩在发言中也为张国焘的错误辩护，声称张国焘“没有反党的意思”，认为决议草案对张国焘的批评有些是“误会”。

张闻天就第一项议程的讨论作结论说：对决议案大家意见无大分歧，同志们也都是一致的，这是一、四方面军胜利前进的保障。他还说：关于一方面军，四方面军的批评是好的，是帮一方面军来纠正缺点的。但须注意可能发生的不好影响，过分的批评是会妨害团结的。

会议基本上通过了决议案，并责成政治局常委对决议案进行最后修改。

在进行第二项议程时，张闻天代表中央政治局提出一个吸收四方面军干部参加中央工作的名单。张国焘在“坚决提拔工农干部”的幌子下，提出增加四方面军9人进政治局（当时中央政治局委员共8人）。会议否决了张国焘的意见，决定增补陈昌浩、周纯全2人为政治局委员。关于中央委员会和政治局候补成员问题，发言说：四方面军有很多好干部，而我们只提出这几个同志，是很慎重的。本来政治局不能决定中委，是在特别情况下这样做的。其他部队也又很多好的干部可以吸收他们到各军事政治领导机关工作。会议还决定成立由周恩来担任司令员兼政委的一方面军司令部，由陈昌浩任总政治部主任，周纯全任副主任。

8月5日，农历七月初七，沙窝会议通过《关于红一、红四方面军会合后的政治形势与任务的决议》，共分七个部分，其要点如下：

> 一、关于目前政治形势的特点。帝国主义更进一步侵略中国，特别是日本帝国主义企图制造“华北国”；中国的经济与政治形势更加严重；国民党的统治日益削弱和崩溃；苏维埃运动在南部中国虽遭受到部分损失，但广大的游击战争继续坚持着，“尤其是一、四方面军两大主力在川西北的会合，造成了中国苏维埃运动在西北开展极大胜利的前途。一切这些，证明中国革命形势的依然存在，证明苏维埃革命并未低落，而是继续发展着”。
>
> 二、关于一、四方面军会合后的基本任务。重申两河口会议决定的北上方针的正确性，强调创造川陕甘根据地是一、四方面军面临的历史任务，它将“推动整个中国革命前进与发展”。为了巩固根据地，规定了深入农民土地斗争，彻底解决土地问题，建立工农苏维埃政权和群众武装，严厉镇压反革命等各项基本政策。

三、关于加强党在红军中的领导。强调党对红军的绝对领导，指出："没有中国共产党就没有中国工农红军，就没有苏维埃革命运动。"还肯定遵义会议以后"在军事领导上无疑义的是完全正确的"，"完成了党中央预定的战略方针"。

四、关于一、四方面军的团结问题。强调加强一、四方面军团结的极端重要性。指出："目前在一、四方面军内部产生的某些个别问题，主要的是由于相互了解的不够，缺乏对于一、四方面军的正确的估计。"并充分肯定了两个方面军的成绩，认为："一方面军一万八千里的长征是中国历史上的空前的伟大事业"，"最后达到了与四方面军会合的预定目的，使蒋介石等进攻我们的计划完全失败"。而"四方面军英勇善战，不怕困难，吃苦耐劳，服从命令，遵守纪律等许多特长，特别是部队中旺盛的攻击精神与战斗情绪，是现在一方面军应该学习的"。同时也指出了两个方面军的弱点与不足。还强调坚持一、四方面军的团结是完成创造川陕甘苏区历史任务的必要条件。

五、关于少数民族中党的基本方针。主要是承认民族的自决权，帮助他们的民族独立与解放运动。

六、关于目前的中心工作。提出在部队中进行宣传鼓动、军事政治教育训练、严紧纪律、加紧阶级教育等当前12项中心工作，以提高部队的战斗力。

七、关于苏维埃革命胜利的前途与两条战线的斗争。提出要开展反对"左""右"错误的两条战线斗争，特别要坚决反对各种右倾机会主义的动摇，如"对于党中央所决定的战略方针表现怀疑"、"企图远离敌人避免战斗"、"对创造新根据地没有信心"、"对革命前途悲观失望"，等等。只有开展两条战线的斗争，才能够完成创造川陕甘苏区，取得苏维埃革命在全国胜利的历史任务。

沙窝会议对于加强一、四方面军的统一领导与团结，坚定创建川陕甘根据地的必胜信心，起了积极的作用。同时，这次会议也开始公开暴露出张国焘与党中央的政治分歧。

为了纠正张国焘的错误，使左路军早日北上，党中央决定在沙窝再次召开会议。8 月 19 日，第二次沙窝会议即中央政治局常委会议召开。出席会议的有张闻天、毛泽东、周恩来、博古、王稼祥等。张闻天主持会议，会议的主要议题是加强中央政治局常委的工作，尽快纠正张国焘的错误。

会议决定：在党内矛盾趋于尖锐的形势下，应加强中央常委会的工作，统一领导的权力应集中于中央常委会；中央主要领导重新作了分工：张闻天负责组织工作，毛泽东负责军事工作，博古负责宣传工作、王稼祥负责政治工作，凯丰负责少数民族委员会的工作。周恩来自长征以来，一路辛苦异常，在沙窝会议后终于病倒了。多日持续高烧，昏迷不醒，经诊断是患肝脓肿和阿米巴痢疾。尽管经抢救脱离了危险，但在一段时间内无法参加中央会议，也不分管具体工作。

会议提出，为执行党的北上方针，必须集中优势兵力，迅速北进夏河流域，消灭敌人主力，形成在甘肃南部广大地区发展之局势。为此，会议决定将红一、红四方面军主力混合编成左、右两路军北上。

以红四方面军第九、第三十一、第三十三军和红一方面军第五、第三十二军组成左路军，由朱德、张国焘率领，从卓克基攻阿坝；以红一方面军第一、第三和红四方面军第四、第三十军组成右路军，由徐向前、陈昌浩率领，从毛儿盖攻班佑。党中央和军委纵队随右路军行动。红四方面军第四军等共 7 个团为钳制部队，红一方军第三军为总预备队并担任后方掩护，归右路军指挥。

毛儿盖，继续坚持党的北上方针

沙窝会议后，张国焘在毛儿盖召集四方面军军以上干部会议，非法审查中央路线，公开进行分裂党和红军的活动。当时，敌人正加紧在南线进犯红军，造成对红军后方的严重威胁。据此，党中央改变了夏洮战役计划，决定将红军主力集中到右路，主攻班佑。

1935年8月15日，党中央电示张国焘："一、四方面军主力，均宜走右路。左路阿坝只出一部，掩护后方前进。""目前应专力北向。"19日，张国焘致电右路军前敌总指挥部，一面同意中央15日的行动计划；一面却强调攻取阿坝的重要性。

20日，农历七月二十二，中央政治局为了进一步统一战略思想，在四川毛儿盖举行会议，再次详细分析了敌我双方的情况，认真地讨论了当前的行动方针，对中央政治局于6月28日在两河口会议作出的《目前战略方针的决定》做了补充。张闻天、毛泽东、博古、王稼祥、陈昌浩、凯丰、邓发、徐向前、李富春、聂荣臻、林彪、李先念共计12人出席了会议。朱德、张国焘、刘伯承因在前方指挥左路军攻阿坝，叶剑英带右路军先头部队先行，彭德怀率部殿后，周恩来因重病，未能参加会议。

毛泽东首先在会上作关于夏洮战役后的行动问题报告。指出：我们到达夏洮地区以后，有两个行动方向：一向陕西，一向青海、新疆、宁夏方向。报告认为，红军主力应向东向陕甘边界发展，不应向黄河以西。其理由有四点：1. 从敌情来说，如我们向黄河以西，敌人则在黄河以东筑封锁线，把我们限在黄河以西。这个地区虽然大，但多是草地、沙漠、人口也很少，将会发生很大的困难。因此，我们要迅速攻破敌人迫我向黄河以西的封锁计划，第一步占洮河流域，第二步占天水一带，第三步在平凉一带击敌，向陕西发展。求得在运动战中消灭敌人。2. 从地形来说，由兰州至潼关一带地域广大，我们需要在广大的区域建立政权，创造后方。3. 从经济条件来说，西北要比黄河以东差，同时气候寒冷，给养困难。4. 从民族条件来说，黄河以西大部是回族、蒙古族，汉族很少，我们到西边去，只能扩大回民的人民革命军，而不能扩大红军本身。基于上述四方面条件，红军主力应向黄河以东，向黄河以西去破坏敌人的封锁计划。报告指出：夏洮战役的目的，主要是得到洮河流域的东岸。我们应以洮河流域为基础建立川陕甘革命根据地。因为这一区域，背靠草地，四川军阀很难来；西北靠黄河，便于作战；同时又可以黄河以西为退路。将来向东大大发展时，后方应移到甘肃东北与陕西交界的地区去。

参加会议的人员一致同意毛泽东的报告。王稼祥、博古、凯丰在发言中指出：不应把向东向西看成一个小问题，这是一个根本的原则问题。向东是转入反攻，转入新的攻势，是创造苏维埃新中国；向西不仅是军事上的退却，而且是政治上的退却，是缩小苏维埃运动。因此，应克服一切困难坚持向东发展。作为前敌总指挥的徐向前表示完全赞同毛泽东的意见，拥护中央向东发展的战略方针。他发言指出，红军北出甘南后，应坚决沿洮河右岸东向，突破岷州王均部的防线，向东发展；万一不成，再从河左岸向东突击。陈昌浩在发言中也主张快速北进，然后集中兵力向东突击，实现中央既定方针。

关于左右两路军的行动路线问题，发言者都认为，要达到战略目的和战役计划，应以右路军为基准决定左路军的行动，左路军一定要向右路军靠拢，而不应以右路军靠拢左路军。因为从敌情、时间和地理条件来看，右路军配合左路军是困难的，红军需要集中最大力量前进，否则向岷州前进时困难的。

毛泽东作会议讨论结论时说：今天讨论意见是一致的。第一，向东向西是个关键问题，如果不采取积极方针，将要被敌人所逼迫。所以我们应积极采取向东的方针；第二，为配合全国红军和全国的革命运动，亦应向东；第三，战役方针究竟从洮河左岸前进还是右岸前进，应当依照实际情况而定。但我们目前需要有这样一个方针就是我们到包座后，调查去岷州的路，应采取包座至岷州路线。昌浩同志提出的最大限度集结兵力的意见，是正确的。占领西宁，目的是不对的，在民族政策上不应该，从兵力说也不够；第四，左路军向右路军靠拢，阿坝要迅速打一下，后续部队应不经阿坝，向右路军靠拢。左路军应当看成是战略预备队，而不是战役预备队。作战役预备队，它赶不及，我们不应指望他。我们应坚持向东打，以岷州、洮河为中心向东发展，不应因一些困难而转移向西。

会议最后通过由毛泽东起草的《关于目前战略方针之补充决定》。这个补充决定的主要内容是：（一）根据敌我情况，为实现两河口会议的决定，要求主力部队迅速占取以岷州为中心之洮河东岸地区，并依据这个地区向东进攻，以便取得陕甘之广大地区，为苏维埃运动继续发展之有力支柱与根据地。（二）开辟甘陕地区，不论目前与将来之发展上，都是有利的，而且依据我们现有的力量，是完全能够实现的。（三）为着实现这个战略决定，当前的夏洮战役是一个有决定意义的关键。因此，应力争控制洮河，首先是洮河东岸地区，粉碎敌人兰州、松潘封锁线之计划，以处于有利的机动地位，而便利于继续战胜敌人。“集结最大限度的主力于这个主要方向，坚决与果敢作战，灵活与巧妙的机动，是这个战役胜利之保证”。（四）“政治局认为在目前将我们的主力西渡黄河，深入青、宁、新僻地，是不适当的，是极不利的（但政治局并不拒绝并认为必须派遣一个支队到这个地区活动）。”“如果我们目前采取这种方针是错误的，将使苏维埃与红军遭受损失，并限制其发展。所以政治局认为目前采取这种方针时错误的，是一个危险的退却方针。这个方针之政治来源，是畏惧敌人，夸大敌人力量，失去对自己力量及胜利的信心的右倾机会主义。”

这次会议确定的以岷州、洮河为中心向东发展的行动方针，是对两河口决定的补充，对于明确红军主力发展方向，克服张国焘的分裂主义危险，起了积极的作用。后来的历史发展，完全证明了毛泽东关于战略方针和改变战役部署的主张是正确的。

中央红军翻越夹金山

1935年6月2日，中央红军按照中央政治局泸定常委会议的精神，为了减少敌人的阻拦，避开人烟稠密的地区，决定兵分三路迅速夺取天全、芦山，直抵泸定桥以北的夹金山雪山。

7日，红九军团夺取天全后，在天全休整几天，又成了全军的后卫。一军团奉命继续夺取芦山、宝兴，做翻越夹金山的先锋。按原定计划夺取芦山城是红一团的任务。杨得志在得到天全已得手的消息后，立即率部向芦山进发。

芦山守敌是临时划归杨森指挥的王泽浚旅。王泽浚以第十八团的两个营守备城西南河岸，团部和一个营守城里；另第十六、第十七两个团在城东北芦山岗构筑二线阵地。据此，杨得志决定化装进城，里应外合，便令三营派出几十个人，扮着“难民”，夹在逃难的人群中，潜入芦山城。当天夜里便占领了城内的周春岗高地。城里枪响，城外发起猛攻，王泽浚仓皇弃城逃往芦山岗，他的十八团大部被歼。

8日，中央红军一举突破了敌人芦山、宝兴防线，歼敌一部。随后，经宝兴的盐井坪、崔店子，进到夹金山脚下的大硗碛。大硗碛是夹金山南麓的一个大村子，有200多户人家，都是汉族。四团在这里做了一些翻雪山的准备。

夹金山位于宝兴县城西北，懋功正南，理县之西，是一座海拔4900米的大雪山。该山终年积雪，空气稀薄，没有道路，没有人烟，气候变幻无常，有“神山”之称。

为了迅速翻越夹金山，同四方面军胜利会师，中革军委即把先遣任务仍交给了红一军团。军团长林彪、政委聂荣臻决定由陈光率领第二师第四团为先遣队，携带电台先行，并限12日赶到懋功；刘亚楼率第二师第五团跟进；军团部、第一师和红三军团一部，随第五团跟进。

12日拂晓，红四团从大硗碛地区出发。前卫6连在前面探路前进。队伍浩浩荡荡地跟进。越过雪线以后，干部战士便都茫然了。眼看要走到顶了，来到顶上，前面是更高的雪岭银峰。越往上走，可走的地方越来越窄，坡越来越陡，雪越来越深，气候越来越冷，空气越来越稀薄，呼吸越来越困难，两条腿越来越沉。停下脚来举目望去，一片琼玉世界！雪山高处，气候变化急骤，时而晴空幽碧，骄阳把雪原照得一片银白，刺得人睁不开眼睛；时而一片云雾涌来，又飞起了“六月雪”，风卷雪流，雪片打在脸上，像是一把把刀子在划来划去。为了防止掉进雪坑，三五个人一起用绳子拴起来一起往上爬。

陈光和王开湘、杨成武爬到临近山顶的一个隘口后给中央发了个电报，说部队翻越夹金山问题不大。毛泽东在宝兴接到陈光的电报，当即率军委纵队出发向大硗碛前进。一到大硗碛，又接到陈光的电报，说他们已经在达维同四方面军的韩东山第二十五师第七十四团会师了，并报告已经占领了懋功。毛泽东和周恩来等，一个个顿时高兴得像小伙子似地跳了起来。毛泽东说：“原来我们离得这么近呀！这夹金山不该叫夹金山，该叫挑金山！”会师消息传开，大硗碛一片欢腾，倒像是会师的事不是发生夹金山北麓，而是发生在这南麓似的。部队翻越夹金山的劲头更大，信心更足。毛泽东授意刘伯承：“发报给罗炳辉，告诉他们一军团先头部队已经同四方面军会师，九军团停止东进，立即北上，随五军团跟进，翻越夹金山！”

根据先头部队翻越夹金山的经验，后续部队在宝兴、大硗碛一线做了一番准备。买了一些辣椒、生姜、胡椒粉；能往身上披挂的衣物，只要买得到的都买上一些；从中央负责人到战士，每人一根爬山棍；救护队还准备了一些绳子、长杆。各部队还提出了一些具体措施：伤病员提前一小时出发；身体强壮的组成担架队。总部宣传队还在部队中教唱了《两大主力会合歌》，把翻雪山的注意事项编成顺口溜唱给战士们听：

> 夹金山，高又高，注意事项要记牢：裹脚要用布和棕，不紧不松好好包。到了山顶莫停留，坚持下去胜利了。病号走不起，帮他背东西。大家互助想办法，一定帮他过夹金！

虽说做了充分的准备，大部队行动，各种各样料想不到的问题还是发生了。最大的问题是部队经过8个月的长途跋涉、征战，身体营养条件差，体弱有病的人多；许多战士又不知道爱惜体力，估计不到缺氧、雪盲带来的危害。在雪线以上向山顶前进的途中，各部队都有倒下没有再起来的，有的眼睛一发黑，掉到雪崖下去了……

午后3点左右，毛泽东和周恩来、朱德等前后爬上了夹金山顶。红军修养连的董必武、徐特立、谢觉哉等年过半百的老人也上了山顶。

下午6时，毛泽东、周恩来、朱德、彭德怀、林彪、叶剑英等下到了山脚，一行人走出沟口，骤然间山谷里响起了地动山摇的口号声：“热烈欢迎中央红军！”“中国工农红军万岁！”……举目望去，红旗招展处，队伍整整齐齐，四方面军第三十军政委李先念和第二十五师师长韩东山率部在沟口迎接党中央和军委负责人。

胡宗林，12 次翻越雪山

1935 年 5 月 22 日，红四方面军第九军的一部从茂县附近西渡岷江，分别向理番（现今为理县）、黑水前进。30 日，进占理番县城薛城。31 日，占领杂谷脑。6 月 3 日，先头部队进抵理番通往懋功的要地猛固。

红军到理番县不久，广泛开展了扩红运动。只有 15 岁的胡宗林（藏名仁钦索朗）加入了红四方面军第三十一军，被分配在学兵连。

红一方面军和红四方面军两大主力在懋功会师后，中央在懋功的两河口召开会议，制定了北上抗日的方针。

随后，胡宗林离开家乡，跟随四方面军总部，第一次翻越夹金山，向阿坝挺进。开始进军时，又把他派到先遣队的收容队，负责收容前面兄弟部队留下的伤病员和掉队的战士。

他牵着马，把高原反应严重、走不动路的战士驮上，送过山去，然后又翻过山来，接别的同志。有时帮女同志和体弱的同志驮背包和粮袋，让他们徒步行军。

过了大雪山，就往若尔盖大草原走。

走了几天，他们到了葛曲河边，接到上级命令，停止前进，就地休整。两天后，突然接到上级命令，部队不北上，而要南下，往回走。这时才明白为什么到了葛曲河边，命令“停止前进，就地休整”。

懋功会师后，一方面军只有1万多人，而四方面军有8万多人，加上地方武装等人员，有10万多人。面对这种情况，张国焘认为四方面军人多势众，突然下命令，要四方面军南下。张国焘提出“打到成都过年”，“想吃大米，就要南下”等口号。他公开反对中央北上的正确方针，说：“红军北上，不拖死，也得冻死、饿死。”

张国焘一声令下，几万大军，又折回来，往阿坝走，这算第二次过草地。打了一个来回，损失很大。收容队也成了先遣队，一些伤病员走得比一般人还要快。

10月15日，农历九月十八，张国焘在理番的卓木碉开会，公开分裂党和红军，成立“临时中央”和“军委”，自任主席。张国焘决定南下打成都。从此，几万大军离开藏区，浩浩荡荡开始南下，胡宗林第二次翻越夹金山。

翻雪山时，由于高原的阳光，紫外线很强，晒得眼睛刺痛。雪山一反光，眼睛被照得睁不开，直流泪，有的晒得眼睛红肿，很多指战员都得了雪盲，有的几乎失明，看不见路，胡宗林就搀扶着他们爬山。后来病人多了，一个人扶不了那么多，便用绳子牵着；得雪盲的人越来越多，连绳子都没有了，就把腰带解下来，接成绳子。

人们常说，大雪山的气候，跟娃娃的脸一样，说变就变，这话一点也不假。中午时分，晒得直冒汗，脸发烫，眼红肿。可是，到了午后，狂风大作，暴雪夹着冰雹，扑打在身上，这时，气温骤降，头发上、眉毛上，都结成冰，脊背发冷。每向上爬一步，都要付出艰苦的努力。生病的、雪盲的同志就更困难。有时狂风一吹，一脚没有踩稳，就滚下山去，跌进深渊，救都没有办法救。

红四方面军翻过夹金山，到了宝兴、天全、芦山、邛崃、雅安、大邑等地，是“天府之国”的边沿地区。这时，国民党中央军和四川军阀先后调集80多个团的兵力，向四方面军进行围攻，战斗在百丈关打响。激战七昼夜后，红军伤亡很大，却不能突破敌人防线，只好后撤。

百丈关战役后，红军从战略进攻转为战略防御，也成为张国焘南下路线失败的重要标志。张国焘被迫决定撤出川康边界，再次回到藏区。南下时，红四方面军有 8 万多人，回返时，只有 4 万多人，其中还有几千新兵。

红四方面军有 5 个军，总部命令董振堂率领红五军翻过夹金山，进驻丹巴，准备向炉霍、道孚、甘孜方向发展。那里是山区，在大渡河边，地广人稀，粮食短缺。红四方面军总部指示三十一军组织运粮队，负责向红五军运送粮食。胡宗林又被调回政治部地方部，到运粮队当通司（翻译）。

那时已是 1935 年底，快过年了。上级要求运粮队把粮食、腊肉和其他生活必需品在年前送到，让部队过好 1936 年的春节。为了确保任务的完成，运粮队长和协理员是从当地老乡那里得到了翻山运输要“三子俱全”的经验。三子，一是脚夹子，套在脚上防滑；二是背夹子，用来背东西；三是拐耙子，当拐杖用，它有两个用处，走路当拐杖，休息时支撑背夹子。后来的实践证明，这“三子”东西虽小，作用很大，在运粮过程中，发挥了重要作用。

这是大雪封山的季节，一般人在这个季节是绝不会过雪山的，更不敢过夹金山这样高大险峻的雪山。但是，他们恰恰在这个时候组织运粮队翻越夹金山。夹金山在两个粮站之间，一来一回，就要翻两次山。他们共过了 5 次，就是 10 次。

1936 年的春节前，他们胜利完成了运粮任务，受到军首长的表扬。召开颁奖大会时，胡宗林得到了一块油布的奖赏。因为白布在桐油里浸泡过后，可以遮风避雨，防潮防冻，简直是个宝贝。

在整个红军队伍中，12 次翻越夹金山的，只有少数一些人，胡宗林是其中之一。

运筹三元宫，决策抢渡金沙江

1935 年 4 月 27 日下午，中央军委纵队进抵曲靖（今麒麟区）、马龙两县交界的上下西山、西屯村一带宿营。当晚，毛泽东、周恩来、朱德等中央红军总部首长宿营于马龙县下西山三元宫（今属麒麟区）。由于关下村战斗的收获，下午 4 时半朱德总司令向红一、红三、红五军团发布《我野战司令部已抵曲靖西宿营》等电文，指出“我野战司令部已抵曲靖西之上下西山宿营，沿马路俘获昆明开来汽车一辆，内有龙云送给薛岳敌之云南十万分之一比例地图 20 余份，白药 1000 包零 400 瓶及副官一。据云：马龙尚有汽油、滑油，望林、聂速派员检查，并派出小部伪装白军，沿马路向昆明活动截击，或尚有汽车来，因龙云估计我军今日不能过曲靖”等。

吃过晚饭后，毛泽东、周恩来、朱德、刘伯承、张闻天、王稼祥、博古、陈云、李富春等，汇集在三元宫二楼 30 多平方米的作战科临时办公室，召开了中共政治局和军委联席会议。主持会议的周恩来让当天值班的作战科参谋孔石泉、王辉两人首先汇报当晚红一、红三、红五、红九军团能够到达的地点，要第二局曾希圣局长谈了对敌情的估计与判断；然后，叫作战科参谋吕黎平对照刚缴获的云南十万分之一比例军用地图，把军委纵队和各军团所在地到金沙江最近的龙街、皎平、洪门三个渡口的距离和行进路线用红铅笔描画出来。刘伯承、朱德、周恩来谈了如何部署兵力，迅速抢渡金沙江，北上四川的意见。随后，其他领导也讲了各自的看法。

不知不觉，已是深夜11时。毛泽东综合了与会人员的意见，最后讲了三条意见：一是自遵义会议后，红军由于大胆穿插，机动作战，已把蒋介石的尾追部队甩在侧后，现在已取得西进北渡金沙江的最有利时机。二是从进入云南境内的地形条件，特别是从今天缴获的地图上看，昆明东北地区是一块比较大的平原，不像湖南、贵州两省有良好的山区可以利用，红军现在不宜在平川地带同敌人进行大的战斗，尤其要避开省城昆明为好。三是根据上述敌情、地形和红军今天所到的位置，对我们过去决定一方面军北上进入四川西部，与红四方面军会合，创建革命根据地的方针，已经有实现的可能了。因此，红军应趁沿江敌军空虚，尾追敌人距我们尚有三四天行程，迅速抢渡金沙江，以争取先机。如果大家同意这一作战方针，我提议具体的兵力部署如下：

一军团为左纵队，从现驻地出发，经嵩明、武定一线西进至元谋，然后继续北进，抢占龙街渡口；三军团为右纵队，从现驻地出发，经寻甸然后北进，抢占洪门渡口；军委直属单位为军委纵队，提议由刘伯承同志率领，干部团为前锋，经石板河、团街直插皎平渡口。以上三路，从明天拂晓起，均应日夜兼程前进，先头部队每天必须行程50公里以上，沿途不与敌人恋战，更不要费时强攻县城，务必在5月3日前抢占上述渡口，收集船只，北渡之后，要不惜一切代价巩固与坚守阵地，为后续部队渡江北进创造有利条件。我们在5月3日前若能抢占龙街、皎平、洪门三个渡口是上策，万一敌人先我烧船，能占领其中一个到两个亦有办法。最忌的是，龙云先我通风报信下令把渡口船只在我军到达以前烧毁或撤到北岸。因此，要不怕疲劳，务必限定在 4 天之内赶到江边抢占渡口。这是全军胜败最关键的一着棋，一定要把这步棋走活。

五军团为后卫，可派一个加强的轻装营，进至嵩明以南的杨林附近佯动，以迷惑敌人，使之产生错觉，以为我军要攻占昆明城，军团主力随军委纵队之后，向西北的金沙江方向跟进。为了阻滞敌人的尾追，不免要受一些损失，为了全军北进的利益，这是必不可免的牺牲，应从政治思想上向该军解释清楚。

九军团作为钳制部队，独立行动，以分散尾追之敌。该军团应在会泽、巧家之间自行选择渡江的地点，渡江以后再同主力会师。

毛泽东的上述作战方针和渡江决心，得到与会人员一致称赞，表示完全同意。孔石泉、王辉两同志，按照毛泽东的讲话记录，立即起草了《关于我军速渡金沙江在川西建立苏区的指示》这一万分火急的命令电文，送交周恩来审阅时，已是凌晨 5 时了。29 日晨，电令向各路大军发出。电文指出："由于两月来的机动，我野战军已取得西向的有利条件，一般追敌已在我侧后，但敌已集中 70 个团以上兵力向我追击，在现在地区我已不便进行较大的作战机动；另方面金沙江两岸空虚，中央过去决定野战军转入川西创立苏维埃根据地的根本方针，现在已有实现的可能了。""因此政治局决定，我野战军应利用目前有利时机，争取迅速渡过金沙江，转入川西，消灭敌人，建立起苏区根据地。"

三元宫会议，正确分析了中央红军当时所处环境及敌我斗争形势，作出了西进北上迅速抢渡金沙江，到川西建立苏区的重大战略决策，对保存红军有生力量，实行战略转移，顺利渡过金沙江，都具有重大的决定性意义。

俄界，揭露张国焘分裂党和红军的错误

1935 年 9 月 11 日，农历八月十四，中共中央率红一方面军主力单独北上到达甘肃省迭部县达拉乡高吉村，这是与四川省比邻的一个依山傍水的藏族村寨。根据通司（翻译）的发音把高吉村叫作“俄界”，而“高吉”则是新中国成立后行政部门根据汉族干部的藏语发音所确定的名字。正确的汉字音译应该是“郭界”，藏语意思为“8 个头”，这是依据该村后面的 8 个锯齿形的山头而命名。

12 日，农历八月十五，中央政治局为克服由于张国焘的阴谋分裂所造成的危局在这里举行紧急扩大会议，讨论张国焘的分裂错误及今后行动方针。张闻天，博古、毛泽东、王稼祥、凯丰、刘少奇、邓发、蔡树藩、叶剑英、林伯渠、罗迈（李维汉）、杨尚昆、李德、林彪、聂荣臻、朱瑞、罗瑞卿、彭德怀、李富春、袁国平、张纯清等 21 人参加了会议。

会议开始，毛泽东做了《关于与四方面军领导者的争论及今后战略方针的报告》。毛泽东首先报告关于目前行动方针，着重谈了三个问题：

第一，中央坚持两河口会议确定的北上战略方针。张国焘反对中央这个方针，主张向南在政治上是没有出路的，中央不能把红一、红三军团也拉上这条绝路。由于张国焘的阻挠和破坏，使红一、红四方面军不能共同北上，因此，红一方面军主力之红一、红三军团应该单独北上。第二，毛儿盖会议决议是红军主力向黄河以东。现在由于情况变化，红一、红三军团的行动方针应有所改变，首先打到甘东北或陕北，经过游击战争，打到苏联边界去，打通国际联系，得到国际的帮助，整顿休养兵力，扩大队伍，创建根据地，再向东发展。从地形、敌情、居民等各方面条件看，实现这个新方针，无疑是可能的。第三，我们与张国焘的斗争，目前还是党内两条路线的斗争，作组织结论是必要的，但不一定马上就作，因为它关系到争取四方面军的广大干部，也关系到右路军中红一方面军干部的安全，我们还要尽力争取红四方面军北上。

毛泽东报告后，邓发、李富春、罗迈、李德、王稼祥、彭德怀、聂荣臻、杨尚昆、林彪、博古、张闻天等先后发言，一致同意毛泽东的报告，并谴责张国焘的反党分裂活动，指出：张国焘对抗中央北上方针，是给胡宗南吓怕了，完全丧失了建立根据地和革命前途的信心，我们同张国焘的分歧，不仅是战略方针的分歧，而且是两条路线的分歧。会上，有人提议开除张国焘的党籍，毛泽东表示反对，指出：同张国焘的斗争，应采取党内斗争的方法处理。最后做组织结论是必要的，但现在还不要做，因为它关系到团结和争取整个红四方面军的干部，也关系到红一方面军在张国焘手下很多干部的安全。开除他的党籍，张国焘还是统帅着几万军队，还蒙蔽着几万军队，以后就不好见面了。我们要尽可能地做工作，争取他北上。这个意见得到与会者的赞成，同意暂不给张国焘做组织结论，并要求在红一、红三军团中加强教育解释工作。

张闻天最后作总结性发言。他明确指出：关于同张国焘斗争的性质，“这是两条路线的斗争。一条是中央的路线，一条是‘右’倾的军阀主义——张国焘主义”。对于张国焘错误的发展前途，张闻天同意毛泽东所作“反对中央，叛变革命”的估计，并且具体指出：“其前途必然是组织第二党。”但“只要还有一线可能，我们还要争取他”。

会议作出《关于张国焘同志的错误的决定》。《决定》指出：“政治局同意已经采取的步骤及今后的战略方针。”并着重指出：一、我们与张国焘的争论，“其实质是由于对目前政治形势与敌我力量对比估计上有着原则的分歧”。张国焘夸大敌人的力量，轻视自己的力量、丧失了创造新苏区的信心，主张向川康藏边界退却。“目前分裂红军的罪恶行为，公开违背党中央的指令，将红四方面军带到在战略上不利于红军发展的川康边境，只是张国焘同志的机会主义的最后完成。”二、造成张国焘这种分裂红军的罪恶行为的，“除了对于目前形势的机会主义估计外，就是他的军阀主义的倾向”。三、张国焘“对于中央的耐心的说服、解释、劝告与诱导，不但表示完全的拒绝，而且自己组织反党小团体同中央进行公开的斗争，否认党的民主集中制的基本组织原则，漠视党的一切纪律，在群众面前任意破坏中央的威信”。《决定》最后还指出了张国焘的右倾机会主义与军阀主义倾向的历史根源，申明要坚决纠正张国焘的严重错误，并号召“红四方面军中全体忠实于共产党的同志团结在党中央的周围，同这种倾向做坚决的斗争，以巩固党与红军”。

因为时间紧迫，会议对《决定》只是原则通过。到达哈达铺后，在9月20日举行的政治局常委会上，决定“关于张国焘同志的错误的决定的起草，由洛甫负责”。

为教育并挽救张国焘本人，党仍给他以改正错误的机会，并争取四方面军的广大指战员，所以，张闻天写成《决定》并经常委通过后，没有立即发布，直到 1935 年 12 月间才在中央委员范围内公布，在一方面军高级干部中口头传达。

会议还决定：将原有红一、红三军团和军委纵队缩编为中国工农红军陕甘支队，由彭德怀任司令员，毛泽东兼政治委员，林彪任副司令员，王稼祥任政治部主任，杨尚昆任政治部副主任；成立“五人团”，作为全军最高领导核心，由彭德怀、林彪、毛泽东、王稼祥、周恩来组成；组成编制委员会，主任为李德，委员为叶剑英、邓发、蔡树藩、罗迈。

残阳如血：娄山关战役揭开遵义战役的序幕

娄山关是大娄山脉的主峰，横亘于贵州遵义、桐梓两县的交界处，海拔 1576 米，北距巴蜀，南扼黔桂，为黔北咽喉，是兵家必争之地。关上千峰万仞，重峦叠嶂，峭壁绝立，直刺苍穹，川黔公路从关口盘旋而过。素有“一夫当关，万夫莫开”之说。

中央红军二渡赤水后，兵出黔北，直指遵义。作为黔北的门户，娄山关的得失，成为决定双方胜负的关键。

贵州军阀王家烈汲取了第一次被红军攻破娄山关的教训，派出亲信第一旅旅长杜肇华率全旅并指挥第十五团，固守娄山关。

1 月 25 日，中革军委命彭德怀、杨尚昆统一指挥红一、红三军团“乘虚占领娄山关”。彭德怀接受任务后立即命红三军团第十三团主攻娄山关，红一军团第一团从东侧石炭关迂回攻击，其余各部随红十三团向娄山关挺进。

接受任务后，红十三团连夜出发，一路疾行，团长彭雪枫率领侦察连行进在队伍最前列。25 日拂晓，在向娄山关疾进途中，在距关隘 5 公里处的南溪口一线，与黔军侦查分队遭遇。侦察连在路边隐蔽，待黔军走近时，突然出击，迅速击溃了敌人。随后猛追溃敌，直抵娄山关下。守关的黔军见红军到达，立即以稠密的火力封锁了通往关口的公路。彭雪枫指挥先头第三营连攻两次，均未奏效。

黔军已经在娄山关形成了坚固的阵地防御体系，且地形易守难攻。彭雪枫仔细观察地形后，发现左侧山峰虽然陡峭，但勉强可以攀登，遂决定第七、第八连和重机枪连正面佯攻并压制黔军火力，以第九连侧后迂回，首先攻占主峰点金山，然后居高临下，前后夹击，一举夺关。在正面部队的佯攻掩护下，九连冒着黔军的火力，开始攀登点金山左侧后陡峭山脊。指挥该连的三营教导员牺牲，团特派员欧致富挺身而出，指挥全连继续进攻，终于攀了山顶，解决了山顶的黔军，随后如猛虎下山，向关口冲去。彭雪枫立即指挥正面部队发起攻击，战至黄昏，第三营终于攻占了娄山关口。

第三营尚未站稳脚跟，黔军的反扑就接踵而来。第三营沉着应战，全体人员上刺刀，待反扑敌人靠近阵地，方突然发起反冲锋。第一营攀悬崖进攻制高点点金山，两个冲锋梯队喊声如雷，投出排排手榴弹，端着刺刀冲入敌阵，经过激烈肉搏战，终于打垮守敌，攻占点金山高地。敌军组织强大火力，拼凑“敢死队”反扑，敌军官以手枪督战，逼“双枪兵”冒死攻山。红军与敌人在点金山和大尖山一线展开了反复拼杀的拉锯战，至下午4时，红军连续发动5次冲锋，击毙敌督战官，乘势攻占了娄山关两侧的10多座山头，完全突破敌防线，牢牢控制了关口。

娄山关丢失，遵义门户洞开，这使得王家烈惊恐不安，命令娄山关指挥官杜肇华旅（王家烈的主力部队之一）不惜一切代价，必须夺回关隘。

26日清晨，娄山关上西风凛冽，浓云密雾。杜肇华孤注一掷，许下重赏，集中所有兵力，在轻重机枪掩护下，发动6次冲锋，占领了娄山关口以南沿公路的军事哨和小哨。红十二团居高临下，击溃敌人多次反扑。敌人仰仗兵多弹足，又多次向娄山关猛攻。红军正面出击，左右迂回包抄，前后夹攻，沿公路向南纵深追击。战斗从清晨持续到下午5时，红军牢牢地占领了关口，在关口至板桥一线歼灭和击溃敌人4个团，满山遍野摆满了敌人的尸体、武器、轿子和烟枪。红军乘胜猛追，在高坪、董公寺一线又歼敌4个团。

红三军团以红十二团投入战斗，与红十三团并肩向黑神庙一线黔军阵地发起攻击。红12团政委钟赤兵、参谋长孔权负重伤，伤亡达500多人，战斗形成僵持状态。

彭德怀策马直抵关下，亲自指挥战斗，并调整部署，令红十二团正面迎敌，红十三团和红十团从左右两侧迂回，围歼黑神庙之敌。另以红十一团从关隘的左侧远程奔袭板桥，彻底切断黔军退路。

各路红军向黔军发起进攻。红十一团远程奔袭，攻占黔军后方通往遵义的要点板桥，黔军防线因此全线动摇。红三军团主力趁势猛攻，左翼的黔军第十团首先不支向后溃退，接着是右翼的第六团，最后据守黑神庙的黔军精锐第四团业开始撤退。

傍晚时分，如血的残阳洒在娄山关上，毛泽东、周恩来、朱德、彭德怀相继策马登上娄山关。毛泽东突然想起一个月前经过娄山关时哼过的几句新词，他再次跨上马背，续完了《忆秦娥·娄山关》：

西风烈，长空雁叫霜晨月。
霜晨月，马蹄声碎，喇叭声咽。
雄关漫道真如铁，而今迈步从头越。
从头越，苍山如海，残阳如血。

这道词生动地描绘了红军指战员英勇鏖战的壮烈情景。现以行草手书体放大镌于娄山关口高14米、宽25米的大理石碑上，苍劲有力，蔚为壮观。

强渡乌江：湘江之战后的首个大胜仗

乌江为贵州第一大河，以水流急、滩多、谷狭而闻名于世，号称“天险”。

乌江一战，黔军恃天险，结重兵，筑碉堡，在北岸密密布防。国民党军主力薛岳部则尾追红军赶往乌江。红军如不能及早渡江，将腹背受敌，落入背水作战之兵家大忌的境地。红军决定在江界河、回龙场、岩坑等处实施强渡。

1934 年 12 月 31 日，农历十一月二十五，这年的最后一天。红三军团红二师红四团接到抢渡乌江的军令后，立即出发，经过半天的急行军，部队到达了乌江南边 100 多里的猴场。当晚，部队在乌江边上迎新守岁。当地群众说，渡乌江必须具备 3 个条件，即：第一，要有大木船；第二，必须是大晴天；第三，要有熟悉乌江水性的好船夫。可是，红二师红四团来到渡口时，渡船都被国民党反动派烧毁，老百姓说的条件都不具备。而且乌江两岸都是悬崖陡壁。乌江南岸要下 10 华里陡峭的石山才能到达江边，北岸又要翻越 10 里的乱石荒山方能接上通往遵义、桐梓的大道。乌江正是在墨乌色的峡壁间流过。此段的江面倒不算宽，只有 250 米左右，可是流速却每秒达 1.8 米。整个乌江像一条乌青色的蛟龙向东北奔腾；无论投下一片什么东西，转眼就冲得无影无踪了。要在此种情况下渡过乌江，简直难以想象。红四团团长耿飚、政治委员杨成武组织火力侦察，结果发现对岸主渡口（老渡口）处兵力、火力配置严密，背后山上还有强大的预备队，但在渡口上游 3 公里处老虎洞脚另有一个小渡口（新渡口），并有一条傍山小道与主渡口相通，守敌只有一个排。耿飚、杨成武商定：佯攻老渡口，主攻新渡口。陈光批准了这一方案。

第二天上午，渡江开始。在佯攻部队的掩护下，一连长毛振发等 8 人首批下水，但遭到对岸敌军的猛烈射击，被迫退回。当天晚上，红四团在此组织 18 人乘竹筏偷渡，结果由于水情不明，再次失败，只有毛振华率 5 名战士偷渡成功，隐蔽在对岸石崖下。

1 月 2 日拂晓，军委副总参谋长张云逸赶到红四团，传达军委命令，要求红四团迅速完成渡江任务，并指出：如果不能迅速渡江，红军就有背水作战的危险。3 日上午 9 时，红四团紧急动员后展开大规模的强渡作战。突击营在火力掩护下启渡，在石崖下潜伏一夜的毛振发等人也突然杀出。突击营顺利登岸，很快夺取了渡口阵地。黔军预备队倾巢出动，对登岸的红军进行疯狂反扑。在此危机的时刻，配属红四团的军团炮兵连连长赵章成准确发射，3 发炮弹全部落入敌群，压制住敌军的反攻势头。突击营乘势反击，不仅夺回并巩固了新渡口，而且攻占了老渡口，彻底打通了渡江通道。

担负架设浮桥的工兵分队，与红四团密切配合，迅速在江面架设浮桥。红二师主力从浮桥过江，向纵深发展进攻，全线突破黔军江防工事，黔军林秀生旅无法抵挡红军的猛烈进攻，狼狈溃逃。3 日，红二师攻占黔军乌江江防前敌总指挥部所在地。随后，军委纵队和红五军团相继从江界河过江。

在红四团激战江界河渡口的同时，红一军团第一师第一团也在回笼场渡口开始强渡。2 日上午，团长杨得志、政治委员黎林率领全团由余庆出发，顶着雨夹雪，很快到达渡口。这里的江面不算太宽，但江水湍急，两岸都是刀削般的峭壁。黔军易少荃旅在此防御，其第八团守护渡口。红一团前卫营刚到江边，就遭到对岸敌人的射击。杨得志立即令配属的炮兵用迫击炮向对岸制高点射击，实行火力侦察。黔军遭到炮击，躲进山后。

黔军战斗力不强，但乌江却凶悍异常。红军在附近村庄找船，发现敌军早有准备，撤往对岸前曾对村庄进行洗劫，连一支桨、一块像样的木板都没有留下。下午，杨得志在江边观察，忽然发现江中游一根竹竿在漂浮。他与黎林商量后，决定扎竹筏渡江。部队马上行动，就地取材，用草绳、竹皮和绑腿带扎起了 1 个 1 丈多宽、2 丈多长的竹筏。8 名熟悉水性的战士被挑选出来，于当晚进行试渡。

4 日，农历十一月二十九，雾茫茫，对岸还在响着稀疏的枪声。8 个战士跳上竹排，约定竹排到达对岸时，鸣枪两声作为联络信号。抢渡的战斗开始了。竹排缓慢地离开了岸边。但是，汹涌的江水把竹排冲到了下游，8 名战士也被漩涡吞没。第一支竹排渡江失败了，风还在刮，雨还在下。

杨团长和黎政委痛悼牺牲的战士，随后坚定地说："一定要渡过去！"

十几个战士又跳上了竹排，第二次试渡开始了。

孙继先营长激动地说出了大家的心里话："同志们，一定要渡过去。就是一个人，也要渡过去。全团的希望就在你们身上！"

战士们一个个大声回答道："我们要过去，一定能过去！"

总结上次失败的教训，这次试渡选择下游几十米处水流较缓的地方。天色墨黑墨黑，起先还能听到竹片打在水面上的"噼噼啪啪"的响声，渐渐地，连水声也听不清了。经过几十分钟的奋斗。"乓！乓！"两声枪响就是渡江成功的信号，天险乌江终于突破了！

杨得志按捺不住心中的激动，大声喊道："开船！"早已待命的战士，立即登上竹筏，向着对岸飞驰而去。不多久，对岸闪起了团团火光，接着枪声、爆炸声、喊杀声混成一片。杨得志、黎林过江后，马上组织向纵深发展，夺取了黔军俯瞰渡口的山顶阵地，打垮了黔军第八团。

与此同时，红一师第一团在龙溪回龙场渡口和红三军团红五师第十三团在岩坑渡口组织的强渡，稍晚半天，也成功了。工兵营迅速架起了两座浮桥，红一军团踏着浮桥跨过了乌江。中央机关也踏着浮桥过江了。1月6日，中央红军全部渡过被敌人号称固若金汤的乌江天险。尾追的国民党军薛岳部只能望江兴叹，蒋介石企图将红军聚歼于乌江东岸、南岸的图谋又一次破产。

在这次强渡战斗中，最先打过去的22位勇士，被称为红色英雄。22位英雄之首——红三团三连连长毛振华获得了红星奖章，其余每人奖励一套军装。《红星报》为祝贺突破乌江战斗的胜利，以“开展胜利的反攻最顽强的战斗争取全线反攻的胜利”的通栏标题，刊登了署名廷梁的1月6日写于前进路上的通讯《伟大的开始》，生动形象地报道了渡江英雄的典型事迹。

红军强渡乌江是一个声东击西、出其不意、攻其不备、强攻加智取的典型战例。新中国成立后，当年红军突破乌江的战斗故事，被拍成电影搬上了银幕。

智取遵义城

1月5日晚，红军突破乌江天险后，朱德、周恩来、王稼祥致电各军团、军委纵队首长：“我野战军仍分三路前进，坚决并迅速消灭我前进之黔敌，并实行追击。”具体部署是：红二师、军委纵队和红五军团为中纵队，红二师及干部团攻取遵义，红五军团集中珠场，并以一部兵力扼守袁家渡、江界河、孙家渡三个渡江点，阻击尾追之敌的进攻；红一军团与红九军团为右纵队，攻占湄潭，然后红一军团主力向虾子场集中，必要时协同红二师攻取遵义，红九军团留湄潭、牛塘地区；红三军团为左纵队，以一个师进占镇南关，主力集中尚稽场地域。各路红军依照部署，迅速对逃敌展开猛烈追击，向遵义地区迅速推进。

遵义，北靠娄山，南临乌江，人口5万余人，是贵州第二大城市，为黔北重镇。整个城市群山依托，城墙护卫，易守难攻。守军共有4个团，黔军第二旅旅长侯之玺任遵义城防司令，1个团驻守城外深溪水，另外3个团城内。

攻取遵义，是开辟川黔边新区的第一仗。红军已经长途跋涉两个多月，始终没有得到很好的休整，部队处境困难。同时根据黎平会议和猴场会议的决定，中共中央政治局也需要有一个相对和缓的环境，来集中精力彻底解决党内的路线问题。因而，遵义一战，必须打好，而且要尽量速战速决。中革军委命令红军总参谋长刘伯承统一指挥各部，迅速夺取遵义。

中纵队红二师第六团配属红一军团侦察连为全军前锋。红六团受领任务后，从江界河渡口不停地奔袭遵义城。团长朱水秋、政委王集成马鞍上办公，对照地图确定了攻击遵义的部署：一营、二营为突击营，从东南两方面发起突击，三营为预备队。

傍晚到达团溪镇宿营，这里距遵义只有 90 里。第二天早晨，部队刚刚起床准备出发，刘伯承来到团溪，在询问了部队情况和听取了作战方案汇报后，交代说："现在我们的日子是比较艰难的。仗要打得好，还要伤亡少，又要节省子弹。这就需要多用点智慧！"王集成代表全团表示："王家烈的双枪我们领教过，一定拿下遵义城！"

中革军委也对即将开始的遵义之战高度重视。为加强攻城力量，确保胜利，中革军委除令红一军团主力准备参加攻城作战外，又令红三军团以 1 个师截断遵义与贵阳之间的交通，另 1 个师准备加入攻占遵义作战，并暂归刘伯承统一指挥。

刘伯承亲自指挥红六团向遵义开进。途中，一位曾在黔军当过兵的青年提供了情报：在距离遵义 30 公里的深溪水驻扎的是"九响团"（因装备"久连珠"步枪而得名），是侯之玺手中的王牌。红六团到深溪水后，侦察员报告："九响团"主力在红军渡过乌江后，已经由团长带领撤往桐梓，镇内此刻只有一个营。刘伯承当即指示：这是遵义守敌的外围据点，要坚决地斩断这个触角，还不要让遵义的敌人知道。"要秘密，要全歼，不准漏网一个！走漏了风声，就会影响打遵义。"

红六团两路展开，如一把铁钳迅速合围了全镇。此刻，大雨倾盆，红军官兵冒雨发起进攻。镇内黔军根本没有想到红军会雨夜突袭，还在屋里打麻将、推牌九，红军已经突入镇内，黔军营长率一股人东突西撞，企图突围，最终被击毙，激战不到1小时，全部当了俘虏。

为了减少攻城时的损失，王集成立即审问了俘虏。交代了政策之后，一位黔军连长非常合作，很快说出了遵义的城防部署和工事情况。恐怕王集成不信，还当场画了一幅示意图。王集成很高兴，按俘虏政策，每位俘虏发给3块大洋。俘虏深受感动，称红军“是我们的救命恩人”。

遵义的城防搞清楚了，但从了解的情况看，遵义城墙高耸，强攻不易。红六团手中掌握着一批俘虏，朱水秋与王集成商量后，决定化装奇袭，利用俘虏诈开城门，智取遵义城。

刘伯承听了朱水秋、王集成的想法后，立即批准了他们的建议。并赞扬说:“很好，这就是智慧。”他还嘱咐说:“装敌人一定要装得像，千万不能叫敌人看出来。”

偷袭的任务交给了第一营和军团侦察连，带队的是奔袭城口的英雄1营长曾保堂，全团的司号员也全部配给了一营。6日晚9点，曾保堂和奇袭分队换上了黔军的军服，带着十几个经过教育的俘虏，在夜色的掩护下，冒雨向遵义进发。红四团其他分队随后跟进，准备诈城失败，迅速夺取遵义。

1月7日2时许，红军先遣部队经过两个多小时的急行军到达遵义南城门下。曾保堂令军团侦察连占领城外制高点红花岗，重机枪排在南门外隐蔽占领阵地，自己带着俘虏走向城门。城门上的哨兵拉动枪栓，喝令止步。曾保堂抬枪一顶俘虏连长，那位连长立即说：“我们是‘九响团’的，今天叫‘共匪’包围了，寨子丢了，营长也被打死了。我是一连连长，领着剩下的部分兄弟好歹逃了出来。‘共匪’在追我们，快让我们进城，救救我们吧！”其他俘虏大声呼叫，喊作一团。城墙上的黔军查问了几个问题，见答对无误，又见城下人员都穿着黔军服装，确信这是外围营的“逃兵”，遂打开城门。

城门刚打开，曾保堂率部迅速冲了进去，立即割断电话线，俘虏了城墙上的所有哨兵。随后，随队的二三十名司号员一齐吹响冲锋号，一营官兵冲入城内。军团侦察连也同时打响，占领红花岗。嘹亮的军号夹杂着激烈的枪声、爆炸声霎时打破了古城的沉寂。城里的黔军虽有3个多团，但猝不及防，且早已成了惊弓之鸟，顿时乱作一团，根本组织不起来抵抗，在黑暗中蜂拥逃出北门。一营顺利攻占了遵义。

第二天清晨，曾保堂正在部署迎接大部队进城事宜，忽听城外响起了枪声。原来遵义分作新城和老城两部分。一营占领的是新城，黔军遵义行营主任江国璠和遵义县长徐道纬带部分部队悄悄地躲在老城，不敢动弹，到清晨见红军未入老城，方悄悄地打开城门，向西逃跑。城外红花岗上的军团侦察连发现后，迅速截击，并占领了老城。

1月7日，农历腊月初三，遵义宣告解放。9日，农历腊月初五，中共中央、中革军委纵队进驻遵义城，总参谋长刘伯承兼任遵义警备司令，陈云任政治委员。

强渡大渡河

中央红军渡过金沙江后，蒋介石立即飞往昆明亲自督战，并调动几十万大军和云南地方军阀部队，火速向大渡河集结，企图凭借大渡河天险，一举将红军歼灭。

大渡河是岷江的一条支流，安顺场渡口，正位于河水中游，河床急转的地方，其滩险水急，险峻难越，易守难攻。72年前，也是在时值五月江河涨水季节，太平天国农民革命军因内部分裂，翼王石达开曾率领部队到达安顺场，准备渡过大渡河，却因判断失误、坐失良机而导致全军覆没。大渡河吞噬了石达开的数万大军，一代名将饮恨大渡河畔。谙熟历史的蒋介石对这段典故兴奋不已，他妄想让“朱毛”重蹈石达开的覆辙，频频发电向其部属强调：“大渡河是太平天国石达开大军覆灭之地，今共军入此汉彝杂处，一线中通，汪河阻隔，地形险峻，给养困难的绝地，必步石军覆辙，希各军师长鼓励所部建立殊勋。”在调重兵前来围追堵截的同时，蒋介石还采取了“龟壳”战术，在沿江布防、筑垒，形成一道道严密的封锁线，并命令部队不得有任何疏忽。蒋介石自信已布下了天罗地网，红军将插翅难飞。然而，事实又出乎了蒋介石的意料，他的如意算盘又一次打空了。

1935年5月24日，中央红军先头部队红一军团第一师第一团，以一昼夜的急行军，直达安顺场。在接到“夜袭安顺场、夺取船只，强度过河”的指令后，当晚，一团政治委员黎林即率第二营到渡口下游佯攻，迷惑敌军；团长杨得志则率第一营分三路隐蔽向安顺场逼近。此次渡河，关系着中央红军的生死存亡，一团将士个个摩拳擦掌，跃跃欲试。在杨得志的带领下，部队突然向安顺场发起攻击，经过20多分钟的激战，终于击溃川军2个连，占领了安顺场，并在渡口附近找到1只木船。此时，恰逢雪水消融，河水暴涨的大渡河，犹如一只翻江倒海的蛟龙，300多米宽的河面上，水流湍急，怒浪冲天。河水中急转的漩涡汹涌翻腾，参差的礁石若隐若现，令人触目惊心，不寒而栗。在这道天险的对岸，是几十米高的峭壁，敌军的碉堡修筑在那里，扼守河岸，虎视眈眈。这时，对岸敌人还没有发觉红军已占领渡口。

25日清晨，17名精心挑选出的勇士，在火力掩护下，冒着枪林弹雨，抢渡成功。紧接着，渡船不停往返运输，后续队伍及时跟进，一举击溃防守北岸之敌，巩固了渡河点。这一役在敌军视为固若金汤的大渡河防线上，撕开了一个口子，粉碎了敌人企图在安顺场围歼红军的迷梦，极大地震撼了敌人，为红军飞夺泸定桥，南北夹击敌军，创造了有利条件。

虽然红一军团一部已全部渡河，但是，由于水急船少，架桥无望，单凭摆渡一时无法使红军大部队迅速过河。而此时，尾追之敌又向大渡河昼夜赶来，形势骤然紧迫，能否及时渡过大渡河，成为决定中央红军命运的殊死关头。在这个危急时刻，毛泽东没有忘记石达开的深刻教训，他立即召集方面军领导人开会，果断决定改变计划，兵分两路，火速夺取泸定桥。根据毛泽东的部署，以红一师和军委干部团为右纵队，由刘伯承和聂荣臻率领，从大渡河东岸北上，以策应西岸；主力由林彪率领从西岸向泸定桥进军。临行时毛泽东特别强调：“这是一个战略性措施，只有夺取泸定桥，我军大部队才能过大渡河，避免石达开的命运，才能到川西去与四方面军会合。”

泸定桥距安顺场 160 公里，其山路崎岖，沟壑纵横，险峻异常。此时蒋介石正急调川军 2 个旅增援泸定桥。为了抢敌先机，沿西岸前进的先头部队第四团开始了与时间、敌军的赛跑。经过不到三天的昼夜急行军，红四团终于以一日行 120 公里的纪录，于 29 日清晨胜利占领了泸定桥的西桥头，创造了急行军的奇迹。

勇夺泸定桥

1935 年 5 月 25 日，红军强渡大渡河成功后，因船只少，只找到 4 条小船，其中 3 条还是破的。靠着几条小船，要一两个星期才能全部过去。毛泽东没有忘记石达开的故事：延误时机是他惨败的原因之一。毛泽东发誓，决不让红军遭到同一命运，决定改变原来计划，夺取泸定桥。

泸定桥地扼川康要道，建于 1701 年，全长 100 余米，宽近 3 米，由 13 根碗口粗铁索组成的索桥，横跨在汹涌澎湃的大渡河上。索桥空悬于距河面约二三十米的高空中，随风摇摆不定，之下赤流滚滚，耳畔狂风怒吼，险象环生。

泸定桥东连泸定城，敌军 2 个团的兵力驻守在里面，并凭借天险，修筑了巩固的工事。当红军到达泸定桥边时，桥面铁锁的木板已被敌人拆去。北岸桥头的桥楼已被敌人用沙袋紧围，形成另一个坚固的桥头堡垒，从堡垒的射击孔中伸出的机关枪正对着桥面。泸定桥一半在山腰，一半紧贴河边，城墙高约 2 丈，上面的堡垒所配置的火力也在桥面上形成了一张火力网。

28 日早上，红四团接到上级命令："29 日晨夺下泸定桥！"

时间只剩下 20 多个小时，红四团离泸定桥还有 240 里。敌人的

2 个旅援兵正在对岸向泸定桥前进。

抢在敌人前头，是红军战胜敌人的关键。红四团翻山越岭，沿路击溃好几股阻击的敌人，到晚上 7 点钟，离泸定桥还有 110 里。

战士们一整天没顾上吃饭。天又下起雨来，把他们都淋透了。战胜敌人的决心使他们忘记了饥饿和疲劳。在漆黑的夜里，他们冒着雨，踩着泥水继续前进。

忽然对岸出现了无数火把，像一条长蛇向泸定桥方向奔去，分明是敌人的增援部队。红四团的战士索性也点起火把，照亮了道路跟对岸的敌人赛跑。

敌人看到了这边的火把，扯着嗓子喊："你们是哪个部分的？"

我们的战士高声回答："是碰上红军撤下来的。"

对岸的敌人并不疑心。

两支队伍像两条火龙，隔着大渡河走了二三十里。

雨越下越大，把两岸的火把都浇灭了。对岸的敌人不能再走，只好停下来宿营。红四团仍旧摸着黑冒雨前进，终于在规定时间赶到了泸定桥，把增援的两个旅的敌人甩在后面。

29 日，农历四月二十七。下午 4 时，红四团吹响了夺取泸定桥战斗的号角。没有选择，只有迎着枪林弹雨冲过 13 根寒光凛凛的铁索。万丈深渊之间，仅凭几根铁索就想突击到河对岸，几乎是一件不可能的事。至少川军是这么想的。因此，他们一边向红军射击，一边不断地高喊："你们有种的就飞过来！"

首先发动进攻的是一营二连连长廖大珠带领的 22 人组成的突击队员，他们必须强行攀索到达北岸；三连紧跟在他们的身后，任务是铺板桥；最后是一连，任务是在铺好的桥板上发起最后的冲锋。

杨成武后来回忆说：当全团数十名司号员组成的司号队同时吹响冲锋号时，我方所有的武器一齐向对岸开火，枪弹像旋风般刮向敌人阵地，一片喊杀之声就如惊涛拍岸，地动山摇。这时，22 名经过挑选的突击队员手持冲锋枪，背插马刀，腰缠十来颗手榴弹……冒着对岸射来的枪弹，扶着桥边的栏杆，踩着摇晃的铁索，向敌人冲去。

三连的战士拿着木板跟在突击队员后面，一面往前爬，一边把木板往桥上铺。前面，丧心病狂的敌人把煤油浇在铁索上，燃起熊熊大火，企图阻止红军前进的步伐。但是，英勇顽强的红军指战员们奋不顾身地冲入火海，继续向前，到了桥的那一端，与敌军展开了激烈的肉搏。紧接着，红军后续部队跟紧渡河，及时投入战斗，占领泸定县城。与此同时，红一师和干部团击溃川军的阻击，胜利到达泸定城，策应了红四团的夺桥战斗。随后，中央红军主力由泸定桥顺利通过了大渡河。

泸定桥之战的第二天，毛泽东、周恩来等率大队红军到达泸定桥。在河西岸沙坝村天主堂外边大树下，听取了飞夺泸定桥的战斗经过情况汇报。毛泽东在桥中央，扶着冰冷的铁索说:“应该在这里立一块碑。”

在这场殊死的战斗中，22 名红军突击队勇士，3 人光荣牺牲。22 名勇士的姓名大部分已经无从查考，在《中国工农红军第一方面军战史》中，留有姓名的仅有 5 人。据泸定桥陈列馆目前陈列的只有 5 个人的名字：即廖大珠（二连连长、突击队长）、王海云（二连指导员）、李友林（二连支部书记）、刘梓华（二连副班长）、刘金山（三连支部书记。新中国成立初期曾任天津军分区参谋长，1951 年病逝）。活下来的勇士，每人都得到一套印有“中革军委”字样的列宁服、一个日记本、一支钢笔、一个搪瓷杯子和一双筷子。这是当时红军战士所能得到的最高奖赏。多年后，杨成武不好意思地说：“我也得到了这些奖品。”

红军飞夺泸定桥的胜利，打开了中央红军北上的通道，在中国革命史上书写下了光辉的一页。正如诗中所歌颂的：“水湍急，山峭耸，雄关险，豺狼凶。健儿巧渡金沙江，兄弟民族夹道迎。安顺场边孤舟勇，踩波踏浪歼敌兵。昼夜兼程二百四，猛打穷追夺泸定。铁索桥上显威风，勇士万代留英名。”

几十年后，党和政府在泸定县建起纪念馆。年近八旬的聂荣臻元帅送来了题词“安顺急抢渡，大渡勇夺桥，两军夹江上，泸定决分晓”。

彝海结盟

1935年5月初，中央红军巧渡金沙江后，中革军委下达了“迅速北进，抢渡大渡河”的电令。从泸沽北上渡河有两条路，一条是通往成都的大道，经越嶲（今越西）到大树堡，渡河至富林（今汉源）；另一条是崎岖险道，经冕宁、大桥场、大凉山彝族聚居区到石棉县安顺场渡河。国民党军判定红军会避开彝族聚居区走大道，因而在富林一带派重兵把守。军委反其道而行之，决定走小道，经彝族聚居区渡河。

彝族是中国的少数民族之一，主要分布于西南地区。由于历史原因，自古彝族人敌视汉人，加之国民党政府和当地军阀的长期压迫，更是对军队充满敌意。因而，红军想通过彝区困难重重、前途难测。

5月19日，红军总政治部为使红军顺利通过彝区专门下发《关于争取少数民族工作的训令》。《训令》指出：“野战军今后的机动和战斗，都密切地关连（联）着争取少数民族问题。这个问题之解决，对于实现我们的战略任务，有着决定的意义。因之，各军团政治部必须立即把这个问题提到最重要的地位。”与此同时，以红军总司令朱德的名义发布了《中国工农红军布告》，用通俗易懂、真切感人的语言将红军对少数民族的政策公之于众，以便消除彝族群众对红军的疑惧。布告中说：

> 中国工农红军，解放弱小民族；一切彝汉平民，都是兄弟骨肉。可恨四川军阀，压迫彝人太毒；苛捐杂税重重，又复妄加杀戮。红军万里长征，所向势如破竹；今已来到川西，尊重彝人风俗。军纪十分严明，不动一丝一粟；粮食公平买卖，价钱交付十足。凡我彝人群众，切莫怀疑畏缩；赶快团结起来，共把军阀驱逐。设立彝人政府，彝族管理彝族；真正平等自由，再不受人欺辱。希望努力宣传，将此广播西蜀。

中革军委委派总参谋长刘伯承迅速赶往红一军团组建先遣队，并兼任先遣队司令，红一军团政治委员聂荣臻兼先遣队政治委员。为了顺利通过彝民聚居区，迅速抵达大渡河畔，毛泽东在出发前，再三嘱咐刘伯承："先遣队的任务不是打仗而是宣传党的民族政策，用政策的感召力与彝民达到友好。只要我们全军模范地执行纪律和党的民族政策，取得彝族人民的信任和同情，彝民不会打我们，还会帮助我们通过彝民区，抢渡大渡河。"

20日，农历四月十八。晚9时，刘伯承和聂荣臻率红一军团第一师第一团进入冕宁。中共冕宁地下组织在陈野萍、廖志高的领导下，积极做好了解放冕宁的准备。21日，朱德向各部队发出行军命令，并指示刘伯承、聂荣臻于24日前控制安顺场渡口。22日，红军开始进入大小凉山地区。红一军团组织部长萧华与红军总部工作团团长冯文彬率领红一军团侦察连组成的工作团开路。红一方面军工兵连随后跟进。红军先遣队司令刘伯承、政委聂荣臻亲自对官兵进行动员、指示：彝民不了解红军，我们必须以实际行动取得彝民的信任，无论如何不准向彝民开枪，谁开抢谁就违反党的政策和军队纪律。

先头部队刚到喇嘛房，就被手持棍棒、长矛、弓箭、土枪等各种武器的彝民堵住了去路。跟在主力后面约 100 米远的工兵连，也遭到彝民堵截。彝民几个人捆住一个红军，开始动手抢红军的架桥器材和工具。东西抢完了，又将红军官兵摁倒在地，开始剥抢衣服。工兵连长王耀南火冒三丈，猛地拔出手枪。已被剥光衣服的指导员罗荣见状，大声喊道："总部命令，不准开枪。"王耀南猛醒，也下达命令："不许开枪，谁开枪就违反党的政策。"结果，工兵连的官兵被抢得精光，只好光着身子原路返回出发地。

面对突如其来的情况，刘伯承、聂荣臻命令部队停止行军，在袁居海子（今彝海子）一带驻足待命。四周是山崖、沟谷、林间，彝民向海子一带包围过来。为防止不测，刘伯承当即布置防守阵地；同时，由聂荣臻带领宣传队和翻译向彝民喊话，耐心地讲解共产党的民族平等和民族团结政策，说明红军只是借路北上抗日，决不久驻。

住在海子附近的果基家首领小叶丹听了红军的宣传，又看到红军纪律严明、正义威武，便派精通汉语且善于辞令的管家沙马尔各陪同四叔与红军联络，希望讲和，不动武。他们来到海子边，躁动的彝民即刻安静了下来。萧华立即通过通司与小叶丹的四叔对话，向他说明红军与国民党军队不同，是替受压迫的人打天下的，此次进入彝民区不是打彝胞，而是借路北上；并根据彝人重义气的特点，告诉他，红军刘伯承司令率领大批人马也要路过此地，愿与彝民首领结为兄弟。随后，萧华立即向刘伯承和聂荣臻汇报，并建议刘伯承遵从彝族风俗与小叶丹结拜为兄弟，以消除彝民的疑惧，取得他们的信任和帮助。刘伯承当即表示："我们和彝族不结盟是兄弟，结盟更是兄弟，我们共产党人应该作民族团结的模范。"刘伯承和聂荣臻商议后应允。小叶丹的四叔得知率领大军的刘司令愿意与小叶丹结为兄弟后，很是高兴，纵身跃上骡子，扬鞭奋蹄，奔回家去向小叶丹复命。

结盟仪式在横断山脉的一个小山谷麻子附近的海子边上举行。这里是一个海拔 2000 多米，以生长细鳞鲤鱼而闻名的"鱼海子"的高山淡水湖，许多人又把它称为"彝海"。

刘伯承一行来到海子边时，小叶丹也来了。他看到刘伯承，便率众人下跪行磕头礼，刘伯承急忙上前扶住，不让他行礼。刘伯承拉着小叶丹的手说，红军借道北上是为受压迫的人打天下的，红军和彝族人民是同胞兄弟，等消灭了国民党，大家就能过上好日子。小叶丹大为感动，许诺："红军从这里通过，由我们管，由我们保。"

于是，结拜仪式顺利开始。按照彝族习俗，结拜兄弟要杀鸡喝血酒，没有酒，他们就用湖水代替。沙马尔各将鸡血滴在盛满湖水的酒杯中，刘伯承和小叶丹并排跪在地上，小叶丹首先端起碗，郑重地宣誓："刘司令员和小叶丹，在海子塘边结为兄弟，以后如有反悔，就像这公鸡一样死去。"刘伯承也高高地端起碗，大声地发出宣誓："上有天，下有地，我刘伯承愿与小叶丹今天在海子边结义为兄弟，如有反悔，天诛地灭。"发誓后，两人一饮而尽。

随后，小叶丹接受了刘伯承的邀请，来到红军驻地大桥，被盛情地款待。刘伯承知道彝族人善于喝酒，下令把全镇所有的酒都买来，让小叶丹叔侄开怀畅饮。饭后，刘伯承把一面写着"中国彝民红军沽鸡支队"的红旗赠给小叶丹，并任命小叶丹为支队长，他的弟弟果基尔拉为副队长，并写下了委任状，还赠送了部分武器、弹药。小叶丹心中的感激溢于言表。当日，小叶丹带领十余人护送红军返回了大桥镇，并将自己所骑的大黑骡子送给了刘伯承。

23 日凌晨，小叶丹叔侄亲自带路，从大桥出发，与刘伯承、聂荣臻和红军先头部队同行，顺利地通过彝区，安全到达安顺场。此后，红军后续部队也在小叶丹的向导下一路畅行，顺利通过了国民党断定红军无法通过的彝区，为长征的胜利奠定了重要的基础。

程子华赴任红二十五军

1932 年 10 月，红四方面军主力撤离鄂豫皖苏区向川陕苏区转移后，中共鄂豫皖省委将留在苏区的部队重建红二十五军。在此后长达两年的时间里，蒋介石集中重兵对鄂豫皖苏区进行连续“清乡”“清剿”和“围剿”，红二十五军在省委的领导下进行了艰苦卓绝的斗争，为支援全国其他根据地发挥了重要作用。

由于省委执行王明“左”倾冒险主义的进攻路线和苏区“肃反”斗争的扩大化，加之国民党军对苏区的连续疯狂进攻，鄂豫皖革命根据地的发展面临着十分困难的局面，面积缩小，人口锐减，干部奇缺，红军力量减弱，军民生存困难。在这种情况下，是继续坚持根据地的斗争还是实行战略转移，是一个关系到根据地发展和红军自身生存的重大问题，也是摆在中共鄂豫皖省委和红二十五军面前亟须做出决断的严峻问题。中共中央和中革军委以建议或训令的方式就红二十五军的战略转移问题先后下达过 5 份书面文件。

1933 年 10 月，中共鄂豫皖省委常委沈泽民、徐宝珊、郑位三、吴焕先、成仿吾等开会，研究如何坚持苏区的斗争问题。会议分析了敌人疯狂“围剿”的严重形势和当时省委同党中央未能取得正常联系的情况，决定派成仿吾“到中央去要人并请示工作”。

成仿吾于1934年1月辗转到达江西瑞金，向党中央和中革军委汇报了红二十五军和鄂豫皖苏区的情况，并转达了省委请求中央派军事干部到鄂豫皖苏区加强领导的意见。根据成仿吾的汇报，中央决定派当时在红军大学学习的程子华“离开中央苏区，到鄂豫皖根据地工作”。

程子华回忆：5月，中革军委副主席周恩来向他交代了任务。告诉他目前在鄂豫皖地区敌占绝对优势，他们用碉堡和封锁线等办法，把根据地压缩并分割成小块。敌人有“驻剿”和“追剿”部队，对我军交替地攻击、堵击、追击，我们的根据地缩小了，红军也因不断伤亡又很难补充而变小了，根据地发生了人力、物力都缺乏的严重困难情况。这种情况如果发展下去，红军就会继续削弱，甚至被消灭，没有了红军，根据地也就保不住。因此，中央决定鄂豫皖红军的主力要作战略转移，去建立新的根据地。这样部队就能得到发展，同时由于红军主力转移，必然把敌军的主力引走，从而减轻敌军对根据地的压力，就能使留下来的小部分武装得以长期坚持。周恩来还说，建立新根据地应选择敌人力量较为薄弱、党在当地曾有过影响、群众容易发动的地区，还要有便于我军作战和防御的地形，以及有比较充足的粮食和其他物资条件。

程子华带着党中央7月26日《关于组织抗日先遣队的通知》和7月29日《致鄂豫皖省委训令》，以及中革军委副主席周恩来代表党中央所作的指示离开中央苏区，先到上海，与鄂豫皖交通员石健民接上头，再由石健民带进鄂豫皖苏区。

8月28日，正在驻地卡房组织警卫连训练的刘华清，老远就看见几个游击队员押着两个人，其中被押的一个人喊着自己的名字。走近后才看清，是省委交通员石健民，旁边那位穿着长衫，刘华清不认识。

石健民拉住刘华清的手，哈哈一笑：“真是大水冲了龙王庙，一家人不认一家人了。”然后指着游击队员说：“他们干得不错。不然，我还得到处找你们。”弄清了真相，几个游击队员都不好意思地笑了。穿长衫的人究竟是谁，石健民没作介绍，刘华清也没来得及问。石健民说：“快点带我们去见郑位三。”

“郑书记，你看谁来了！”刘华清带路径直走进了道委。

石健民在郑位三面前站住，激动地看着郑位三。

“位三同志，这位是中央派来的程子华同志。”石健民介绍说。

寒暄之后，程子华向郑位三传达了党中央关于红二十五军主力作战略转移，去建立新根据地的指示。为了尽快实现这一战略决策，郑位三当即写信给活动在皖西的鄂豫皖省委和红二十五军，说明了这一情况。信中说：“宝珊、海东、焕先同志：中央派人送来重要指示，已到我处，请你们接信后，火速率领红二十五军到鄂东来找我们。”在卡房期间，程子华经常给警卫连上军事课，还教唱中央苏区流行的革命歌曲。他把歌词和谱曲写出来，让刘华清到部队教唱。他还向刘华清介绍外面的情况，从国民党军阀之间的斗争，到中央苏区的几次反“围剿”。这让刘华清对中央苏区，甚至全国的形势有了全面的了解和掌握，开阔了视野，坚定了信心。

一次，程子华、郑位三同程坦和刘华清两人谈起红二十五军准备进行的战略转移问题。

程子华问：“过去中央就指示过红二十五军实行转移，你们为什么不走出去？”

郑位三说：“中央有过几次指示，要求红二十五军走出去建立新的苏区，省委也有过酝酿，但不敢走远，不愿离开鄂豫皖。因此，只在苏区周围搞了几次，都没成功。慢慢地，省委也认识到在原地区坚持斗争是不行了，但走出去，又没把握。外面的情况一点儿也不了解，往哪儿走呢？”

程子华说：“可以到伏牛山去。蒋介石与那里的军阀矛盾很深，地理条件也比较好。我在山西老家中学读书时，就听说土匪头子樊钟秀拉队伍在那里盘踞多年。土匪能站住脚，共产党领导的军队为什么不能在那里建立根据地？到远处去，到有山的地方去。”

多次交谈中，程子华给刘华清留下很深印象：思维敏捷，见多识广。一次，刘华清忍不住问郑位三：“程子华来二十五军当什么？”郑位三回答很干脆：“军事强当军长，政治强当政委。”

11 月 4 日，徐宝珊、徐海东、吴焕先等接到郑位三的信后，万分高兴，立即布置了皖西的工作，并组织了红二十五军留守处，当日率领红二十五军从六安、霍山地区的葛藤山出发，向西挺进。这时，敌人的五个“追剿”支队在紧紧尾追；东北军第一〇七、第一〇九、第一一七师等部，在商城、麻城、光山、潢川等县交界地区构成了四道封锁线。

为了突破敌人的封锁线，红二十五军决定出其不意快速行动。11 月 6 日晚，全军从葛藤山出发，迅速向西挺进。7 日，全歼驻守商城以南之敌一个营，突破了第一道封锁线。当天，又在商城西北的大柳树，击退敌两个团进攻，穿过了第二道封锁线。是夜，又从白雀园以北，穿过第三道封锁线。接着，在白雀园与仁和集之间，强行越过潢麻公路，通过了第四道封锁线。八日拂晓，到达光山县东南 25 公里处的扶山寨。

两夜一天，红二十五军急行军 100 多公里，部队十分疲劳，只好稍作休息。谁知休息不到两小时，敌人十多个团的兵力，分别从东面、南面尾追而来，突然发起攻击。红二十五军仓促应战，形势十分险恶。

红二十五军面临着一场生死存亡的决战。徐海东军长和吴焕先政委以三个营扼守扶山寨高地，牵制敌人正面进攻；以一个团兵力隐蔽迂回，在东北军第一〇七师两个团背后突然发起猛攻，敌人措手不及，被迫向东撤退；同时，又集中两个团猛攻东北军第一一七师的两个团，将其打退。红二十五军集中力量向敌侧后猛攻，固守高地的三个营也发起反冲击，将敌人压进一片低洼地带。在红二十五军两面夹击下，敌人溃不成军。战斗在黄昏前结束，红军打死打伤和俘虏敌人 400 多人，缴获大批武器弹药和军用物资。

红二十五军秘密转移

10日傍晚，红二十五军进至光山县南部的花山寨，与程子华和郑位三等同志会合。

第二天，中共鄂豫皖省委在光山县花山寨举行第14次常委会议，讨论红二十五军实行战略转移的问题。会议从战略高度审时度势，正确解决了红二十五军迫切需要解决的几个问题。郑位三在会上传达了程子华的来意和周恩来的指示，会议根据党中央和周恩来的指示精神，总结了两年来的斗争经验，分析了鄂豫皖革命根据地当前的斗争形势，一致同意党中央关于红二十五军实行战略转移的决定。会议指出，虽然苏区全体军民进行了英勇艰苦的斗争，但由于“左”倾错误的影响和敌人的反复“围剿”，根据地的人力、物力已受到严重摧残，红军损失很大，干部奇缺，兵源枯竭，军民衣食极端困难，当前敌我力量过分悬殊，鄂豫皖革命根据地的严重困难局面短期内难以根本改变，所以红二十五军在鄂豫皖不可能打出一个大的局面，得到大的发展，只有转移出去才有利于发展。因此，应该执行中央的指示，转移出去，谋求更大的发展，发挥更大的作用。

会议对转移的方向也进行了认真的讨论。大家认为，从国内革命战争的形势和党中央的指示精神来看，向东、向南、向北都不适宜，向西边方向转移则比较容易发展。因为“那里是三个省的边远地带和结合部，是蒋介石和杨虎城分别割据的地方，我们可以利用其矛盾，那里又都是山区”。根据以上的分析，会议决定：（一）省委立即率领红二十五军实行战略转移，为发展红军和创新根据地而斗争；（二）以京汉铁路以西鄂豫边界的桐柏山区和豫西的伏牛山区为初步目标；（三）为宣传党的抗日主张，扩大我党我军的政治影响，行动中部队对外称为“中国工农红军北上抗日第二先遣队”；（四）留一部分武装再组红二十八军，继续坚持鄂豫皖边区的武装斗争。

会议还决定增补程子华为省委委员、省委常委，任命程子华为红二十五军军长，吴焕先为军政治委员，徐海东为副军长，戴季英为军政治部主任；留下省委常委、中共皖西北道委书记高敬亭领导鄂豫皖苏区的斗争（高敬亭没能参加会议，会后由省委给高敬亭写了一封指示信，说明花山寨会议的情况和决定）；省委书记徐宝珊、省委常委郑位三率省委机关随同红二十五军一道实行转移。

程子华不是省委委员，没有参加会议。会议结束后，郑位三把会议决定向程子华作了传达。程子华提出，中央派他来是当参谋长的，请郑位三报告省委，他不能当军长。徐宝珊表示:“省委已经作了决定，就不要再变了。”程子华没再坚持，成为红二十五军军长。

11 月 12 日，农历十月初六，红二十五军西移到罗山县殷家冲、何家冲一带，加紧出发前的准备。郑位三、戴季英把鄂东北道委和司令部机关人员集合起来，传达了省委指示：鄂东北地方武装补入红二十五军，两个机关人员作一些精简，除年老体弱的留在地方坚持斗争外，其余人员编入红二十五军。郑位三还专门把刘华清和程坦叫到一起，说，道委机关除留下的人员全部编入红二十五军政治部，你们已经被任命为政治部秘书长和宣传科长了。你们要做好留下人员的工作，并特别嘱咐刘华清，一定要把刻字、油印等物品带上。

在何家冲，红二十五军立即整编部队，撤销了师一级建制，军直辖第二二三、第二二四、第二二五团和手枪团；军部机关设司令部、政治部、经理处、军医院及直属分队等，全军共2980余人。同时，进行政治动员，讲解当前形势，做好“打远游击”和“创建新苏区”的心理准备和行军物资的筹备，实行轻装，减少不必要的辎重挑担，每人发三天干粮，两双草鞋。

15日，郑位三把自己起草、省委决定发布的《中国工农红军北上抗日第二先遣队出发宣言》原稿交给刘华清，一边说，“这个布告，你马上把它刻好，抓紧油印出来，越多越好！一路上要广泛散发张贴。

刘华清接过文告，念出声来：“中国工农红军北上抗日第二先遣队出发宣言”不由得愣了一下，问道：“红二十五军的番号是不是变了？”郑位三笑了：“没有改变，这是对外的旗帜代号，对内仍叫红二十五军。省委决定高举北上抗日的旗号，完全有利于部队的作战行动，这是策略问题。”

刘华清二话没说，说干就干，借着油灯的光亮，把《宣言》一笔一画地刻在蜡纸上，又一页一页地印成传单。刻印完后，刘华清躺在稻草铺上，好久没有睡着。要“打远游击”，远到哪里呢？这不是要离开生我养我的大别山吗？就要与鄂豫皖边区的父老乡亲离别了！刘华清想起了家乡，想到了亲人。好几年没回家了，不知母亲现在怎样？家人如何？这次远离，还能不能回来？能不能和亲人重见……想了很多，但刘华清知道，大军必定西行。刘华清决心抛去一切留恋，革命到底。

有趣的是，时隔50多年后，这份宣言在陕南庾家河镇一位农民的老房子里发现了。《红二十五军战史》编写组成员让刘华清辨认。刘华清反复地看了看，认真地说：“没错，就是我当年刻印的。”

16日，农历十月初十，中国工农红军第二十五军在鄂豫皖省委率领下，高举“中国工农红军北上抗日第二先遣队”的旗帜，从河南省罗山县何家冲出发，开始长征。

北风呼啸，天寒地冻，路面上结着一层冰凌。队伍两旁，立着送行的根据地的父老乡亲，他们热泪盈眶，与红军战士难舍难分。战士们频频回首，拼命地舞动手臂，向着生育养育他们的大别山，向着患难与共的父老兄弟们告别。

这支焕发着蓬勃朝气的队伍，在年龄结构上从军领导到每个战士，平均年龄比别的红军部队年轻几岁。他们个个雄姿英发，朝气蓬勃，每人一把大刀，一支冲锋枪，一支盒子枪，佩戴红缨穗带，神气十足。

大别山的峰峦，被红军将士甩在了身后，成为地平线上的一抹墨绿。猎猎战旗下，红二十五军向着豫西奋勇挺进。他们的面前是铺满了艰难险阻的荆棘之路。

血战独树镇

1934年11月18日，农历十月十二，红二十五军在罗古寨击退了敌“追剿纵队”第五支队的进攻。当晚在信阳城以南穿过了平汉铁路，迅速向西挺进，进入桐柏山区。

桐柏山区是中国共产党领导开展革命活动较早的地方，是红二十五军确定的第一个转移目标。这里地处河南和湖北两省的边界，属于秦岭到大别山的过渡地带，山区内层峦叠嶂，森林密布。红二十五军越过平汉铁路到达桐柏山区之后，中共鄂豫边临时工委书记张星江向鄂豫皖省委介绍了桐柏山区的基本情况，同时经过省委实地考察，认为“该地逼近平汉路、襄樊，敌人颇易运动兵力压迫，同时认为当时群众斗争及地理物质条件都不适宜”，遂决定放弃在桐柏山创建根据地的计划，向伏牛山挺进。

为迷惑敌人，红二十五军采用声东击西的战术，做出继续向西攻打枣阳的姿态，派出小部队佯攻枣阳，以调动国民党军队。敌人果然上当，纷纷向枣阳一带靠拢。此时，红二十五军突然掉头东返，冲破敌“追剿纵队”第二支队的拦阻，击退了敌第五支队的进攻。部队连夜出发，过了泌阳，出现在豫西平原上。

开阔平坦的豫西大地，村落稠密，围寨林立。每一座围寨，都是高墙耸立，栅垒重叠。地主豪绅盘踞的围寨都有武装，多的有数百条枪。针对这一情况，吴焕先政委决定开展政治攻势，每到一地，郑位三都亲自写信，派手枪团先行一步，将信送给沿途村庄寨主手里，或请围寨之间互相传递。信中除了宣传抗日救国，还说明红军是借道抗日，决不伤害地方，请勿阻拦。路过每座围寨，宣传队的同志也都扯着嗓子大喊一阵顺口溜："老乡，老乡，不要惊慌。我军所向，抗日北上。借路通过，不进村庄。奉劝乡亲，勿加阻挡……"

这么一来，果然见效。红军开展的政治攻势，对沿途地主豪绅阶层起了意想不到的作用，他们纷纷表示保持中立，有的甚至很友好。红军通过时，有些围寨的团丁就把枪架起来，徒手站在顶台上，不少围寨还在路旁摆了开水和饭食。程子华、郭述申等同志回忆说："在我军政策的感召下，许多围寨还在村口摆上茶水、香烟、食品，迎接红军经过，使我军赢得了时间，摆脱了敌军的追堵。"

经过两天急行军，红二十五军顺利通过围寨地区，抵达驻马店西北象河关一带。这里距许（昌）南（阳）公路不到30公里，过了公路，就是伏牛山东麓。

麻烦的是敌"追剿纵队"第二支队一直摆脱不掉。25日，他们的进攻被打退，第二天天刚亮就又追上来了。军领导决定，第二二四、第二二五团和军直属机关分队为前梯队先行出发；第二二三团为后梯队阻击敌人，掩护全军通过公路。

下午一时，红二十五军前梯队第二二四团进至方城北独树镇七里岗、砚山铺一带，准备从七里岗穿越许南公路。七里岗是伏牛山东麓向南延伸的一条土岗，东面是河，地势陡峭，西南连着一片平原，许南公路与七里岗交叉处，岗顶与公路落差十几米，形成人工地堑，易守难攻。这天正好来了寒流，气温陡降。天空阴沉，朔风吼，雨雪飘，一片混沌迷茫。红军衣着单薄，很快就被雨雪湿透，大家饥寒交迫，行进十分艰难。许多同志的鞋子都被烂泥粘掉，只能赤脚。刘华清脚上的鞋子也成了“逃兵”，只好光脚板走路。当时什么也顾不得了，只有一个念头：走，走，快点走！必须抢在敌人前面穿过公路。

没想到的是，更大的危险还在前面。敌第四十军第一一五旅南下桐柏山合围扑空后，立即掉头北返，抢先占领位于南阳盆地东北边缘，伏牛山南麓的方城县独树镇附近的七里岗、砚山铺一带，构筑工事，并与保安寨的骑兵团组成了堵击线。刘华清随军直属队走在第二二四团的后面，当走进独树镇时，忽听枪声大作。不一会儿，就见前面队伍潮水般地退下来。在他们身后，是密密麻麻的敌人和雨点般的子弹。

前卫部队退了下来。呼号的寒风夹杂着国民党军疯狂的喊叫声：“你们被包围了，缴枪吧！抓活的！”

就在这关键时刻，一个贪生怕死的参谋突然抢过一头黑色骡子仓皇奔逃，并惊慌地叫喊：“我们被敌人包围了，公路过不去了，大家各自逃命吧！”霎那间，本来就混乱的局面更加失控起来。潮水般的敌军蜂拥而至，情况万分危急，红军将面临一场严峻的生死考验。在这千钧一发之际，从后面跑步赶到队伍前沿的军政委吴焕先，指挥第二二五团进行反击，随即从一名战士身上“嗖”地抽出一把大刀，高声呼喊：“同志们，现在是生死存亡的关头，绝不能后退！共产党员跟我来！”吴政委边喊，边冒着弹雨，带领第二二五团奋不顾身反扑过去，红二十五军指战员们热血沸腾，勇气倍增，端起明晃晃的刺刀，挥舞着大刀，冒着密集的火力，与国民党军厮杀在一起。有的刺刀折断了，就用枪托砸；有的武器坏了，就抱着敌人用手脚扭打，就连冻土也成了杀敌的武器。

吴政委的举动让刘华清热血沸腾，他也端着步枪高喊：“冲啊！”跟着冲上去。这是平原地带，没什么隐蔽物，只有一些麦秸垛。向敌人反冲锋时，跑着跑着，刘华清觉得左腿被重重敲了一下，身子一歪就倒了。刘华清赶紧爬起来，一看，左腿踝骨上边被子弹穿了个洞，鲜血直流。当时也不觉得痛，还要冲，但刚一站起，又摔倒了，被后面的人抬了下来。

当战斗激烈进行时，副军长徐海东率领后梯队第二二三团跑步赶来，立即投入战斗。经过一番血战，终于把正面进攻的国民党军压了下去，占领了公路两侧的有利地形，紧张的局势稍微得到缓解。但眼前的形势依然十分严峻。国民党军数万步兵像铁桶似的把红二十五军这支3000人的队伍团团围住。这一带地势平坦开阔，既无险可守，又不便于部队机动，怎样才能冲出敌人的包围？面对险情，吴焕先镇定自若。他和程军长、徐副军长等人仔细观察敌情，迅速制定突围方案，决定先坚守几个小时，待天黑再突围。

部队刚刚进入阵地，国民党军又发起了进攻，一阵炮击之后，成群的国民党军拥了上来。弹雨中，亲临火线指挥的吴焕先政委始终和战士在一起，哪里战斗最激烈他就出现在哪里。

整整一个下午，红二十五军打退敌人的多次进攻，阵地前堆满了敌人的尸体。

黄昏时分，枪声渐渐平息下来，红二十五军按照原定突围计划，天黑后撤到五公里外的村子稍事休整。

军领导决定连夜突围。部队紧急集合，而这时绝大多数人还没吃上饭，大家感到极度疲劳和饥饿。战士中很大一部分人还只是十六七岁的孩子，有的更小，听说又要出发，就不乐意，呆在群众家里，不出来。干部们只好挨家挨户叫，总算把部队拉了出来。最不好办的是伤员。风大、雨大，道路泥泞，要迅速摆脱敌人，就不能带伤员走。军领导决定把伤员就地安置，多留一些钱，动员群众保护伤员安全。

这次战斗负伤的不少人，都住在一个小村子里。在地下党组织帮助下，伤员分散安置在群众家里。刘华清的伤口经过处理，血已止住，但不能走路。听说要把他就地安置，刘华清急了，坚决不留下，一定要随军行动。刘华清很清楚，留下必死无疑。当然，拖着伤腿走，可能也是死，心想死也要死在红军队伍里。刘华清的情况反映上去后，政治部主任戴季英说："那就带上他吧。"这一句话，让刘华清成了最幸运的伤员。当时政治部机关按人员情况配备牲口，刘华清和程坦俩人合用一匹小马，因为刘华清有伤，程坦主动把小马让给了刘华清。靠了那匹可爱的小马，刘华清跟上了部队的转移。多年后，刘华清一直对戴季英和程坦心存感激。

突围开始，由徐海东亲自挑选的60名机枪手组成的突击队，端着机枪，排成一列，齐头并进，走在最前面。大队人马紧跟在后，如决堤的洪水，势不可挡。敌人见红军来势很猛，溃退下去。我军大部队顺利地跳出敌人的包围圈，继续向西挺进。

28日拂晓，当红二十五军前卫部队由方城县拐河镇东北的孤石滩通过澧河时，敌第四十军骑兵第五师第一一五旅和骑兵团分别从拐河、常村奔袭而来，从南北两面夹击红军。徐海东当即命令前卫第二二三团强渡澧河攻占纸房以东的高地，击退敌骑兵第五师的进攻，控制了入山要道。与此同时，第二二五团也迅速渡过澧河。吴焕先命令第二二五团三营九连连长韩先楚迅速抢占上马村以北山上的围寨，击退敌骑兵团和第一一五旅的进攻，掩护军直属队和第二二四团过河。而后，红二十五军又在古木庄、交界岭击退尾追敌人，于29日深入伏牛山区。

伏牛山位于河南省西南部，东西绵延八百余里，属秦岭山脉东段，地势呈西高东低的倾斜趋向，境内山脉重峦叠嶂，是红二十五军之前选定的战略转移的第二个目标。

进入伏牛山后，省委和军首长很快查明该地区地域狭窄，人烟稀少，粮食和其他物质条件都很缺乏，又考虑到这一带为豫西"内乡王"别廷芳的势力范围，反动统治严密，盗匪出没无常，凭险据守的地主围寨很多，不便于接近群众，开展工作。加之敌第四十军和"追剿纵队"主力又追得很紧，一时难以立足。经研究，决定马上转移，到陕西南部开辟根据地。

12月4日，农历十月二十八，红二十五军到达河南卢氏县的叫河村。从叫河村到商南地界，不过七八十里山路，一天就可以走到。进入陕南后，就完全可以摆脱尾追之敌，并在商南县境内站住脚跟，开创新局面。此时，刘华清的腿伤已经有了好转。

这时，侦察人员报告，地处豫陕交界的朱阳关、黄沙镇、五里川等地，三天前就被敌军占领，红二十五军的入陕之路被堵住了。

5日晚，红二十五军从卢氏城南与洛河之间的隘路迅速西进。8日，从豫陕交界的铁锁关进入了陕西境内。

铁锁关为古客裘道，即由勉入宁之间所必经之要隘。由于铁锁关形势险要，清末以来军事活动频繁。关上有民团把守，被红军一举攻占。当天下午，又急行军近二十公里，经大石河到了三要司，接连攻占九泉山高地，歼灭陕军一个营。次日，又翻越蟒岭，到达了丹凤县庾家河镇。

在翻越蟒岭时，为了躲避敌人，部队走的是牧羊人走的山路，十分崎岖。刘华清负伤已十几天，虽可以走路了，但走这样的山路，还是非常费劲。他忍着痛，几乎一步步蹭着往前走。上山费力气，左腿使不上力，有时只好爬行。后来，见前面有匹马，刘华清就紧紧抓住马尾巴前行，算是闯过了这一关。

晚上，部队宿营庾家河。这是一个高山峡谷中的小镇，几十户人家，南北两条小河。镇里有条狭窄小街，分上街下街，在中间拐弯，就像拇指食指分了叉。街面上有几家店铺，拐弯处有一所中药铺子，军部就设在这里。当晚郑位三交给刘华清一份传单，让连夜刻印。这是一篇400多字的传单，标题是《什么是红军》，把红军的性质、宗旨、任务以及有关政策写得一目了然。第二天一大早，刘华清把刻印好的传单交给宣传队。传单在新区广大群众中产生了深刻的影响。

独树镇战斗，是红二十五军战略转移中的关键性一仗。面对敌军在此设下的又一个围追堵截我军的包围圈，能否击退敌人的进攻，突出重围，不仅是战略转移成败的关键，而且关系到全军的生死存亡。红二十五军以不足3000人的兵力，在敌强我弱、敌锐我疲、地形与天气都不利的情况下，舍生忘死，英勇战斗，挫败了国民党军数万步骑兵的猛烈合击，粉碎了蒋介石妄图将红二十五军围歼于长征途中的阴谋，保存了红军的有生力量。

1996年6月，刘华清到河南考察工作，在郑州看望了戴季英。时年91岁的戴季英，精神矍铄，头脑清楚，还忆起当年的独树镇战斗。

1997年，中共方城县委县政府在七里岗上建造了独树镇战斗纪念碑。纪念碑以一把变形刺刀为表现形式，寓“血战”之意，碑高2534米，蕴含着红二十五军的番号和1934年的时代背景。正面和背面分别镌刻着刘华清和程子华题写的“红二十五军独树镇战斗遗址”和“烈士精神不死”的碑文。

庾家河战斗

1934 年 12 月 10 日，农历十一月初四。这天上午，中共鄂豫皖省委在处于高山峡谷中的一个乡镇——庾家河召开第 18 次省委常委会议，研究在鄂豫陕边区创建革命根据地问题。会议对形势作了细致的分析，认为：蒋介石、杨虎城短期内不能布置好对付我军，我可利用陕军和蒋军的矛盾，抓紧时机，迅速创建根据地。会议作出《关于创建新苏区和新的革命根据地的决议草案》，决定在陕西的山阳、镇安、旬阳河湖北的郧西等县边区建立一块根据地，依次为依托，进一步开展游击战争，扩大根据地，造成“工农武装割据”的新局面。

会议正在进行中，激烈的枪声传来。哨兵报告：敌人打上来了，已经占领了东山坳口，情况万分危急。徐海东正发言，听说敌人攻上来了，说了声：我去前边看看。”就朝枪声激烈的方向跑去。会议被迫中断。

原来，蒋介石为防止红军入陕，早在红二十五军进入桐柏山之时，就令驻守开封的陈沛第六十师移师朱阳关一带，控制入陕通道。后面，敌“追剿纵队”第二支队也跟踪到了栾川、庙子一线，红二十五军又处于被敌前后夹击的险境。红二十五军立即改变入陕路线，将国民党第六十师筹谋多日的堵击防线置于背后。

庾家河东山坳口，红二十五军的排哨发现国民党军先头部队已从七里荫迂回上来，当即开火。战斗一开始，国民党军第三六〇团就夺占东山坳口的有利地形，向红二十五军发起猛攻。若东山坳口失守，红二十五军就有被击溃甚至覆灭的危险。正在开会的省委委员听到枪声后，立即从会场奔赴第一线。

徐海东率领第二二三团，勇猛冲入敌阵，用刺刀、手榴弹，硬是从敌人手中手里夺回了东山坳口。接着，第二二四、第二二五团迅速抢占东山坳口南北两侧高地，配合第二二三团将敌人的进攻打退。激战中，徐海东头部受了重伤，一颗子弹从脸上进，从脖子后面出，昏迷不醒。这时，国民党军又组织疯狂的反扑。激烈的争夺战全线展开。反复冲杀中，军长程子华两手负了重伤。军政委吴焕先指挥部队英勇反击，殊死奋战。第二二四团长叶光宏率领部队与敌人肉搏时，一条腿被敌人子弹打断，仍坚持指挥战斗。军部司号员程玉林，下颚受伤不能吹号，就利用一个小庙作掩护，投出一枚枚手榴弹，打退敌人多次冲锋，最后壮烈牺牲。经过二十多个回合的反复冲杀，直到黄昏，最终打垮了敌人的进攻。

庾家河反击战，毙伤国民党军 800 余人，红二十五军亦伤亡 200 余人。此战是红二十五军西征中的又一次殊死战斗，打垮了敌人的连续追堵，在鄂豫陕边区站稳了脚跟，并在此地展开新苏区的创建工作。当地群众踊跃参加红军，部队不断发展壮大。

这时，碰巧遇到一个叫陈廷贤的货郎小贩，在他带领下，沿着一条少有人知的入陕小道穿过深山峡谷，绕道敌人防备空虚的卢氏县城南侧，经过关坡、兰草等地，直插卢氏县城。

鄂豫陕边界地区，包括陕西省东南部、湖北省西北部和河南省西部的部分地区，北靠秦岭，南濒汉江，山峦连绵，丛林茂密，人民困苦，敌人统治薄弱。红二十五军到来前，这一带就受过党和红军的影响，

1932年冬，红四方面军入川路经陕南，曾在这里战斗，红二十六军也在这里战斗过，播种革命种子。这个地区大山多，地势险要，适合开展游击战争。因此，在庾家河战斗前，省委会议就认为："鄂豫皖边区一带地域在敌人薄弱的条件下，群众生活苦容易发生斗争的条件，无论如何是适应我们创造新苏区、新的革命根据地的。"省委最后决定："立即建立鄂豫陕省委，为创造鄂豫陕苏区而斗争。"

“仁义之师”

1935年，红二十五军的对敌斗争愈加频繁。从2月到7月半年时间内，接连粉碎国民党军的两次大“围剿”，先后进行了文公岭、石塔寺、紫荆关、袁家沟口等战斗。其中，袁家沟口一仗，全歼国民党陕军警一旅，毙伤300多人，俘敌军旅长唐嗣桐等以下1400多人缴获轻重机枪40挺，长短枪1600余支，红军仅伤亡100余人。这一歼灭战是红二十五军长征中打得最大的一个胜仗，宣告国民党军三个月内消灭红二十五军的“围剿”计划的彻底破产。

7月15日，农历六月十五，中共鄂豫陕省委在长安县丰峪口召开紧急会议，分析了当时的形势，独立自主地作出战略决策，决定率红二十五军西征北上，以“配合主力红军在西北的行动，迅速创造西北新的伟大的巩固的革命根据地”。同时决定将鄂豫边和豫陕边两个特委合并组成鄂豫陕特委，由郑位三和陈先瑞两同志领导当地的游击队等武装继续坚持鄂豫陕革命根据地的斗争。在复杂多变、与党中央失去联系的情况下，省委和军领导通观全局，独立自主，坚决果断地作出了一个难能可贵而又十分正确的战略决策，它完全符合当时全国革命形势的需要，符合党中央率领主力红军北上抗日的战略意图，反映了红二十五军全体指战员心向党中央、与主力红军会师的愿望。刘华清随同主力继续长征，组织制定和下发教育提纲及宣传口号。

16日，红二十五军踏上了继续长征的道路。8月3日，红二十五军进入甘肃，一路上攻克两当县城，围困天水。这时，得知红一、红四方面军会师并继续北上的消息，果断决定到陕甘苏区，迎接党中央和主力红军。为此，吴焕先等立即命令部队到静宁县城以北25公里的兴隆镇单家集休息，开展群众工作，然后向陕北进军。

单家集一带是回民聚居区，在部队到达前，吴焕先政委就在红军中进行了党的民族宗教政策教育，并制定了“三大禁令，四项注意”：禁止部队驻扎清真寺，禁止毁坏回族的经典文字，禁止在回民地区吃大荤；注意遵守回族人民的风俗习惯，注意使用回民水桶在井里打水，注意回避青年妇女，注意实行公买公卖，由刘华清用毛笔写出张贴示众，进行宣传。

按照省委和军领导的要求与规定，红二十五军在进入回民区前进行了充分准备。许多连队把一些没有吃完的猪肉作了处理。军领导还派手枪团和少数回族战士先期进入兴隆镇，广为张贴标语、传单、布告，宣传红军的政策和纪律。

红军到达单家集的第二天，吴焕先政委召集当地有声望的老人和阿訇座谈，宣传我党的抗日救国的主张和红军的政策，并讲明红军来此只是稍作休息，不征粮要款、不拉夫抓丁，以解除回民群众的思想顾虑，安定人心。会后，刘华清随吴焕先、程子华、徐海东等领导，隆重地拜访了清真寺阿訇，并赠送了绣有“汉回兄弟亲如一家”的锦幛和6只大绵羊、6个大元宝等礼品。清真寺的阿訇们看到红军如此敬重回民就按照民族礼节，宴请了红军领导，并赶着30多只羊毛染成红色的褐羊，到红军驻地作了回访，并回赠一面锦旗，上面绣着“劳苦功高”四个大字。

部队严格执行党的民族政策，普遍开展群众工作，进行助民劳动。

街头巷尾到处都打扫得干干净净。军医院的医护人员热情为驻地群众免费治病，院长钱信忠亲自为一腹胀患者扎针治疗。许多回民群众积极为红军做好事，有两位回族妇女看到红军哨兵在山顶上放哨，就提着一篮子馒头，拎着汤罐，上山送饭。

8 月 17 日，红二十五军离开单家集，回族群众齐聚街头，为红军送行，受红军的影响，有很多回族青年参加红军。阿訇们望着红军远去的背影，由衷感叹:“红军真是仁义之师，正义之师。红军好啊！”

红二十五军沿着西兰公路东进，9 月 7 日到达了合水东北的豹子川（今属华池县)。豹子川已经是陕甘苏区的边缘。在这里，省委开了一次会，解决了两个问题：一是调整军的领导班子。由徐海东任军长，程子华任军政委，戴季英任参谋长，郭述申任政治部主任。二是对部队进行了进入陕北革命根据地同陕甘红军会师的动员动员，要求部队讲究军容，遵守纪律，虚心向苏区红军和人民学习。

9 月的陕北，秋高气爽。就要会师了，他们怀着兴奋的心情继续北进。9 日，到达保安县（今志丹县）永宁山，与陕甘党组织取得联系。中共西北工作委员会得到红二十五军到来的消息后，印发了《为迎接红二十五军北上给各级党部的紧急通知》，要求各级党组织立即动员起来，用各种方式欢迎和慰问远征的红二十五军。

在向永坪镇开进的路上，人民群众夹道迎送。到处都能看到欢迎红二十五军的标语．听到欢迎的口号，还有这样动人的歌声：“一杆杆红旗空中飘，红二十五军上来了。来到陕甘洛河川，劳动百姓好喜欢。”

战士们喜气洋洋，一路行军一路歌。15 日，红二十五军到达延川县永坪镇，与刘志丹领导的陕甘红军胜利会师。

永坪镇是当时陕北较大的一个镇子。进镇前，为了展现红二十五军的风采，全军上下认真进行了一番准备。走在最前面是军里几位领导，紧跟着机关和直属队，后面就是手枪团。手枪团都是青黑色着装，腰里扎着皮带，每人背一把盒子枪和几颗手榴弹，背后还斜插一把大刀。队伍排着四路纵队前进，很是威风。手枪团后面是几十名号手组成的司号队，军号擦得锃亮，号手憋足了劲，不仅吹得整齐，而且极响亮，非常提精神。再后面是步兵团队，每个营有六挺重机枪，连有九挺轻机枪。步兵排着三路纵队行进，清一色马步的红军。周围几十里的赤卫军和人民群众纷纷赶来。河滩上歌声嘹亮，人人兴高采烈，会场洋溢着两支红军部队的手足情谊和苏区人民对子弟兵的炽烈感情。至此，红二十五军历时 10 个月，途经 5 个省，转战近万里，取得了长征的胜利。这时，全军总共 3400 多人，是各路红军在长征结束时，总人数比长征开始时增多的唯一的一支部队，成为红军长征史上的一个奇迹。

10 月 5 日，毛泽东率领陕甘支队路经兴隆镇，也受到回民群众的热烈欢迎。毛泽东后来在陕北见到徐海东、程子华时，特意表扬红二十五军路过兴隆镇时所做的工作，高度称赞红二十五军路过回民区时留下了好影响，称红二十五军政策水平高，民族政策执行得好。

吴焕先血洒四坡村

1935年8月17日，农历七月十九。这天，红二十五军离开了兴隆镇，沿西兰公路折向东进，当夜攻占兴隆县城。随后，红军乘胜翻过六盘山，于19日，直逼平凉县城，20日与敌军在白水镇展开激战。在战斗中，吴焕先不顾战士们的劝说，奋勇杀敌，冲锋在前，并以乐观的精神面貌鼓励红军将士，“从参加革命那天起，我就做好了为革命牺牲的准备，为人民流血牺牲是最光荣的！”这时，吴焕先得知，国民党军第三十五师一部到已达泾川县城的泾河附近，并重兵布防，堵住了红二十五军的去路。在前有堵敌、后有追兵的不利情况下，吴焕先等决定，改变行军路线，向南翻越黄土高坡，南渡汭河，佯作夺路入陕，调动敌人，然后相机北上。

21日，天色阴沉，大雨倾盆，红二十五军冒雨登上泥泞的黄土高原王母宫塬，开始南渡汭河。此时，虽然由于滂沱大雨，汭河水势已比平日增高了许多，但是尚能徒涉过河。时间紧迫，容不得半点犹豫。倾盆大雨浇在吴焕先湿漉漉的旧军装上，他顾不得那么多，抹一把脸上的雨水，站在北岸亲自指挥部队抢渡。手枪团过去了，第二二五团也过去了，就在后续部队紧张地抢渡时，突然一声惊雷，汹涌的洪水卷着巨浪从上游咆哮而下——山洪暴发了，渡河的队伍一下子被切成了两截。吴焕先急忙下令部队停止行动，抢救落水人员。大雨仍不停地下着，水势越涨越高，继续渡河无望。此时，红军部队刚刚过了一半，军部机关直属队及担任后卫任务的第二二三团被阻于汭河北岸。看着部队被困于汭河两岸，吴焕先心急如焚，他亲自带人沿汭河寻找渡口，但希望一次次地落空了。就在红军被阻于河水两岸时，国民党第三十五师骑兵团和一个步兵团1000余人，突然向滞留在四坡村的红军扑来。这时候，北岸红军难以渡河，南岸红军又无法回援，部队立即陷入了背水一战的危急境地。此时如果不打退敌人的进攻，后果则不堪设想。在这最为关键的时刻，吴焕先临危不惧，当机立断，决定和徐海东分头指挥部队，协力抵制敌军的进攻。于是，吴焕先立即带领交通队和学兵连100余人，迅速抢占塬上高地，直插敌军侧后，与徐海东部对敌军形成夹击之势，突然发起攻击，敌军顿时乱作一团。乘着敌军出现的混乱，吴焕先振臂高呼："同志们，坚决不能让敌人逼近河边！一定要坚决地打！"战斗在雨水、泥泞中陷入到了白热化状态，红军将士以一当十，奋力与敌军展开了厮杀。大无畏的吴焕先此时仍冲在队伍的最前面，就在他指挥红军反击时，跟在他身边的警卫员猛然发现不远处的敌人向吴焕先举起了抢，大喊一声："政委，当心！"然而他话音未落，吴焕先身体一斜，倒了下去。战士们立即把吴焕先抱离战场，只见吴焕先，双目紧闭，脸色惨白，浑身不住地颤抖。闻讯赶来的徐海东和其他战士们，看到政委身受重伤，个个悲痛欲绝，怒火万丈。他们将悲愤化为力量，端起刺刀与敌军展开肉搏，硬是全歼敌军1000余人。红军又一次转危为安，化险为夷。然而，将士们敬爱的吴政委却在战斗即将取得胜利时永远离开了人世，年仅28岁。

"政委牺……牲……了……"看着吴焕先静静地躺在地上，所有的红军将士忍不住低头抽泣。当徐海东蹲下身子，拉住吴焕先冰冷的手时，他终于放声痛哭。雨水淅沥沥的下着，像是在为这位英雄哭泣；汭河东流，仿佛在为失去的战友而悲伤。随后，徐海东含着热泪，为吴焕先换上一件干净的青呢大衣，盖上毛毯，举行了入殓礼。迫于军情紧急，在没有仪仗、没有花圈、没有悼词、没有哀乐的茫茫夜色中，红军将士悄悄把吴焕先的遗体安葬在甘肃泾川县郑家沟村后的山坡上。

徐海东擦了擦眼泪："同志们，吴政委离开了我们，我们哭死也哭不回来！大家都把眼泪擦干，英雄流血不流泪……"他抑制不住自己的感情，号啕大哭起来……

程子华挥舞着一只残疾的拳头，呼喊着："同志们，吴政委牺牲了，可他的精神是长存的，功绩是不灭的！他是我们不可多得的一位好领导，是我们红二十五军的军魂！只要军魂不散，我们的队伍就有希望！大家还是振作精神，早日实现迎接主力红军的愿望！

吴焕先壮烈牺牲后，党和人民给予他崇高的评价。在吴焕先的家乡，河南新县，屹立着一座巍峨的吴焕先烈士纪念碑，邓小平、李先念、徐向前都亲笔题词，由原红二十五军领导组成的战史编委会起草了《吴焕先烈士纪念碑文》，经胡乔木、胡绳等修改后镌刻在纪念碑上，高度评价了他的一生。

附纪念碑文：

吴焕先同志，1907年生于湖北黄安县四角曹门村（今属河南新县）。童年读私塾，16岁进麻城蚕业学校，加入社会主义青年团，1926年加入中国共产党，从事农民运动，参加领导著名的黄麻起义，坚持鄂豫边的武装斗争。他是鄂豫皖革命根据地和红四方面军创始人之一。历任黄安县农民自卫队党代表、鄂豫边革命委员会委员、土地委员会主席、中共黄安县委书记、鄂豫皖特委委员、鄂豫皖省委委员，红十二师政治部主任、红七十三师政治委员、红四方面军政治部主任等职。

1932年红四方面军撤离鄂豫皖时，焕先同志留任鄂东北游击总司令。他根据省委决定主持重建红二十五军，先后任军长、军政治委员。在面对数十万敌军“围剿”、物资又极端困难的情况下，他领导红二十五军和地方军民坚持鄂豫皖革命根据地，进行了艰苦卓绝的斗争。

1934年，根据党中央指示，鄂豫皖省委决定实行战略转移。他率领红二十五军冲破20余倍兵力的围追堵截，进入陕南。他代理鄂豫陕省委书记，主持全面工作，正确制定各项方针政策，为粉碎敌人两次重兵“围剿”，创建鄂豫陕革命根据地，扩大红二十五军做出了重大贡献。

1935年7月，红二十五军北出秦岭，威逼西安。在获知红四方面军和中央红军北上行动后，省委依然做出西进甘肃，迎接党中央，北上会合陕甘红军的决定。红二十五军挥师猛进，占两当、攻天水，连克秦安、隆德县城，翻越六盘山，直逼平凉，截断西兰公路。这一具有历史意义的战略行动，有力地配合了党中央和中央红军北上。8月21日，焕先同志在甘肃泾川县四坡村战斗中壮烈牺牲，时年28岁。吴焕先同志是中国无产阶级革命家、政治家、军事家。他热爱祖国、忠于党、忠于人民，胸怀全局，实事求是，无私无畏，百折不挠。他严于治军，与战士同甘共苦，英勇机智，指挥若定。在多次恶战中使所率部队转危为安，转败为胜。他具有高尚的革命品质，坚强的斗争意志，卓越的战略远见和领导才能，深为全体指战员爱戴和崇敬，是全军公认的杰出领导者。他的牺牲，全军万分悲痛。

为缅怀先烈业绩，继承革命精神，特立此碑，以志永念。

吴焕先同志永垂不朽！

红二十五军先烈纪念委员会

1985年8月21日

强渡嘉陵江

正当中央红军的四渡赤水进行到高潮时，活跃在千里之外的另一支红军主力——红四方面军，在川北嘉陵江畔，也上演了一出可歌可泣的恢宏史剧，与川南的中央红军遥相呼应。

1935 年 2 月中旬，为了配合中央红军在滇黔边作战，打破国民党军的“川陕会剿”计划，以向四川、甘肃边界发展，红四方面回师川北，强渡嘉陵江。

3 月初至 11 日，先后取得了仪陇、苍溪战役的胜利，控制了嘉陵江东岸除阆中、仪陇以外的北起广元、南至南部县城的大部分地区，清除了渡江作战的障碍。而后，红四方面军稍事休息，便开始实施勘察地形，隐蔽造船，积极做好了各项渡江作战的准备工作。

嘉陵江是四川省的四大江河之一，素以水急浪猛而闻名于世。它由北起秦岭山脉倾泻而出，南下重庆长江奔腾而去，河面宽广，水深流急，沿途两岸多是峻岭峭壁，地势险要，易守难攻，堪称天堑。此时，国民党川军邓锡侯红二十八军和田颂尧红二十九军以总共 53 个团的兵力，正布防于北起朝天驿，南至南部新政坝，长约 300 公里的嘉陵江西岸上。敌军在抢走、破坏掉东岸的一切渡河工具后，还在西岸沿江大修碉堡，加强警戒，企图凭险固守，阻止红军渡江西进。此次强渡嘉陵江战役，不仅关系着红四方面军今后的生死存亡，更关系着红军长征的整个战略协同，一着棋不慎，便会全盘皆输。具有丰富战斗经验的红四方面军领导人，深知其中的利害关系，他们实地考察、权衡利弊、反复斟酌，终于将目光锁定在了苍溪县塔子山上。这里正处于敌军整个江防的薄弱部位，对岸守军曾是红四方面军的手下败将，装备较差，士气低落；而塔子山山峰高耸便于红军隐蔽船只，山后地形开阔，便于部队集结开进；同时，此处水流缓慢，江面平稳，最有利于渡江。于是，经过研究讨论，红四方面军总指挥徐向前、政治委员陈昌浩根据中央的战略意图，针对敌人正面宽、纵深大而空虚的布防特点，决定以塔子山为渡口，集中兵力，以第一、第二两个梯队，实施多路、重点突破的战法，消灭沿江防御之敌，占领嘉陵江、涪江之间广大地区。

这是红四方面军也是红军史上一次大规模的渡江作战。任务艰巨，困难重重。但是，英勇的红军指战员却毫不畏惧。在川陕苏区党、政府和人民的大力支持下，他们万众一心、众志成城、排险解难，全力以赴做好渡江准备。红军将士们忙着演练，当地的百姓们也没有闲着，船工们来了，铁匠们来了，老水手来了……霎时间，形成了全军上下齐心协力，军民一家同心同德，造船、练兵、运送物资的盛大场面，为红四方面军取得战斗的胜利奠定了坚实的基础。

3 月 28 日，经过紧张的准备，红四方面军按计划拉开了嘉陵江战斗的序幕。由方面军第九、第三十、第三十一军组成的第一梯队，首先投入了战斗。当晚夜黑风高，万籁俱寂，嘉陵江面大雾弥漫。随着徐向前“急袭渡江”一声令下，50 多只木船如离弦之箭，向敌岸疾驰而去。急流的江水拍打着渡江的木船，激起层层浪花，渡江的勇士们乘风破浪，奋力划桨，步步逼近，借着江涛和夜色的掩护，直到离敌岸五六十米远时，才被敌军哨兵发现。由于红军神速，如天降奇兵般突然出现在敌军面前，使沿江守敌措手不及，立刻陷入一片慌乱，急忙开枪还击。但此刻为时已晚，乘敌军火力来不及充分展开，第一梯队中路红三十军当机立断，立即改偷渡为强渡，在轻重武器的火力掩护下，不顾一切泅水登陆，迅猛杀入敌营，占领沿江地带，歼敌一个营。随后，又击溃敌军思衣场方向前来增援的江防总预备队 1 个旅，巩固了滩头阵地，胜利完成了突击渡江任务。与此同时，第一梯队左右两路军队也捷报频传。红三十一军在苍溪城北鸳溪口强渡成功，一举攻占对岸险要阵地火烧寺，击溃守敌 1 个旅；红九军一部在阆中城北涧溪口顺利渡江，向敌纵深方向扩展。紧接着，第二梯队第四军也从苍溪渡江投入战斗，开始渡江。而后，方面军各部队兵分三路，迅速向敌两翼和纵深发展进攻，席卷沿江敌人。

31 日，中路红三十军及红九军另一部攻占剑阁后，向东北疾进，协同红三十一军攻打剑门关。4 月 2 日，左翼红九军一部在红四军一部配合下，攻占南部县城，歼敌 3 个团；右翼红三十一军击溃刘汉雄部后，迅速向剑门关推进。

剑门关自古是一道险隘，以“剑门天下险”、“一夫当关，万夫莫开”而著称，历来为兵家必争之地。深知剑门关战略价值的敌军更是在这里广筑碉堡，狂妄地叫嚣，要使红军“插翅难飞”。但是，英勇顽强的红军，愣是啃下了这块硬骨头。红军将士经过多半天时间的激战，终于全歼剑门关守敌，打破了剑门关不可攻克的神话。剑门关的失守，使敌军嘉陵江防线彻底崩溃。蒋介石急忙重新部署，企图形成新的防线，阻止红军前进。为了取得战役的全面胜利，红四方面军一面令第三十一军和第三十军第八十八师向广元地区及青川、平武推进，防堵胡宗南部南下，一面集中主力歼灭梓潼、江油、中坝地区敌人，向川甘边发展进攻。

4 月 10 口，红军先后占梓潼、青川，渡过涪江，围攻江油。14、

15日，在江油城南大量歼灭敌援军。至21日，攻占平武、中坝、彰明、北川等地，声势浩大的嘉陵江战役宣告结束。

历时24天的嘉陵江战役，共歼敌约12个团1万余人，挫败了敌人“川陕会剿”的计划，为红四方面军向川甘边发展开辟了道路，并从战略上配合了中央红军的行动，为红一、红四方面军会师创造了有利条件。

喋血百丈

百丈关，位于名山县境，地处成（都）雅（安）公路要隘，也是平原丘陵与山区的过渡地带，三山环抱，是雅安通往成都的必经之地，地势十分险要，自古就有“获百丈关者，得成都无疑”之说。

百丈关战役是1935年南下的红四方面军与川军之间的一场重要战役，战役规模之大，参与人数之多，持续时间之长，战斗进行之艰难、之悲壮、之惨烈，是红军长征史上仅次于湘江血战的一场大战。

1935年9月下旬，张国焘不同意红军北上的方针，率红四方面军南下，提出要“打到成都吃大米”。10月8日，南下红军发起绥崇丹懋战役，经过15天艰苦战斗，击溃川军6个旅，毙伤俘虏敌兵3000余人。

24日，红三十军、第九军第二十七师从阿坝州懋功出发，以迅猛之势击溃杨森残部，翻越终年积雪的夹金山，向宝兴、天全、芦山三县发起进攻。11月1日，中纵队一举攻占宝兴，乘胜进占灵关镇，接着连续打垮敌刘湘教导师之1个旅1个团的阻击，直逼芦山城下。右纵队攻克西康金汤镇后，攻下天全以西紫石关、大岗山，击溃刘湘模范师的一个旅，10日攻占天全城，随即向东迂回，协同中纵队包围芦山，12日攻克芦山。10余日内，红军占领了邛崃山以西、大渡河以东、青衣江以北和懋功以南之川康边广大地区，毙、俘敌 10000 余人，击落敌机一架。红军南下速度之快，攻城拔寨之坚决，让刘湘措手不及。随后，红四方面军决定向名山、邛崃进击，乘胜东下川西平原，直接威胁刘湘的政治心脏成都。

川军各路诸侯惊呼："南路紧急，匪军大股有直取成都之势。"为了遏阻红军进入川西平原，刘湘急调其主力王缵绪、唐式遵等部以及李家钰部 7 个军、3 个独立师共 85 个团、9 个独立营，总计 20 多万川军集结于名山及夹门关、太和场、石碑岗，在名山重镇百丈关与红军决一死战。

11 月 13 日，红四方面军中纵队全部及右纵队第四军集中 15 个团的兵力，由五家口向朱家场、太和场之敌发起攻击，14 日占领该地，击溃敌暂编第二师两个团。随即兵分三路，分别从雅安、中里和名山蒙顶山向百丈、黑竹一线发起进攻。16 日拂晓，先头红军红五师第七十五团击溃川军两个团，占领百丈镇，与川军模范师、教导师接触。

川军模范师、教导师号称川军精锐，是刘湘起家的本钱，虽然在天全、芦山战斗中受创，但主力犹在，且急于复仇，挽回脸面，立即向百丈展开反扑。红二十五师毫不畏惧，以攻对攻，红七十四、红七十五团如两把尖刀，直插川军腹心。双方沿公路展开混战，川军出动飞机助战，然无法辨别人员，无法轰炸扫射，只能低空盘旋。狭路相逢勇者胜，红二十五师奋勇冲杀，至黄昏时分，击溃川军反扑，并乘胜前进，至下午 4 时，相继占领黑竹、治安场、王店子。

19 日拂晓，敌 10 多个旅在飞机、大炮掩护下，由北、东、南三面向红军突出于百丈地区 10 余里长的弧形阵地发动总攻。红军相互协同，分散应敌。红二十五师迎击夹关方向来攻之敌；红八十八师迎击鹤林场方向来攻之敌，红九十三师正面迎击向百丈关方向进攻之敌。红九十三师的阻击战最为惨烈，川军沿公路轮番进攻黑竹关，整连整营，甚至整团实施集团冲锋，红九十三师在大量杀伤敌军后，撤至控断山附近。双方投入预备队，在控断山展开拉锯，阵地得而复失，失而复得，战至黄昏，红九十三师撤至百丈关阵地，转入坚守。

20 日，天刚放亮，川军的进攻就已开始，主攻方向为百丈关。川军不断投入预备队，不顾一切地连续进攻，并重金组成“敢死队”。刘湘颁布《告“剿共”官兵书》，规定“凡有临阵退缩、畏敌不前或谎报军情、作战不力者，一律军前正法。其余各级官兵，尚有违令者，排长以下，得由连长枪决，连长得由营长枪决，营长得由团长枪决，团长得由旅长得由师长枪决，师长得由总指挥枪决，总指挥尚有瞻徇陷匿者，由总司令查照依法严办。”

面对敌人优势兵力的疯狂进攻，红军广大指战员忍着疲劳寒冷，在山谷、烂田和松林中与优势之敌展开浴血苦战，子弹打光了，就白刃搏斗；有的战士手臂被打断了，就用牙齿咬着拉火索将手榴弹拉响，与冲到身边的敌人同归于尽。红八十八师政委郑维山回来回忆说：“师的指挥所跟前一个班，打到下午只剩下三个人了。但是这三个人，却像钉子钉在那片树林里似的扼守着阵地。敌人冲上来了，他们从三个方面投出集束手榴弹，趁着爆炸的浓烟，呼叫着分头冲下去。把敌人杀退后，三个人又从容地回到原处，战士们就是这样，以一当百地和敌人厮杀。”

经过连续 7 昼夜的激战，虽然毙伤敌 15000 余人，但红军伤亡也近万人。主力受挫，主阵地丢失，被迫于 21 日撤出百丈。这次战役历时 18 个昼夜，是南下以来最惨烈的一次战役。

百丈关战役的失利，是南下红军被迫由进攻转为防御的转折点，也是张国焘南下错误方针碰壁的主要标志。时任红四方面军总指挥的徐向前元帅在《历史的回顾》一书中客观地总结了战役失利的原因：“我军百丈决战失利，教训何在呢？对川军死保川西平原的决心和作战能力，估计不足，口张得太大，我军高度集中兵力不够，战场的选择失当，如此种种，都与我们在战役指导思想上的急躁和轻敌有关。”

1985 年，为纪念百丈关战役而修建了占地面积 521 平方米的红军百丈关战役纪念馆。在名山县百丈镇，建有百丈关战役纪念碑。

包座战斗

1935年8月底，红军右路军经过艰苦跋涉，终于走出草地，到达班佑、巴西地区。国民党军觉察到了红军有穿越草地的意图，就派兵平行北上。

8月24日，胡宗南急忙电令漳腊的伍诚仁第四十九师迅速向包座增援，欲将红军阻止在包座河一线。27日，伍诚仁率部向包座开进。

红军围攻大戒寺，第四十九师也正需要过来救援。毛泽东到红三十军视察，让官兵很受鼓舞，他们下决心一对一歼灭掉和自己兵力一样的国民党军第四十九师。

包座为藏语“务柯”，意为笔直像“枪膛”，位于松潘以北（今属若尔盖县）的包座河畔，有上、下包座之分，包座地扼松甘古道要冲。包座河横贯南北，时值雨季，水深流急。包座距离巴西、班佑50多公里，松潘甘南古道北出黄胜关，经两河口、蜿蜒于包座河沿岸的山谷中。红军要北上甘南，必须打下包座。

守敌胡宗南部独立旅第二团分驻上包座的大戒寺1个营、求吉寺2个营，两处凭借山险林密，筑以集群式碉堡，构成一个防御区，卡在红军进入甘南的必经之路上。胡宗南发现红军过草地北上，急令第四十九师由松潘以北的漳腊驰援包座，并在上、下包座至阿西茸一线堵截红军。

消灭包座之敌，开辟前进道路，是摆在右路军面前的迫切任务。鉴于担负后卫任务的红三军（即红三军团）还没走出草地，红一军又比较疲劳，徐向前主动向中央与毛泽东建议，由红四方面军部队担负进攻任务。毛泽东批准了这一请求。徐向前准备采取围点打援的战法，求歼包座和来援之敌。具体部署是，以红三十军第八十九师第二六四团攻击上包座大戒寺之敌，以红三十军主力第八十八师、第八十九师埋伏在援敌必经之路——上包座西北的丛林中，并以小部兵力控制河东岸制高点，准备歼灭敌增援的第四十九师；以红四军第十师攻击下包座求吉寺之敌，其主力控制各要道，并随时准备出击；以红一方面军第一军为预备队，位于巴西和班佑地区待机。

部署完后，徐向前带红三十军政委李先念和代军长程世才到达阿西，在一座喇嘛庙里向毛泽东作了汇报。毛泽东把地图摊在地上，听取了徐向前的汇报，详细询问了部队的情况，部队掉队的人数，各连的人数，战士的情绪高不高，所有能想到的问题都问到了。然后才对即将发起的战斗作指示，批准战斗部署。

从班佑、巴西到包座，全是难行的山路。任务紧急，程世才率红八十八师为前卫，李先念率军部和红八十九师跟进，迅速向包座开进。于 8 月 28 日抢在国民党军援兵到达前到达了包座，在城边森林中隐蔽集结。

徐向前、陈昌浩、叶剑英亲临前线指挥战斗。李先念召集部队进行动员，大声说道：“包座之战关系到红军能否打开前进通道。这是两军会师后的第一仗，徐总指挥把这个任务交给我们三十军，是对我们的最大信任，两大方面军都在看我们。我们是代表整个四方面军部队在作战，只能打好，不能打坏。我们要用胜利向党中央和毛主席报捷。”

8 月 29 日下午，国民党军第四十九师到达了距上包座约 15 公里之松林口。伍诚仁为黄埔军校毕业生，并在第四十九师整编后被蒋介石委任为师长，傲气十足。虽然其在此前的作战中领教过红军的厉害，但伍诚仁坚信走出草地的红军已经是疲惫之师，没有能力与他装备精良的部队抗衡，因而下令部队连夜进攻。

黄昏时，战斗打响。国民党军第二九一团附一个营聚集在大戒寺地域，猛攻红二六四团。李先念、程世才立即令红二六四团稍作抵抗即向大戒寺东北后撤，诱敌深入。伍诚仁志得意满，将师部及师直属队移驻大戒寺，边向胡宗南报捷，边下令部队全线向北推进。31 日，第四十九师全线向北推进，2 个团位于包座河西岸背水而战，1 个团位于包座河东岸。红三十军部队沉着应战，以 1 个团节节阻击，依托一些小的山头边打边撤，逐步将敌诱入预设阵地。

31 日下午，敌第四十九师全部被诱进了红三十军的伏击圈。这里是一个山谷，山上全是原始森林，红三十军部队隐藏在丛林之中。伍诚仁将红军的边打边撤误以为是节节败退，命令全军放胆前进。17 时，冲锋号四起，红三十军部队一齐出击，冲下山坡，扑向敌群。经过数小时激战，敌第四十九师大部被歼，伍诚仁受伤后乘夜逃窜。留下的 200 余名守军在红二六四团喊话下，全部缴械投降。与此同时，红四军在军长许世友指挥下，向求吉寺之敌发起攻击，歼敌 1 个营。

包座战役，刚刚走出草地的红三十军，以疲惫之师与敌人精锐之旅作战，重创国民党军第四十九师，毙伤敌 4000 余人，俘 800 余人，缴获轻重机枪 50 余挺，长短枪 1500 余支，还缴获了红军急需的牦牛、骡马、粮食、弹药等军用物资，取得了红一、红四方面军会师后的第一个重大胜利，粉碎了国民党军将红军困死于川西北草地的企图，打开了向甘南进军的通道，使敌企图把红军困在草地的阴谋彻底破产。

血战剑门关

1935 年 3 月 29 日，红四方面军主力在四川省苍溪县的塔子山强渡嘉陵江后兵分三路，以疾风扫落叶之势，席卷沿江敌人。左翼红九军一部在红四军一部配合下，攻占南部县城；中路红三十军及红九军另一部攻占剑阁后，以第八十九师控制县城，第八十八师向东北疾进；右翼红三十一军击溃刘汉雄部后，迅速向剑门关推进。4 月 2 日拂晓，第九十三师、第八十八师及第九十一师 1 个团，分别进抵剑门关下，从东、西、南三面包围了剑门关。

剑门关地理位置十分重要，历来为兵家必争之地，素有“打下剑门关，犹如得四川”之称。

邓锡侯对这一战略要地极为重视，把它作为江防部署的重要支撑点，派红二十八军宪兵司令刁文俊率 3 个团据守，密布地堡、堑壕，并派人用十几匹骡子驮来 4 万银洋作为犒赏，妄图凭借险要地势，将红军堵截在雄关之下。

为攻克天险剑门关，红四方面军总指挥部把这一艰巨的任务交给了王树声。

王树声仔细察看地形后认为，剑门关北面是悬崖绝壁，中间仅有一条只可并行两人的狭窄古道，关口上又修有坚固的城楼，楼门一关，根本上不去，南面则是比较平缓的山坡，山头呈阶梯形，剑门关位于其最高峰。比较起来，由南往北打要容易一些。据此，他定下避开正面、打敌侧后与奇兵突袭相结合的作战方针，并制定了三路进攻剑门关的作战计划：红三十一军第九十一师的 1 个团为第一路，快速截断关口东面的广元、昭化等地援敌，经黑山观、凤垭子强夺李家嘴，形成扇形佯攻阵势，以牵制敌人火力；红三十军第八十八师为第二路，由南面直插剑门，策应红三十一军攻关；红三十一军第九十三师和骑兵一部为第三路，从五里坡直冲关槽，攻击关口主峰。王树声亲临前线，指挥战斗。

三路红军随即奉命行动，对敌各个集团工事实行逐点攻击，很快扫清了剑门关外围据点，击溃守敌一个团，迫使敌人逐渐缩小了防御阵地。第三路红军以精选的 7 名勇士组成小分队，在当地百姓徐元培带领下，绕道诸王山西侧的梯子崖至金牛峡一带，缴获了一面川军旗帜和一挺机枪，随即化装成川军，边走边喊："兄弟们，自己人！"守关的敌军还没来得及辨别真伪，红军勇士已飞上关楼，高喊着"缴枪不杀"，连毙数敌，占领了关楼。之后，红军紧闭关门，以轻重机枪封锁关口，守敌被迫逃上主峰阵地。

只要拿下主峰，剑门关就攻破了。为啃下这块硬骨头，王树声决定调第九十二师第二七四团第二营担任主攻任务。这支部队曾荣获"夜袭常胜军"的称号，一直被王树声作为预备队使用，关键时刻才拉上去。王树声将指挥所设在离第二营不到 300 米的地方，亲自指挥战斗。为保证战役的胜利，经王树声请求，方面军总指挥部动用了其直属的迫击炮营及机枪火力，对敌各集团工事实行逐点攻击。

2 日 11 时许，王树声下达了进攻主峰的命令。第二营在迫击炮、机枪火力的掩护下，向主峰发动了攻势。主峰上的川军依仗险要地势和精良武器，在红军仰攻道路上组成密集火力，拼命顽抗。第二营的勇士们沿着崎岖的山路，顶着枪林弹雨，艰难地接近敌人阵地。突然，山谷中一片喊杀声，正在用望远镜观察的王树声皱着眉头对第九十二师师长陈友寿说：“糟糕，敌人反扑了。”紧接着，他又命令通讯员：“快，跑步告诉九十一师，要他们立刻援助。”但由于敌人的火力实在太猛，第二营被迫退了下来。

之后，第二营再次发起冲锋，攻至半山腰时，狡猾的敌人钻进集团工事负隅顽抗。子弹从头上嗖嗖地飞过，炮弹在身边轰隆隆地爆炸，敌人凶猛的火力压得战士们抬不起头来，第二营营长陈康左臂受伤。为减少伤亡，部队只好又退下来。

王树声双眉紧蹙，思索着进攻的办法。第九十二师师长陈友寿、政委叶成焕的心情也十分沉重，准备换第二营下来，调其他部队上。王树声叫人把二营营长陈康找来，问他有什么想法。陈营长一听要把自己的部队换下来，顿时就急了，他向王树声保证：“敌人就是铜金刚、铁罗汉，我们也要把他们打碎！”作为指挥员，王树声深谙哀兵必胜的道理，他当即决定，仍由第二营担任主攻任务，并以红三十一军第九十一师向隘口东侧敌人进攻，红三十一军第八十八师向隘口西侧敌人进攻，红三十一军第九十三师做掩护攻击。他还向炮兵连连长下达了命令，要他一定要把炮弹打入敌人的集团工事内。

第二营吸取前两次攻击失败的教训，充分利用地形地物，机智勇敢地接近主峰。敌人故伎重演，又龟缩进工事内拼命扫射。部队伤亡很大，第二营鲍政委胸部连中数弹，但他在倒地后仍支撑着身子将手中的手榴弹扔向敌群，最后壮烈牺牲。在这关键时刻，红军的炮兵发挥了作用。炮兵连长亲自瞄准，一发发炮弹连续打中敌制高点上的集团工事，敌人枪声顿哑。陈营长乘隙迅速率部冲进工事，与敌展开了白刃格斗。一个红军战士飞步冲上山顶，撕下川军的黄旗，把军旗插上了主峰。

川军制高点一失，顿时乱了阵脚，互相践踏和坠岩而死者甚多。王树声乘胜指挥红军猛打猛追，激战至下午 4 时，全歼守敌 3 个团约

3000 人，一举占领敌人所谓“插翅难渡”的剑门关要隘。

多年以后，时任第二七四团第二营营长的陈康回忆起当时的情景，仍如数家珍：

打剑门关时，参战部队有红三十军、红三十一军、红四军和红九军，采取集团进攻方式，由副总指挥王树声亲自指挥。由于地势对敌人有利，守敌 1 个旅 3 个团，加以有坚固的工事，一开始我们没有攻下来。同时，也有我们自己这方面的原因，这就是虽然王树声指挥红三十一军和红三十军一部担任主攻任务，但部队多了，步调不一致。王树声见没有攻下来，心里着急起来。他向炮兵连连长下达命令，要他一定要把炮弹打入敌人的集团工事内。同时，他把我叫来，喊着我当时的名字：“陈五和，你一定要把敌人的工事拿下来！”王树声对二七四团二营印象很好，把它作为一支预备队，关键时刻才投入使用，因为我们这个营特别能打仗，曾荣获“夜袭常胜军”的称号。于是，我带领全营官兵执行这个任务。我提着手枪走到队伍的最前头，接近敌人工事前是一路纵队，按营长、连长、排长的序列往下排着走，到了敌人工事前就展开战斗队形。当我们的炮兵十分精确地把炮弹打在集团工事内，把敌人的火器打哑后，我一声令下，一部分人冲上去了，另一部分人留在敌人工事外面准备抓逃出来的敌人。冲进去的部队歼灭了一些敌人，没有被歼灭的敌人拼命往外逃。由于两面是山，留在外面的部队往敌群中扔手榴弹，也把这些敌人消灭了。

激战千佛山

1935年3月，红四方面军西渡嘉陵江，向川甘边发展以扩大根据地。4月，相继占领剑阁、昭化、青川、梓潼，平武、江油、彰明、北川等县城，为开辟新区工作创造了有利条件。当时红四方面军得悉中央率红一方面军已渡过金沙江北上，为摆脱不利处境和争取与红一方面军会师北上，于5月上中旬先后撤出青川、平武、彰明、中坝等地，向岷江地区西进。在西出北川峡谷千佛山时，红四方面军发起了一次重要的战役。

千佛山，位于安县、北川、茂县交界处，海拔2942米，它与伏泉山、帽合山、东大垭口、西大垭口、观音梁子、横梁子等高山连成一片，起伏蜿蜒120余公里，南面是川西坝子的“北边城墙”，北面是群山耸立、沟壑纵横、湔江纵贯其间的高山峡谷地带。红军要顺利通过北川峡谷西进，就必须占领千佛山这块屏障；蒋介石要消灭红军于峡谷，川军要保住川西，也必须占领这块屏障。因此，千佛山一线就成为敌我双方的必争之地。川军再次重兵把守。

红四方面军总指挥徐向前、副总指挥王树声指挥了这次长达70

余天的战役。

4 月 12 日，农历三月初十，红三十军第八十九师先头部队从由江油进入北川境内起，22 日占领北川县城，5 月 1 日占领千佛山北墩上，从此揭开千佛山战役的序幕。主要战斗均在安县茶坪、高川 330 多平方公里展开，呈拉锯状胶着态，反复争夺阵地。

红军进入北川后，川军第四十军军长孙震唯恐红军从北川南下成都，急令安县县长殷鉴、北川县长李国详、旅长李炜如率四个团分别在邓家渡、曲山、漩坪、治城对岸的东狱宫和墩上布防。同时，“剿匪”前线总司令、川军红二十八军军长邓锡侯为了阻止红军进入他的茂汶防区，急令第五师副师长陶凯率龚渭清、牛锡光两个旅以及被土司、头人控制的羌藏马队共 1200 人，在墩上、桃坪、土门设防，以封锁北川峡谷通往成都、茂汶的要塞。红军从北川县城经禹里、马槽、坝地堡，沿途击溃了陶凯部、李国详团各一个营。5 月 1 日，击溃了驻墩上的陶凯部一个团和李国详的黄金欧营残部。红军分兵一部留墩上固守阵地，另一部沿青片河南岸而下，当晚夜袭了李国详驻蔡家嘴的一个营。2 日凌晨占据了县城对岸张拱桥上面的山头，与驻在县城内的红军组成交叉火力，夹击李炜如部驻东狱宫的姜玉坤团。红军在群众的支援下，从三叉河强波湔江，合力攻击东狱宫。经过一场战斗，敌死伤近百，被俘 200 多人，缴枪 200 余支。姜团残部沿湔江南岸逃至曹山坡，红军追至曹山坡，据险扼守，不予再追。另一部残敌逃至鸡窝坪、罐子沟，红军追至鸡窝坪、罐子沟，经两小时的战斗，敌人败退凉风垭。3 日，红军一举攻下凉风垭，打开了千佛山一线的突破口。川军红二十八军暂编二师彭函之部，立即向凉风垭猛烈反扑，被红军打退，敌死伤 200 多人，退到苏宝沟（擂鼓镇，原安县，今北川）驻防。红军在擂鼓建立 1 个乡、10 个村苏维埃政权。

这时，红九军第二十五师，红三十军第八十八师第二六四团、第二六五团（夜老虎团）、第八十九师第二六六团、第二六七团以及妇女独立师在总指挥徐向前的率领下，相继到达北川，分头向千佛山方向运动。徐向前亲自指挥号称“钢军”的红九军和号称“夜摸常胜军”第三十军之一部，以及妇女独立师100名女红军，与追击敌军的红军先遣队会师，直趋伏泉山。

4日，农历四月初二。这天凌晨，红军包围了从漩坪撤至伏泉山的李炜如部五团，把守敌围得水泄不通。在嘹亮的号声中，红军凭借老林的掩护，从四面八方发起猛攻，一鼓作气攻上山顶。大部分守敌见红军包围山顶，惊慌失措，不敢反扑，被红军生擒。小部分负隅顽抗，除从庙后跳窗摔死在陡坡上的以外，余下的百多名敌人均被击毙。红军占领了伏泉山主峰龙宫庙及其周围的制高点。

川军眼看川西坝子的“北边城墙”千佛山一线已被红军突破，一些重要阵地被红军占领，川军第四十一军急调王铭章纵队（二路军）率领第九旅两个团、第八旅3个团、第二旅3个团，接替了伤亡惨重的李炜如残部的前沿阵地。李炜如残部退回二线防守。同时，又调一路军游广居部7个团到草鞋街（永安镇）集结待命。

5日，王铭章部倚仗飞机的掩护和强大的火力，向伏泉山阵地发起反攻，妄图夺回伏泉山阵地。红军浴血奋战，寸土不让。敌人遂改变战术，向漩坪东侧之九倒拐、火烧坡运动，企图迂回包围伏泉山，夹击红军，然而遭到了从治城方向来增援的红军的迎头痛击，败回擂鼓坪。王铭章部从此由攻势转入守势，与红军对峙。

邓锡侯为了增援陶凯和王铭章夺回墩上伏泉山，达到重新控制北川峡谷的目的，又忙令林翼如部的第二十三团、第十一团和警卫第三团经茶坪、东大垭口向墩上前进。其目的主要是防止红军南下川西坝子，其次才是阻止红军西进。6日，林翼如旅抵达东大垭口下面的百家林，遭到先期到达的红九军第二十五师、红三十军第八十八师、第八十九师各一部的合力袭击，林翼如仓促布阵，以十一团为右翼，第二十三团为左翼，警卫第三团为预备队，随右翼跟进，第二十四团撤回茶坪第二线。双方展开激战，至林翼如旅伤亡300余人，退至茶坪防守。红军在巩固东大垭口、百家林阵地的同时，继续向西推进。

11日，红军乘胜占领了千佛山西侧的大垭口，歼灭了陶凯部的一个团，取得了辉煌战果。12日，由副总指挥王树声率领的红三十一军九十一师、第九十三师抵达墩上，出击桃坪未克。同时，红九军、红三十军之一部从西大垭口经胡子顶向桃坪运动。陶凯部两面受敌，邓锡侯急向刘湘求援，刘湘令六路军总指挥王缵绪派兵增援。王缵绪即派六路军独立一旅从晓坝，派教导师第二旅从安县的秀水场进兵，又派第三旅刘兆藜、教导师第一旅章安平到茶坪增援。由刘兆藜接替卢济清正面的守卫，卢济清旅靠右分担游广居部正面之一部，章安平旅麇集在茶坪、牛奶坪之间。13日，红三十一军九十一师第二七一团、第二七三团和第九十三师第二七六团之一部，攻下桃坪。14日，一路军游广居部侦得大坪山、皇宫山红军不多，出动七个团的兵力，乘虚发起反击，经过一场战斗，夺去皇宫山、大坪山两阵地。红军连续发起反攻，终因兵力悬殊而不克。

同时，红三十军、红九军、妇女独立师各一部，奉命从千佛山火速出师土门。红三十一军奉命从桃坪到千佛山接防。在换防间隙，陶凯部王敬三团趁机抢占了千佛山主峰佛祖庙，指派地方武装赖金亭匪徒3000人，扼守通往主峰必经之天险——天门洞。

天门洞位于突兀高耸的千佛山半腰上，是一个天然石洞。它的上面是万仞悬崖，下面左是无底深沟，右是绝壁，一条羊肠小道穿洞而上。其洞高2.5米，宽2米，正如古人所说，“一夫当关，万夫莫开”，是易守难攻的险关。赖部自恃其扼据的天险和精锐的武器，料想红军难上山。红三十一军第九十三师之一部，强攻三次不克，且伤亡甚重。此时，红军增援部队和支前群众陆续赶到，指挥员立即找来熟悉当地地形的猎民苟玉乾了解情况，苟玉乾自告奋勇为红军带路。红军除继续正面佯攻外，挑选了精强力壮的战士，带上短枪、手榴弹和大刀，跟着苟玉乾爬悬崖、跨深沟、钻刺架、过老林，到天黑才迂回到距天门洞后侧不到一华里的赖部营地花园坪。红军趁花园坪赖部去天门洞换防之机，一举攻下花园坪赖部老巢。攻天门洞的红军，趁机发起猛攻，一鼓作气攻破天门洞，全歼匪徒。

盘踞在千佛山顶峰佛祖庙内的川军王敬三团见天门洞已失，便凭借矗立陡峭的千佛山顶与飞机的掩护助战，负隅顽抗。红三十一军第九十三师第二七四团、第二七六团之一部，强攻不克，预备队第二七九团夜袭亦未拿下，伤亡较大。此时，红九十师的两个团赶来增援。副师长王一军带领几个侦察兵，机智勇敢地捉到了敌军的哨兵和查哨的班长，弄清了敌军的口令和火力配备。16 日拂晓，红九十一师和第九十三师共五个团同时发起冲锋，攻到佛祖庙，短兵相接，在红军“缴枪不杀”“优待俘虏”的口号声中，敌军纷纷举手投降，千佛山又一次被红军所占领。这次战斗活捉了敌团长王敬三，缴获机枪 3 挺，步枪弹药若干。红三十一军军长孙玉清率军部与第九十三师师部驻佛祖庙内。第二七四团守千佛山西侧，第二七六团守千佛山东侧，第二七九团为预备队。经过反复争夺，红军占领了东起伏泉山西止横梁子的千佛山屏障，并凭借这块屏障掩护大队人马源源不断地通过峡谷，向西挺进。

15 日，农历四月十三。这天晚上，蒋介石参谋团和三军联合办事处致电刘湘，命令刘湘：限期 17 日总攻千佛山。企图趁红军立足未稳，夺回千佛山全线阵地，截断峡谷，重新封锁土门要塞，阻止红四方面军西进。邓锡侯、孙震、王缵绪接到电令后在安县紧急会商，以变化太快，时间仓促为由，决定推迟至 18 日拂晓全线发起总攻。

18 日，农历四月十六，川军纠集近 30 个团，三路反攻千佛山一线红军阵地。川军第三旅第九团团长王三友率部从白家林正面向红军阵地炮击，敌飞机又不时向红军阵地俯冲扫射。敌第八团置前，第九团随后，采取纵深配备、轮番攻击的人海战术。当时，敌黄柏光团攻至白家林前沿阵地，红三十一军第九十三师第二七六团利用有利地形，居高临下，凭险扼守，打得黄柏光团畏缩不前。敌九团团长王三友见第八团不是红军的对手，便率本团亲自与红军较量，强攻白家林。11 时，红二七六团撤出白家林阵地，退至东大垭口坚守，用少数兵力吸引正面敌人，主力则运动于左右两翼。王三友以第二营（营长李遐举）占领前方的元宝山，用火力掩护其余两个营攻击东大垭口。14 时许，敌攻至东大垭口的鞍部，正好钻进了红军设置的口袋之中。此时，王三友的后续部队已经到达，红九十三师第二七六团和师部重机枪连亦同时赶到，从左右两翼用六挺机关枪及其他火炮组成密集的火力，射向敌群。王三友团伤亡甚重，王三友腿部负伤尚坚持督战不退。敌人增援部队见势不妙，不敢上前。15 时，王三友又腹部中弹亡命，部队失去战斗力，争相往山下溃退，红军转守为攻，乘胜出击，一举夺占白家林阵地。

奉命迂回红军阵地的川军教导师二旅旅长于渊是中共地下党员，率部故意钻山迂回，拖延至 19 日晚才到达干沟，遭到红二十五师之一部和原驻水茶店红军的夹击，伤亡数百。于渊借此机会，急令轻装撤回，有意丢下大量辎重，撤回出发地。

川军的三路反攻偃旗息鼓。此后，川军部队与红军在千佛山、伏泉山一线陷入对峙，直至红四方面军部队全部通过川北河谷，也没有再发动大的进攻。红四方面军总指挥部通令嘉奖，副总指挥王树声亲临千佛山慰问红军，追悼烈士，视察工事，动员全体指战员继续发扬英勇顽强、不怕牺牲、克服困难的革命精神，坚守阵地，巩固和扩大战果，保障红军后续部队全部通过峡谷。

千佛山战斗，红四方面军共击溃 20 个团，攻占了川军的坚固防线，粉碎了国民党军在涪江流域围歼红军的企图，为红军顺利通过川北峡谷构筑起一道坚固的翼侧屏障，使数万大军得以顺利西进开辟了道路。同时，攻占千佛山、伏泉山一线阵地，造成了红军直取川西平原的态势，牢牢牵制住了川军主力，创造了红军避实就虚、进占岷江上游地区的有利条件。当时担任川军“剿匪”前线总司令的邓锡侯后来在撰写回忆录中也承认，千佛山战役经过七十余日，掩护了红四方面军主力打开土门进路和在侧敌运动中胜利通过长隘路横渡岷江。

叶剑英："吕端大事不糊涂"

1935年9月9日，农历八月十二。这天上午，设在潘州汉官衙门的红军前敌总指挥部正在开会，一位译电员走进了屋子，见政治委员陈昌浩在作报告，就把一封电报交给了坐在门边的参谋长叶剑英。叶剑英看完电报后，非常震惊。

电报是张国焘发给陈昌浩的一封密电。内容是要陈昌浩劝毛泽东等中央领导放弃北上方针，实行他的南下方案。如果毛泽东等人听劝告，应监视其行动。若坚持北进，则应开展党内斗争，彻底解决之。

事关重大，叶剑英清楚应该马上报告毛泽东。但如马上离开，则会引起陈昌浩的怀疑。所以他虽心急如焚，表面上依旧平静如常，随便将密电如同一般电报一样放进口袋，继续开会。过了一会儿，才借故离开会场，飞跑至毛泽东住处，做了汇报。叶剑英后来回忆说：毛泽东"看完电报后很紧张，从口袋中拿出一根很短的铅笔和一张卷烟纸，迅速把电报内容记了下来。然后对我说：'你赶紧先回去，不要让他们发现你到这来了。'我赶忙回去，会还没有开完，陈昌浩还在讲话，我把电报交回给他，没有出漏子。那个时候，中央要赶快离开，否则会出危险”。毛泽东与张闻天、博古立即到红三军团驻地，同周恩来、王稼祥召开政治局会议，决定率红三军、军委纵队和红军大学单独北上，摆脱困境。随着中央领导人的离去，叶剑英作为中央派出的前敌总指挥部参谋长，处境非常危险。因此，张闻天、博古特意找叶剑英，说:“你要走啊。这里危险。”但叶剑英考虑，如果自己一走，就会暴露中央的意图，毛泽东等领导人和军委直属队都无法成行。自己是军委纵队司令员，必须保证毛泽东和中央领导人的安全。同时把军委纵队安全地带出去，所以回答：“我不能走，你们先走吧。如果我一走，恐怕大家都走不了啦。我以后会来的。”

毛泽东等人离开潘州后，叶剑英先以研究情况为由，让指挥部作战科科长吕继熙把一份甘肃省的军用地图拿到住处，藏在床下的藤箱子里，以备中央北上后使用。随后反复考虑了如何带走军委纵队的事情，决定利用张国焘要右路军南下的电报做文章。他找到前敌指挥部总指挥徐向前说：“总政委（指红军总政委张国焘）来电要南下，我们应该积极准备。首先是粮食准备。先发个通知给各直属队，让他们自己找地方打粮食。限10天把粮食准备好。”徐向前表示同意。叶剑英遂起草通知，要各直属队当晚2时出发，自己找地方打粮。通知写好后，陈昌浩审阅同意。叶剑英遂召集各直属队负责人李维汉、林伯渠、杨尚昆、李克农、萧向荣等人开会，简要说明情况，说：“中央已经走了，今天晚上两点我们也走。大家对表，早一分晚一分都不行，整整两点动身。”同时要求大家严格保密。

一切布置就绪后，叶剑英回到设在一座喇嘛寺中的住处。当时，他与徐向前、陈昌浩同住一屋，晚上亮着马灯睡觉。他躺在床上，计算着时间，到了10日凌晨1时45分左右，轻声起床，穿好大衣，带上装着地图的藤箱，悄悄地走出屋子，到了军委纵队秘书长萧向荣的住处，要萧向荣赶紧把地图藏起来。当时，整个红军只有这一份甘肃省军用地图。因此，叶剑英特别叮嘱说：“这份地图千万要保管好，不要丢了，这可是要命的东西。”他一摸身上，发现手枪忘记带了，就回去拿上手枪，没有惊动总指挥部的任何人，装作巡视部队、检查打粮，牵着他的黑骡子。匆匆出门，在一座磨坊附近，与早已等候在那里的总政治部副主任杨尚昆会面，一同上路。

两人急忙赶路，走了很长时间方追上了军委直属队。大家见到两人安然无恙都非常高兴，开玩笑说："你们开小差出来。"叶剑英自豪地说："不，不是开小差，而是开大差，是执行中央的北上方针。"

叶剑英和杨尚昆终于赶上了红三军主力，毛泽东、周恩来、王稼祥正为叶剑英的安全担心，见他到达，长出一口气，说："你可出来了。"

毛泽东等人的担心绝非多余。发现叶剑英离去并带走地图后，陈昌浩对叶剑英向中央报告密电的事情恼怒异常，暴跳如雷，专门派人追击，要求务必将叶剑英带回，如果无法带回，可以就地打死。叶剑英如果不是及时机智地离去，将面临极大的危险。

叶剑英在长征途中将张国焘企图危害和分裂党中央、红军的密电送给毛泽东一事，是中国共产党和红军与张国焘斗争的重要组成部分，也是叶剑英一生为党为人民立下的一大功绩。

对于这件事的经过，中央和红军的领导人在当时和后来曾多次谈及。1935 年 9 月，毛泽东在哈达铺，向陕甘支队干部说，一、四方面军分家时，剑英给我送了电报，立了一大功。（访问杨成武、吴烈谈话记录，1990 年 6 月，1994 年 10 月）1937 年 3 月 30 日，在延安政治局扩大会议上，毛泽东当着张国焘的面说："张国焘一到毛儿盖就反了，他就在这里大开其督军会议，用枪杆子来审查党中央路线。"接着，在谈到左路军和右路军的问题时，毛泽东说："叶剑英同志便将秘密的命令偷来给我们看，我们便不得不单独北上了。因为这电报上说：'南下，彻底开展党内斗争。'当时如果稍微不慎重，那么会打起来的。"（毛泽东在延安政治局扩大会议上的发言记录，1937 年 3 月 30 日。原件存中央档案馆。《毛泽东年谱》上卷第 666 页）

毛泽东在其他时间和场合也多次谈到这件事，并称赞叶剑英："诸葛一生唯谨慎，吕端大事不糊涂。"1967 年夏天，毛泽东视察大江南北，曾与杨成武谈起此事，摸着自己的脑袋，风趣地说："叶剑英同志在关键时刻是立了大功的。如果没有他，就没有这个了。他救了党，救了红军，救了我们这些人。"（访问杨成武谈话记录，1989 年 4 月）1971 年 8 月 28 日，毛泽东在长沙同丁盛、刘兴元、韦国清等谈话时再次谈到："张国焘搞分裂，发个电报给陈昌浩、徐向前，里面说，要坚决南下，否则就要彻底解决。当时叶剑英同志当参谋长，他把这个电报先给了我，没有给陈昌浩、徐向前，我们才走了的，不然，我们就当俘虏啦。叶剑英在这个关键时刻是有功劳的。所以，你们应当尊重他。那时，我们的路线是正确的。那时军队如果不到西北，那里还有点根据地，那怎么能到华北地区、东北地区呢？怎么能在抗日战争时搞那么多根据地呢？"（毛泽东在长沙和丁盛、刘兴元、韦国清谈话记录［汪东兴参加］，1971 年 8 月 28 日）

1972 年 6 月，周恩来在批林整风汇报会议上就密电问题讲了很长一段话。他说："……剑英同志先得到张国焘的命令，一得到，马上就报告毛主席。毛主席得到这个消息，决心北上。……剑英同志先将密电报告了毛主席，因而脱险，立了大功。这件事情，是毛主席经常讲的，在座的不少同志听到。不是主席总是拿这个古人的事来比喻吗？宋朝不是有位吕端嘛。古人有两句话：'诸葛一生唯谨慎，吕端大事不糊涂。'主席拿这个例子多次说这个事。当时军队就行动了……后来陈昌浩看到电报，知道了这件事，要追。据这一次徐向前同志在小组会上说，他制止了。他反对这件事情，不让追。他说，哪有红军打红军的。我们相信徐向前同志的话，因为总有顾全大局的同志嘛。所以那一次是一个很险恶的环境。就是说，没有剑英同志立这个功，要不是毛主席出来制止……那个局势就很坏了。所以就是主席说的，人心，党心，党员之心，都是要团结的，不要分裂的。从这里也可以看出来，要分裂是极少数，那是一个惊险场面，在关键时刻才显出是同志嘛。古话说'板荡识忠臣'嘛。"

邓小平对张国焘的这一密电事件一直是肯定其存在。他的女儿毛毛在《我的父亲邓小平》一书中作了这样的记述："过草地后，张国焘一再迟滞，拒绝与中央和右路军会合，同时无视中央的一再劝告，密电在右路军当政委的陈昌浩把右路军拉出来南下，阴谋分裂和危害中央。这封密电，幸被右路军参谋长叶剑英看到，立即报告了毛泽东。"

1964 年 12 月 18 日，陈毅在中央工作会议上，把毛泽东送给叶剑英的两句赞语，写在叶使用的笔记本里："剑英道兄正之：诸葛一生唯谨慎，吕端大事不糊涂。"（原件存叶剑英办公室）

1977 年 5 月 14 日，叶剑英八十寿辰之际，徐向前赠诗一首"七绝"，其中写道："吕端当愧公一筹，导师评论早已定。"（原件存叶剑英办公室）

张闻天和秦邦宪是巴西会议的参加者，也是重要的当事人之一。李维汉在《回忆与研究》一书中写到了这两位中央领导人当时谈话的情形："有一次博古（秦邦宪）、洛甫（张闻天）对我说，两河口会议决定北上，但张国焘要两面派，表面上同意，心里是不同意的。……他还违背政治局会议的决定，密电要右路军立即南下。……洛甫告诉我，张国焘有电报说，如果毛泽东、洛甫、博古、周恩来等不同意南下，就把他们软禁起来。洛甫告诉我上述情况后，叫我负责把党中央机关、政府机关、总政治部等单位在次日凌晨带到巴西，会同党中央一路北上。"张闻天向刘英也曾讲过上述同样的内容。

巴西会议的另一位参加者和重要当事人王稼祥曾向朱仲丽说过这件事："叶剑英同志对党很忠诚，很机智，积极维护党的团结，他将张国焘背着中央下令右路军南下的密电及时报送毛主席，立了一大功。"

1960 年 11 月 9 日，朱德在一次谈话中说：四方面军到阿坝时，"张国焘就变了，要全部南下，发电要把北上的部队调回，我不同意，反对他，没有签字。后来电报由叶剑英同志截住，告诉了毛主席，没向下面讲，中央就马上决定单独北上了。如果调转，中央是很危险的。"

彭德怀在《我的自述》中写道："某日午前到前总，还在谈北进。

午饭后再去，陈昌浩完全改变了腔调……这无疑是张国焘来了电报，改变了行动方针。我即到毛主席处告知此事。……向毛主席报告后不到两小时，叶剑英秘密报告：张国焘来电南进……我和叶剑英商量，如何偷出地图，和二局在明晨拂晓前到达三军团司令部北进，叶示意想办法。毛主席脱险来到三军团司令部，发了电给林、聂，说行动方针有变，叫一军团在原地等着。”

1986 年 9 月 30 日，杨尚昆在一次谈话中，再次回忆了当时密电来往，直属队“打粮”，与叶剑英星夜出走，李特“追兵”，以及毛泽东劝阻，当众散发传单等具体情景。他说：“当时中央和我们对张国焘发密电给陈昌浩，分裂党和红军这件事，都是深信不疑的。如果没有叶帅获取那份密电，透露张国焘威胁并企图危害中央，中央为什么走得那样急，那样险呢？那岂不是发疯了吗？”当时在潘州镇与杨尚昆同住一室的陆定一也回忆了类似内容。1984 年 4 月 3 日，杨尚昆与美国作家索尔兹伯里谈话，对这段史实作了更为具体的回忆。

1986 年 11 月 1 日，聂荣臻在《人民日报》上发表《吕端大事不糊涂》一文中写道：“1935 年 6 月，红军一、四方面军会师川西懋功地区。9 月，张国焘背弃中央北上的决定，分裂党分裂红军的野心达到顶点。张国焘居心险恶，竟企图危害中央，电令陈昌浩带领右路军，包括原一方面军的一、三军团全部南下。在此党和革命处于万分危急的时刻，剑英看到这份电报，火速报告了毛泽东同志，并设法提供了一份军用地图。中央决定立即率一、三军团北上，脱离了险境，使张国焘危害中央的图谋落了空，也使红军日后有了北上的胜利和抗日战争的发动。在俄界，剑英详细地向我讲述了这惊险的一幕。我由衷地敬佩剑英的机警和对党中央的无限忠诚。”

当时曾受叶剑英之托保管甘肃地图的萧向荣和接到叶剑英电报立即从包座返回总指挥部的刘志坚，以及在毛泽东、周恩来身边工作的叶子龙、陈昌奉、黄有风、范金标等回忆密电事件和中央脱险的经过，都证实了密电确实是迫使中央突然率领一方面军主力单独北上的一个决定性因素。

此外，还有一些与张国焘密电事件有关的当事人、知情人，以及许多参加过长征，了解同张国焘斗争情况的老同志，如凯丰、成仿吾、萧劲光、何长工、黄克诚、伍修权、罗瑞卿、耿飚、杨成武、宋任穷、许世友、宋时轮、李聚奎、王平、陈士榘、李伯钊、余秋里、欧阳毅、孔石泉、莫文骅、孙毅、方强、叶楚屏、吴烈、何廷一、曾希圣、童小鹏、钱益民、石敬平、贺俊桢、周涌、钱江、戴镜元、李质忠、颜太龙、范希贤、徐国珍等著文、谈话，回忆张国焘的密电事件，都有同样的记述。他们认为，叶剑英获取张国焘密电这一功劳已载入史册。

中共中央对叶剑英在长征途中同张国焘的斗争，作了高度评价和明确的结论。1985 年 9 月 16 日，中共十二届四中全会在写给叶剑英的致敬信中说："长征途中，您同张国焘企图危害中央和中央红军的阴谋进行勇敢机智的斗争，为党立了大功。"叶剑英逝世以后，经邓小平审阅、中共中央书记处讨论通过、由胡耀邦于 1986 年 10 月 29 日代表中央在叶剑英追悼会上致的悼词中，再一次肯定了这一历史事实，说毛泽东同志后来屡次称赞这是叶剑英同志在关键时刻为党为革命建立的一个大功。

“哪有红军打红军的道理！”

1935 年 6 月，徐向前等率领的红四方面军与毛泽东等率领的红一方面军在懋功会师。毛泽东亲手把一枚金质五星奖章授予徐向前，以表彰他对创建红四方面军立下的汗马功劳。然而，会师的喜悦并没有维持多久，两支红军就开始闹起了矛盾，直到后来走向分裂。

红一、红四方面军会师时，中央红军只剩下 1 万多人，而张国焘手下的红四方面军却拥有 8 万之众。双方实力的强烈反差，使得张国焘的个人野心空前膨胀，他凭借自己的强大实力，不断伸手向中央要权，并由此当上了红军的总政委、军委副主席。

为摆脱敌人，实现创建“川陕甘”根据地的计划，中央决定红军分路北上横过草地：张国焘率领左路军，毛泽东、徐向前率领右路军。

但是张国焘并不希望北上，他主张南下，想在四川南部的藏人地区建立根据地。

毛泽东等中央领导人主张北上，一来是北上抗日，二来也可以借机摆脱张国焘的控制；而张国焘坚持挥兵南下，则是为了保存红四方面军的实力和更好地控制整个红军。

在中央众多领导人的反对下，张国焘暂时作了妥协，同意北上。

但是，张国焘出尔反尔，多次借口故意拖延，左路军行动迟缓。

右路军过草地后，徐向前指挥部队夺取了咽喉要地包座，通往甘南的要道被红军打开。毛泽东等人催促张国焘率左路军火速向右路军靠拢，但这时，实际控制左路军的红军总政委张国焘反悔了，来电要求右路军南下。

9 月 8 日，农历八月十一，是中国农历节气“白露”，意味天气转凉。这天，张国焘公开了他的南下决心，并命令徐向前和陈昌浩率右路军南下。陈昌浩原来和徐向前一样，是拥护北上反对南下的，此时却变了调，说什么“建议力争左右路军一道北上，如果不成，可以考虑南下”。

8 日夜，徐向前和毛泽东、周恩来等七人又联名致电张国焘和左路军其他领导人，指出：“左路军如果向南运动，则前途将极端不利”，要“立下决心，在阿坝、卓克基补充粮食后，改道北进”。9 日，中央等到了张国焘的仅 35 个字的答复。电报是以朱德、张国焘的名义发给前敌总指挥徐向前和陈昌浩的。电报说：“一、三军暂停向罗达进，右路即准备南下，立即设法解决南下的具体问题。右路军皮衣已备否？即复。”

9 月 9 日，毛泽东亲自找到陈昌浩，就南下还是北上的问题再次征求他的意见。陈昌浩说，既然张总政委命令南下，就南下，这个问题不必要再争论了。

毛泽东听罢：“既然要南下，中央书记处总要开个会。周恩来和王稼祥同志因为生病在三军团，我们去三军团叫他们来开个会吧。”

晚 11 点，毛泽东特地来到徐向前的住处，问道：“向前同志，你的意见怎么样？”实际上是想看看徐向前的态度。

徐向前作了模棱两可的回答：“两军既然已经会合，就不宜再分开，红四方面军如分成两半恐怕不好。”

毛泽东没再说什么，遂告辞而归。作为红四方面军创建者，徐向前虽然知道南下不利，但内心又极不愿把左右两路军分开，最终感情战胜了理智，选择了南下，犯了他“终身抱憾的错误”。

凌晨，毛泽东当机立断，率领红一方面军第三军和军委纵队、红军大学迅速单独北上，摆脱险境。当时，与中央同住巴西、班佑、包座地区的还有红四方面军第四军、第三十军部队，归红军前敌总指挥部指挥。

由于中央的行动秘密、迅速，直到10日凌晨，徐向前、陈昌浩刚刚起床，接到报告说参谋长叶剑英不知去向，指挥部的军用地图也不见了。徐向前和陈昌浩听后，大吃一惊。事态发展如此突然，徐向前坐在床板上，一言不发。

这突如其来的变化，令徐向前不知所措，心情沉重，呆坐在床板上，半个小时一言不发。在红四方面军中，虽然徐向前位居最高军事首长，却始终受到张国焘、陈昌浩的压制、排斥，连他的妻子也在鄂豫皖苏区肃反中被杀害。只是由于他卓越的军事才能和在部队中所享有的崇高威望，张国焘才没有敢对他进行迫害。两大红军主力会师后，他曾对党和红军的未来充满希望。而中央内部的政策方针分歧，又使得他非常痛苦。他曾尽自己最大的努力弥合中央与张国焘之间北上与南下的分歧，但现实却无情地粉碎了他的希望。红军分裂了，这是徐向前不愿看到的事情。

此刻，陈昌浩情绪激动，命令部队做好战斗准备。红四军军长许世友接到命令后，难以置信，打电话给总指挥部核实命令。陈昌浩接完电话后，问在床上呆坐的徐向前：“怎么办？追不追，打不打？”

徐向前虽然对中央的离去感到不理解，但在大是大非问题面前却冷静异常，坚定回答：“天下哪有红军打红军的道理？叫他们听指挥，无论如何不能打！”

“天下哪有红军打红军的道理？”徐向前的这句话，字字千钧，在关键时刻，使红军避免了自相残杀的悲剧发生，救了毛泽东等中央领导人一命，充分表现了这位红军高级指挥员对党和红军事业的忠诚，对党和红军团结的珍惜。这一功绩，因此被刻在中国革命的历史上。

一向有感情用事倾向的陈昌浩，此时竟然出奇地冷静。徐向前后来回忆："陈昌浩不错，当时完全同意我的意见，作了答复，避免了事态的进一步恶化。""他是政治委员，有最后决定权，假如他感情用事，下决心打，我是很难阻止的。在这点上，不能否认陈昌浩同志维护团结的作用。"

张国焘另立“中央”

1935年9月中旬，张国焘趁四方面军完全集结在阿坝之际，迫不及待召开所谓“川康省委扩大会议”。会场设在格尔登寺大殿内，经过了精心布置。会场旁边一个戏台子上扯着一条醒目的横幅，上面写着“反对毛、张、周、博向北逃跑”。

在会上，张国焘大声“声讨”：“同志们，今天的会，大家一看标语就明白了。10日凌晨，右路军发生了令人愤慨的不幸事件，毛泽东、张闻天、周恩来、博古等人私自率领一、三军团向北行动，破坏了中央和红军的一致行动。他们开溜时既不报告，也不交防，导致敌人乘虚而入，我红三十团遭到重大伤亡！”

“他们为什么要开溜呢？”张国焘自问自答，“因为他们害怕敌人，要逃跑。他们说北上抗日只是借口、托辞、幌子，想逃跑才是真正的目的。毛儿盖会议是错误的，北上是行不通的，还是要南下，建立天（全）芦（山）雅（安）根据地，相机向四川发展。”

10月5日，张国焘的分裂活动达到了顶峰，在卓木碉（足木脚，今马尔康县白莎寨）召开军以上干部会议，公然宣布另立以他为首的

"中共中央"、"中央政府"和"中央军委"。

会议由张国焘主持。他在会上作了长篇发言，大肆攻击中央领导人的言论，说什么没有粉碎敌人五次"围剿"，实现战略退却是"政治路线错误"，而不单是军事路线问题。他认为，一、四方面军的会合，终止了这种退却，但中央拒不承认自己错误，反而无端指责四方面军。他鼓吹南下是终止退却的战略反攻，是进攻路线。而中央领导被敌人的飞机大炮"吓破了胆"，对革命前途"丧失了信心"，直到发展到"私自率一、三军团秘密出走"，这是"分裂红军的最大罪恶行为"。他把"分裂主义"的帽子反过来扣到中央的头上，攻击中央领导人是"吹牛皮的大家"、"'左'倾空谈主义"，诬蔑他们有篮球打、有馆子进、有捷报看、有香烟抽、有人伺候才来参加革命，一旦革命困难，就要"悲观"、"逃跑"等等。然后，大言不惭地说，列宁当年对第二国际的办法，就是成立第三国际。现在中央已经"威信扫地"，"失去了领导全党的资格"，我们要成立新的"临时中央"。此言一出，会场顿时哑然。

张国焘攻击中央，在与会者的意料之中。但他公然要另立"中央"，却大出与会者的意料。很多人对这种带有叛逆性质的突然袭击，没有一点思想准备。连跟同张国焘一起南下的陈昌浩也觉得太突然，没有立即表态支持张国焘。与会者都被张国焘的这一棍子打蒙了，场面一下子安静下来了。

张国焘一见形势不妙，赶紧指令一方面军的一位干部发言。此人在长征途中一直对中央领导人有意见，他在发言中列举了一些具体事例，添油加醋，情绪激动地讲了一通。四方面军的一些人听到这些闻所未闻的事情，不辨真假，也跟着气愤起来，你一言我一语地责备和埋怨起中央来。张国焘见他点的火已经燃烧起来，便得意忘形地逼迫中央政治局委员、军委主席、红军总司令朱德表态。

朱德劝说张国焘："大敌当前，要讲团结嘛！天下红军是一家，中国工农红军在党中央的统一领导下，是个整体。大家都知道我们这个'朱毛'，在一起好多年，全国和全世界都闻名。要我这个朱去反毛，我可做不到呀！不论发生多大的事，都是红军内部的问题，大家要冷静，要找出解决办法来，可不能叫蒋介石看我们的热闹。”刘伯承也表示坚决反对。

张国焘害怕夜长梦多，宣布了他和黄超炮制的“临时中央”成员名单，以多数通过的名义，形成了所谓“决议”:（一）毛泽东、周恩来、博古、洛甫应撤销工作，开除中央委员及党籍，并下令通缉。杨尚昆、叶剑英应免职查办。（二）以任弼时、陈铁铮、陈绍禹、项英、陈云、曾洪易、朱阿根、关向应、李立三、夏曦、朱德、张国焘、周纯全、陈昌浩、徐向前、陈毅、李先念、何畏、傅钟、何长工、李维汉、曾传六、王树声、周光坦、黄苏、彭德怀、徐彦刚、吴志明、萧克、王震、李卓然、罗炳辉、吴焕先、高敬亭、曾山、刘英、郑义斋、林彪组成中央委员会。（三）以任弼时、陈绍禹、项英、陈云、朱德、张国焘、陈昌浩、周纯全、徐向前、李维汉、曾传六组织中央政治局，以何长工、傅钟为候补委员。（四）以朱德、张国焘、陈昌浩、周纯全、徐向前组织中央书记处。（五）以朱德、张国焘、陈昌浩、徐向前、林彪、彭德怀、刘伯承、周纯全、倪志亮、王树声、董振堂组织军事委员会，以朱德、张国焘、徐向前、陈昌浩、周纯全为常务委员。并致电中央:（一）此间用中央，中共中央，中央政府，中革军委，总司令部等名义对外发表文件，并和你们发生关系。（二）你们应称北方局，陕北政府和北路军，不得再冒用党中央名义。（三）一、四方面军名义应取消。（四）你们应将北方局、北路军的政权组织报来，以便批准。至此，张国焘的反党、分裂党的闹剧达到了高潮。为了支撑起他的所谓的“中央”门面，张国焘强加给朱德、刘伯承许多头衔。但朱德、刘伯承临大节而不辱，拒绝承认张国焘的“中央”，呼吁红军要团结一致，党要团结一致，共同打击敌人。

北上？南下？

左路军退回阿坝，张国焘执意南下，这一突如其来的变化，使得中央与前敌指挥部精心筹划的北上计划彻底落空。而且由于张国焘以红军总部的名义发号施令，也使得红军的指挥体制陷入混乱，部队指挥员对来自不同上级的不同命令无所适从，同时对行动计划迟迟无法付诸实施，部队停滞不前而踌躕、迷茫。中央所确定的战略方针的实施和红军部队行动的协调一致，已经受到严重影响。

9 月 7 日，红一军根据方面军指示派出的探路部队红一师到达莫牙，距离罗达只有一天路程，到岷州则只需要 3 天。8 日清晨，红一军军长林彪、政委聂荣臻也电询周恩来："我军久滞番地，部队日益减员，应即乘岷（州）、西（固）敌防御之时突出为妥。目前迟迟不进，究拟如何？总指挥部、总司令部、中央对行动意见如何？"

左路军能否迅速与右路军会合共同北上，事关红军和中国革命的前途命运。毛泽东、张闻天、周恩来等人当然不能同意张国焘的错误主张，但为了党和红军的团结，他们还是希望最终能够说服张国焘北上。因此，他们与徐向前、陈昌浩多次讨论如何答复张国焘的电报，怎样妥善解决已经产生了的重大分歧。毛泽东等人力图通过和缓而又策略的商讨来解决问题，既不失原则又留有余地，尽量由张国焘的老部下徐向前、陈昌浩出面说话，以留空间。徐向前、陈昌浩也对张国焘的突然变化感到不解。他们认为：既然政治局在毛儿盖会议已经确定了北上方针，右路军又占领包座打开了北进通道，我军如何都不应改变原定计划。

9月8日，在与毛泽东、张闻天、周恩来商议后，徐向前、陈昌浩致电朱德、张国焘："目前突击南、岷时间甚易。总的行动究竟如何？一军是否速占罗达？三军是否跟进？敌人是否快打？飞示，再延实令人痛心。""中政局正考虑是否南进。毛（泽东）、张（闻天）皆言只有（要）南进便（更）有利，可以交换意见；周恩来意北进便（更）有出路；我们意以不分散主力为原则，左路速来北进为上策，右路南去南进为下策，万一左路若无法北进，只有实行下策。如此乘（敌）向北调时（取）松潘、南坪仍为上策。请即明电中央局商议，我们决执行。"

同日，中央政治局在巴西周恩来住处召开非正式会议，毛泽东、张闻天、周恩来、博古、王稼祥、陈昌浩、徐向前等7人参加。会前，毛泽东等人已经形成了一份给张国焘的电报。陈昌浩表示同意电报内容，并建议：力争两路部队一起北上，如果不成，是否考虑南下。徐向前只表示同意中央的意见。会议最后决定，由7人联名致电张国焘，要他执行中央确定的北上方针。

当晚22时，电报发出，全文如下：

朱、张、刘伯承三同志：

目前红军行动是处在最严重关头须要我们慎重而又迅速地考虑与决定这个问题。弟等仔细考虑的结果认为：(一）左路军如果向南行动，则前途将极端不利，因为：(甲）地形利于敌封锁，而不利于我反击，丹巴南千余里，懋功南七百余里均雪山、老林、隘路。康、炉、天、芦、雅、名、邛、大，直至懋、扶一带，敌垒已成，我军绝无攻取可能。（乙）经济条件，绝不能供养大军。大渡河流域千余里，求如毛儿盖者，仅以磨西面而已，绥、崇人口八千余，根本极少，懋、扶已尽。大军处此有绝粮之虞。（丙）阿坝南至冕宁，均少数民族。我军处此区域，消耗无补充，此事目前已极严重，决艰继续下去。（丁）北面被敌封锁，无战略退路。

（二）因此务望兄等熟思深虑，立下决心，在阿坝、卓克基补充粮食后，改道北进。行军中即有较大之减员，然甘南富庶之区，补充有望。在地形上、经济上、居民上、战略退路上，均有胜利前途。即以往青、宁、新说，远胜西康地区。

（三）目前敌不敢动，周（浑元）、王（均）两部到达需时，北面仍空虚，弟等并拟于右路军抽出一部，先行出动，与二十五、（二十）六军配合行动，吸引敌人追随他们，以利我左路军进入甘南，开展新局面。

以上所陈，纯从大局前途及利益关系上着想，万望兄等当机立断，则革命之福。

恩来、洛甫、博古、向前、昌浩、泽东、稼祥

九月八日二十二时

但是，张国焘决心已定，决难改变，并且已经确定了南下作战的基本方案："一路由阿坝经绥靖、崇化、丹巴，一路经卓克基、懋功，以向邛崃、大邑、天全、芦山、灌县、绵竹、安县进为目的。"就在中央发出电报的同时，张国焘也在8日22时，以朱德、张国焘的名义电示徐向前与陈昌浩：一、三军暂停向罗达进，右路军即准备南下，立即设法解决南下的具体问题。

陈昌浩、徐向前左右为难。从内心讲，他们都赞成中央的北上方针，但作为张国焘多年的老部下和红四方面军的最高指挥员，他们又感到难以与张国焘决裂，无法承受红四方面军一分为二的结局。一直

被张国焘着力培养并视为亲密助手的陈昌浩此刻改变态度，决定遵从张国焘的指令，带右路军南下。徐向前既不同意南下主张，更不愿意左右两路军分开行动，致使红军分裂，在陈昌浩的坚持下，只好也表示南下。陈昌浩将两人意见报告了中央。

事态由此急转直下。北上、南下之争，变得针锋相对，成为牵动全局和影响红军前途命运的斗争焦点。陈昌浩向中央报告张国焘电报内容和两人的态度后，毛泽东焦虑万分，为了中国革命和红军的前途，在与张闻天、周恩来等人商量后，决定再一次做最后的努力，力争使张国焘改变态度。

9 日，中央再电张国焘：

陈（昌浩）谈右路军南下电令，中央认为完全不适宜的。中央现恳切地指出，目前行动方针只有向北是出路，向南则敌情、地形、居民、给养都对我极端不利，将要使红军受空前未有之困难环境。中央认为，北上方针绝对不应改变，左路军应速即北上。在东出不利时，可以西渡黄河占领甘、青交通（界）新地区，再行向东发展。

然而，毛泽东、张闻天、周恩来等中央领导人的苦口婆心，却使得张国焘更加飞扬跋扈。9 日 24 时，张国焘在接到中央的两封情真意切的电报后发出了给中央的回电，语气强硬，言辞激烈，为其南下错误主张进行辩护：“时至今日，请你们平心估计敌力和位置，我军减员、弹药和被服等情形，能否一举破敌，或与敌作持久战而击破之；敌是否有续增可能……1. 向东突出蒙西封锁线，是否将成无止境的运动战，冬天不停留行军，前途如何？ 2. 若停夏、洮十分可能立稳跟脚。3. 若向东非停夏、洮不可，再无南返之机。能不受阻否？上三项诸兄熟思明告。”他极言南下好处，称“北进，则阿坝以南的病号均需抛弃；南打，尽能照顾……南打又为真正进攻，决不会做瓮中之鳖。”最后，他信誓旦旦地写道：“左右两路军绝不可分开行动，弟忠诚党、为革命，自信不会胡说。如何？立候示遵。”同日，他甚至致电陈昌浩，命其率右路军南下，电报上甚至有这样的语句：“南下，彻底开展党内斗争。”这份被叶剑英称之为“语气很强硬的电报”，迫使毛泽东不得不做出果断的决定。

右路军中四方面军部队，因陈昌浩的转向，中央已是无能力调动，所能信赖和指挥的只有彭德怀的红三军团。对此，彭德怀回忆说：

> 毛泽东即说:“既然要南进,中央书记处要开一个会。周恩来、王稼祥同志病在三军团部，我和张闻天、博古去三军团司令部就周、王开会吧！”陈昌浩同意了，他未想到是脱身之计……毛泽东脱险来到三军团司令部，发了电给林（彪）、聂（荣臻），说行动方针有变，叫一军团在原地等着。

9 月 9 日夜，中央和红一方面军三军团与四方面军单独北上。

死亡行军

1935 年 6 月 12 日，农历五月十二，中央红军第二师第四团作为全军先遣队来到夹金山下，拉开了长征路上那段惊天地、泣鬼神行程的序幕。

夹金山属于邛崃山脉，横亘于宝兴县与懋功县之间。其地势陡险，山岭连绵，重峦叠嶂，危岩耸突，峭壁如削。山上云雾缭绕，白雪皑皑，积雪终年不化，空气稀薄，气候变化无常，时而晴空万里，时而大雪纷飞，时而狂风大作，时而冰雹骤降。就是这座主峰海拔 4600 多米，被当地藏族同胞视为“连鸟儿也难以飞过”的神山，成为长征中红军翻越的第一座大雪山。

14 日，毛泽东与中央其他领导人一起，率领中央红军，向夹金山开进。虽然当时正值盛夏，但是当大部队来到夹金山脚下时，朔风呼啸，雪花满天，气温骤降。此时的红军指战员们仍身着单衣、脚穿草鞋，有的草鞋破了的，就在打满血泡的脚上缠着干树皮，一脚深、一脚浅地在雪地上艰难前进。上边是雪的峭壁，下边是雪的深渊，一不小心就会跌落悬崖，粉身碎骨。脚下冻得晶亮硬滑的冰雪，使红军举步维艰，他们只能靠先头部队用镐开路，在雪地上凿出一个个踏脚孔，后续部队沿着前面的脚印，手拉手，拄着木棍谨慎前进。越往上走，空气逐渐稀薄起来，严寒和窒息包围着每一个红军将士，在零下十几度的低温中，他们体内仅存的温度也迅速地被吞噬着。呼啸的山风卷着大片的雪花，向红军将士袭来，单薄的衣服早已被风雪浸透、冻僵，犹如冰甲，风雪打在脸上，犹如刀割。呼吸越来越困难了，很多人开始头晕腿软，一步一喘，一步一停。一些体弱患病的实在走不动了，就坐下来休息，结果再也没有起来。还有许多人冻僵麻木了，滑倒后摔下了冰崖。由于长时间在冰雪里行走，红军的草鞋浸湿后冻上了冰，硬邦邦的，磨得生疼，很多人的脚被冰碴划破，鲜血直流。

面对雪山的严峻考验，缺衣少食、疲惫不堪的红军将士并没有低下高昂的头颅。他们挺直腰杆，咬紧牙关，团结互助，彼此照顾，与暴风雪展开了激烈的搏斗。在行军过程中，红军的领袖和各级领导干部都身先士卒，率先垂范，和战士们一起同患难，共甘苦。毛泽东把自己的黄膘马让给了伤病员，自己与战士一样，身着单衣，手拄木棍，在风雪中步行前进；朱德肩扛粮食，和战士们一起奋勇爬山……年近60的徐特立、50多岁的林伯渠、董必武、谢觉哉等领导人也都同战士们一起艰难徒步翻越了夹金山。同时，神圣的雪山还见证了红军战友之间的崇高友谊。深深的战友情化成了红军将士前进的巨大动力，他们相互扶持，互相鼓励，万众一心，群策群力，发扬集体主义精神，硬是一步步用自己的双脚丈量了整座山峰。饥饿、严寒、疲劳、伤病……在那样恶劣的环境中，这其中任何一个因素都有可能给红军带来致命的危险，但是无畏的红军终于历尽艰辛，冲破了死亡的阴影，取得了伟大的胜利。虽然，也有很多红军倒在了行军途中，长眠在这万里雪山上，但他们的精神永存。

谢振华将军当时负责红三军团收容工作。他回忆：“一次，我看见有十来个掉队的干部战士，围着一堆燃尽的木炭坐着不动，就去喊他们，但一个个毫无反应。原来，他们已经牺牲，连名字都没能够留下。”

雪山路上，每走几步就会有红军战士倒下，如同一座座雪雕……

夹金山只是红军翻越的第一座高山，此后，红军继续朝胜利迈进，先后翻越了梦笔山、达古山、亚克夏山、昌德山、玉龙雪山、海子山、马巴亚山、麦拉山、德格雀儿山等十几座雪山。其中，仅红四方面军在历时 1 年多的长征中，翻越过海拔 4400 米以上的雪山就达 5 座。红军以无比的豪迈之情书写出瑰丽的凯旋之歌，正如毛泽东在著名的《长征》诗中写到 :“更喜岷山千里雪，三军过后尽开颜。”

如今，海拔 4800 米的亚克夏北坡的垭口上，一座红军烈士墓躺在积雪云雾之中。这是世界上最高的红军墓，它像一位通谙世事的老人，向人们讲述着那“飞步碎冰雪”的英雄壮举。

跋涉“死亡之海”

人称“死亡之海”的无垠草地，又使红军继雪山之后，陷入了前所未有的巨大危机之中。据老红军回忆，“没过草地路，难知长征苦！”当地也流传着“自古到今朝，看到有鸟儿进去了，还没有见风儿送出一片羽毛”的歌谣，表达了人们对这片草地的无限畏惧。

美国作家史沫特莱在她的著作《伟大的道路》中，曾勾画了这样一幅令人毛骨悚然的画面：

> 大草地一望无际，广袤达数百英里，全是没有路的沼泽地带。走了一天又一天，极目四顾，红军所看到的，除了无边无际的野草外，没有别的东西，而野草下面则是浑水深达数英尺的沼泽。死草堆上有长出了大片野草，谁也说不上是不是几百年来就如此。大树小树一概没有，看不到鸟类飞翔。听不到虫声唧唧，甚至连一块石头都找不到，天空永远密布乌云，把大地衬托成灰暗而阴沉的地狱。

15200平方公里的茫茫草地，是高原湿地的俗称，实为泥质沼泽。

它在海拔 3000 至 4000 米以上，年平均气温在 0℃以下，昼夜温差巨大，气候变化无常。草地内沼泽横生遍地，水草盘根错节，鸟兽绝迹，不见人烟，没有边际。草地生长的植被只有草甸，其下积水淤黑，泥泞不堪，浅处齐膝，深处没顶，倘若不慎陷入泥潭，则会愈陷愈深，挣扎无用，直至没顶。每年的 5 月至 9 月是草地雨季，这期间的沼泽，更加泥泞滞水，不堪行走。然而，红军正是在这个季节开始了征服这片泽国草地的艰难历程。

艰难的行进、严重的饥饿和寒冷的气候，时刻威胁着红军的生命。一望无涯的草地，方向难辨，战士们只能在藏族向导的指引下，沿着草甸小心前进。但是连日的大雨不仅浇打在红军的身上，更淹没了红军前进的道路。红军只得踩着没膝的雨水摸索前进，许多战士就是这样一不小心偏离了路线，陷入泥潭，被沼泽所吞噬。为了不误入沼泽，红军只能在草甸上跳跃前进，高度的神经紧张和严重的体力透支，使红军一天行军下来，精疲力竭、痛苦不堪。同时，饥饿也是巨大的威胁。部队开拔前准备好的青稞麦炒面，干着吃难以下咽，有的部队走得急的只带了青稞麦，就只能一粒粒地吃。然而，就是这样的干粮，也仅仅够吃两三天，这时大部队只走完全程的不到一半，在剩下的路程，树皮、草根就成了战士们的美味佳肴。野菜、树皮吃完了，红军只好将身上的皮带、皮鞋，甚至马鞍子、皮毛坎肩脱下来煮着吃。草地虽然水多，但却不能饮用，若伤口在泥水里浸泡，就会红肿溃烂，甚至毙命。在饥饿和疾病的威胁下，许多在战场上没有倒下的战士，却默默地安息在茫茫的草地上。

曾负责收容掉队战友的老红军袁林说：“掉队的人太多，每天收容上百人。晚上宿营，三五人一伙，背靠着背休息。第二天起来一推，很多人身体已经冰凉。”

随着倒下的人越来越多，战士的遗体成为后续部队悲壮的“路标”，很多红军战士就是踏着这些络绎不绝的尸体，最后走出了草地。

另外，高原恶劣的气候也是足以使红军致命的劲敌。单衣、草鞋怎能抵御零下几十度的严寒？强劲的大风夹杂着豆大的冰雹向红军袭来，广阔的草地没有任何遮蔽物，战士们除了默默忍受，没有其他的办法。“饥寒交迫，冻馁交加”。宿营时，很多战士就是在睡梦中离开了人世。

荒无人烟的水草地，究竟吞噬了多少红军将士？至今也没有一个确切的数字。但是，英勇的红军指战员没有被困难吓倒，他们互相鼓励、互相帮助，拖着沉重的腿，一脚水一脚泥地执着前进。

行军途中，战士们编了许多顺口溜：

身无御寒衣，肚内饥，
晕倒爬起来，跟上去，
走到宿营地。
………
天上无飞鸟，地上无人烟，
茫茫草原，蓝蓝的天，
只有红军亲眼见。

红军将士以藐视一切困难的革命乐观主义精神，以坚定的意志和顽强的毅力，挑战大自然生存的极限，用生命、用鲜血、用血肉之躯铸就了红军的胜利，书写出中外军事史上没有先例的沼泽行军奇迹，散发出夺目的光彩。

萧华上将后来在《长征组歌》中写道：

雪皑皑，野茫茫，高原寒，炊断粮。红军都是钢铁汉，风雨浸衣骨更硬，千锤百炼不怕难。雪山低头迎远客，草毯泥毡扎营盘。野菜充饥志越坚。官兵一致同甘苦，革命理想高于天。

这正是对红军为何能走出死亡草地的最佳回答。

乌蒙山回旋战

1936 年 2 月 27 日，红二、红六军团退出毕节，兵分两路，按计划沿毕威大道向西转移，以期乘机转向安顺。此时，探明红军动向的蒋介石连忙调兵遣将，急令万耀煌、樊嵩甫、郝梦龄、孙渡、李觉、郭汝栋等六个纵队追堵红二、红六军团，企图在毕威大道以北地区“三方夹击”，一举围歼红军。形势严峻，再继续南下“黔之腹，滇之喉”的安顺地区，必将死路一条。

3 月 2 日，贺龙、任弼时、关向应、萧克、王震等军团总指挥部领导在赫章的野马川召开紧急会议，果断决定改变行军路线，向西行军，进入贵州省威宁以东的妈姑（今妈姑镇）地区后，折行向南，以赶在李、郭两纵队之前，再进入滇东的南北盘江之间地区，尔后相机到达安顺地区。然而，就在红二、红六军团加速西进时，敌情又有了新的变化。敌军万耀煌、樊嵩甫和郝梦龄 3 个纵队对红军紧追不舍，孙渡和李觉、郭汝栋 2 个纵队堵住了红军向西和向南的道路，樊嵩甫纵队的先头部队竟已到达军团左前方的朱歪地区，从而对红二、红六军团形成了三面包围之势，情况万分紧急。

4日，红二、红六军团到达妈姑、回水塘地区，鉴于此时敌军重兵围堵，敌情险恶，红二、红六军团总指挥部经过反复斟酌，慎重考虑，决定以打圈子的战术，来甩掉尾追之敌。随后，部队立即改变行军路线，向云南省奎香、彝良方向转进，以利用乌蒙山山高坡陡、地形复杂的地形地貌，与敌周旋。

乌蒙山位于云贵交界地区，海拔2300多米，是云贵高原的最高部分。乌蒙山地区方圆数千里层峦叠嶂，群峰壁立，沟壑纵横，气势磅礴。那里人烟稀少，地瘠民贫，气候寒冷多变。红二、红六军团进入乌蒙山区，正好可以充分发挥机动作战的优点。贺龙、任弼时等沉着冷静，指挥部队穿梭于10余万国民党军队之间。采取灵活机动的战术，与“追剿”的国民党军开始了盘旋打圈子，进行了一场红二、红六军团长征史上著名的乌蒙山回旋战。

3月的乌蒙山，仍旧十分寒冷。瑟瑟寒风夹杂着雨雪，迎面扑来，红军将士踏着泥泞的山道，昂首挺胸，精神抖擞，向乌蒙山开进。红军突然向北转移的行动，出敌意料，使敌军大为恐慌。云南军阀云龙急令孙渡纵队到达滇东昭通地区，企图与国民党中央军首尾夹击、堵截红军，并急电顾祝同，向其求援，“萧贺两股，现已窜入滇黔之交，山峦层叠，交通梗阻……非赖得飞机，不克收效。刻间正谋截击，为便利军事计，拟请派遣飞机，少或一队，迅速来滇，以便应用”。四川军阀也惧怕红二、红六军团与红四方面军会合后，在四川建立根据地，连忙将部队设在川南和金沙江沿岸，严防红军入川。同时，红军的这一行动，也造成了敌人的错觉。在贵州的蒋介石亲信顾祝同判断红军要经彝良、盐津北渡金沙江，急忙命令樊、万、郝3个纵队转向西北追击，并调动川军第一二三师南出川滇边之白水江岸牛街地区堵住红军的去路，企图利用川、滇重兵形成严密防守，消灭红二、红六军团于滇、黔、川边境。此时，尾追之敌樊嵩甫纵队对红军步步紧逼，与红军殿后部队红十六师不断交火，直接威胁红军主力部队转移。在这种情况下，红二、红六军团总指挥部认真分析了敌我态势，决定率主力部队突然南返，杀敌军一个“回马枪”，以保障红军主力部队顺利转移。

3月7日，红二、红六军团总指挥部令红二军团四师和红六军团第十六师、第十七师从奎香回转到以则河、法冲一线以北山地伏击敌军，同时令红五师到恒底游击、钳制敌樊嵩甫纵队第七十九师。为了打击敌人，红四军团第十六、第十七师克服重重困难，突然折头回来，星夜兼程，一口气赶了50余里，悄悄进入以则河一带，并在毛坝子、苗营、海拉、聂家口子、偏坡寨一线10多处地方设伏。

8日清晨，以则河地区浓雾弥漫，万籁俱寂，红军将士不顾行军疲劳和寒冷的天气，静静埋伏在伏击地域，等待敌人自投罗网。自负的敌军根本没想到红军会掉头回来，躲在自己的眼皮底下。6时许，敌樊高甫纵队先头部队全部进入伏击圈，红军立刻开火，并分左、中、右三路向敌发起包抄猛攻，敌仓促抵抗，惊恐万分，死伤过半。剩下的敌人又被分割成几股，其中一股敌人从红军包围圈缺口中狼狈逃出，慌忙向赫章可乐方向逃窜。当时浓雾仍未散去，几步开外就无法识别目标。巧合的是，这股逃窜的敌人刚好碰到前来增援的敌军后续部队，已被红军吓破了胆的敌军以为遭遇了红军部队，立刻紧张地投入战斗，开始拼命厮杀。双方对射了好一阵子，才知道打的是自己人，于是又懊恼地调头去追赶红军。

经过12个小时的激战，打死、打伤和俘虏敌军约600余人，缴获了大量武器弹药，虽然未能重创敌二十八师，但是痛歼敌两个先头连，狠狠打击了敌樊嵩甫部的嚣张气焰，使其再不敢轻易突进。红军则乘机迅速撤出战场，返回奎香地区。随后，红军挥师镇雄，进入西南的崇山峻岭之中，待敌人的大部队赶到以则河前来“追剿”红军时，红军早已消失得无影无踪了。

以则河首战告捷后，红军即转入深山，沿蜿蜒山路向东南绕行，拟从镇雄以南跳出敌人包围圈，再经杨家湾穿过毕节威宁大道去安顺。奇袭广德关后，正当红二、红六军团向镇雄方向转移时，顾祝同狂妄地认为，红军已被打得溃不成军，因其疲惫不堪，走投无路才闯入深山，妄想借机将红军歼灭于山中。于是，他急令各纵队向镇雄疾进，并切断了红军去往安顺的道路。当红军行至镇雄西南面时，敌万耀煌纵队的第九十九、第四十七、第五十四师，先期到达镇雄县城，其后梯队第十三师，拟图经过得章坝，向镇雄县集结。

3 月 11 日，红军从万耀煌部的两名俘虏中获悉，万耀煌亲率第十三师从赫章途经得章坝前往镇雄。贺龙、任弼时当机立断，果断决定改变原计划，立即命令红四、红五、红六师火速赶到得章坝，沿途封锁消息，准备伏击万耀煌这股敌军。

12 日，细雨霏霏，红军将士分三路轻装前进，分别进至指定位置，设好埋伏，静待敌军到来。此时，向来自视甚高的敌纵队司令万耀煌，仗着装备优良、兵多将广，根本没把红军放在眼里。正当他率领第十三师趾高气扬、扬长而入章坝时，浑然不知自己已踏入红军设好的陷阱。这时，只听红军指挥员一声令下，轻重机枪、步枪、一齐开火，敌军顿时惊慌失措，乱作一团，很快被红军分割包围于桃园和得章坝，首尾不能相顾。慌乱中，万耀煌企图组织抵抗，无奈部队已成散沙，官兵只顾各自逃命，指挥失灵，又摸不清红军的底细，最后只得放弃抗击，狼狈策马狂奔，在混乱之中逃命。后来幸得后援部队相救，才使惊魂落魄的万耀煌逃脱了被红军活捉的命运。

当时的云南《民国日报》对于这次战斗作了较为详细的描述：

> 当我中央军追剿军万纵队率十三师两旅到桃园时，匪方拿获士兵一人，知悉所率无多，遂将所有重机枪五百余挺，全部集中向万纵队压迫，火力之猛，为追剿以来各次之冠。继因李（觉）纵队（应为郝梦龄纵队）由后方赶至增援，始克反危为安，然辎重弹药为匪夺去者，约在三百挑，双方死亡千人以上。

得章坝战斗是红军在乌蒙山回旋战中进行的第二次较大战斗，它不仅沉重打击了敌军，更为红二、红六军团最后胜利突破敌人重重包围，开辟前进道路，奠定了坚实的基础。但由于进至镇雄的敌第十三师收缩较快和第九十九师迅速回援，使其消灭敌人的数目有限，最终未能突破敌人的包围，仍被敌围困在镇雄、赫章等方圆15公里以内的窄小区域。这时，尾追在后的郝梦龄、万耀煌两个纵队已渐渐逼近，南面的李觉纵队与红军也相距不远，北面樊嵩甫纵队也在红军来路上不断寻找红二、红六军团踪迹，红二、红六军团陷入了自长征以来最为险恶的处境。

在这生死存亡的危急关头，贺龙、任弼时、萧克、关向应等军团领导召集会议，沉着冷静地全面分析了敌情和地形，既看到了红军面临的困难，认为目前确实敌情严重，红军处境极端困难，也明确指出，战役态势表面上有利于敌，实际上有利于我，整个战役已出现了突出重围的最好转机。一是敌主力已被红军北调东调，南面兵力薄弱；二是转战一个月，敌军已被红军拖得疲惫不堪；三是敌军心存芥蒂、互有矛盾，虽然统一受顾祝同调度，却行动不一，各怀鬼胎；四是山势险峻，也使敌军防不胜防，这些都有利于红军突出重围。同时，贺龙强调指出，只要大踏步前进，就能甩开敌人。应当抓住这个有利时机，以迅雷不及掩耳之势冲出包围圈，尽快进入云南，给云龙一个措手不及。

会后，红二、红六军团果断采取敌进我进的方针，轻装上阵，直插敌樊嵩甫纵队和郭汝栋纵队的结合部，向西北方向突进。

3月14日，红二、红六军团根据贺龙谨慎行军、秘密突围的指令，将草人置于阵地前，并在树丛中插满红旗，误导敌军以为红军还在原地。然后，熄灭灯火，禁止喧叫，马蹄裹布，昼夜兼程，悄无声息地从敌夹缝中穿插出去，突然西进穿插到敌人纵队外侧，跳出了敌人的包围圈。

16日，红二、红六军团再次进入奎香地区。两天后，敌军才如梦初醒，连称中了红军的“空城计”。得知红二、红六军团再次进入奎香的消息后，顾祝同急忙调兵遣将、重新布阵，妄图在镇雄、威宁和昭通地区围歼红军。同时蒋介石判断红军将北渡金沙江，于是下令沿江修筑严密工事，加强警戒。但是，令敌军捉摸不透的红二、红六军团再次出敌不意，乘虚兼程南进，在昭通、威宁之间穿过孙渡纵队的防线，尔后改向东南行军，直趋滇东，待敌匆匆赶赴向滇东救援时，又突然折回贵州。

3 月 23 日，红二、红六军团又血战宣威城，打退滇军两个旅的进攻，并击溃了郭汝栋的先头部队。随后于 3 月 28 日南进到了南北盘江之间的盘县、亦资孔地区。至此，红二、红六军团历时 1 个月，辗转千里的乌蒙山回旋战胜利结束。

乌蒙山回旋战，红二、红六军团面对装备精良、数倍于己的敌军和恶劣的自然环境，成功与敌军 5 个纵队 10 多个师的兵力巧妙周旋，纵横穿插于数倍于己之敌的围追堵截之中，跳出敌军的包围圈，不仅写下了红军作战史上绚丽的篇章，更写下了贺龙军事生涯中的神来之笔。三大主力会师陕北后，毛泽东曾赞称赞道：“二、六军团在乌蒙山打转转，不要说敌人，连我们也被你们转昏了头。硬是转出来了嘛！出贵州、过乌江，我们一方面军付出了大代价，二、六军团讨了巧，就没有吃亏。你们一万人，走过来还是一万人，没有蚀本，是个了不起的奇迹，是一个大经验，要总结，要大家学习。”

老秀才周素园长征

1936 年 1 月，中国工农红军第二、第六军团转战黔西北时，不明真相的红军战士曾将清末秀才周素园当作“土豪劣绅”，而抄家时却发现了他圈点过的马列著作。红六军团政委王震当即登门拜访。任弼时得知后，感到新奇，亲切地会见了周素园，并同贺龙交换意见后，决定请他出任贵州抗日救国军司令。在短短的十多天时间里，周素园协助红军发动群众、组织群众，在毕节农村建立了乡农会 30 多个，动员 5000 多名青年报名参加红军。

周素园，字培艺，1879 年出生于贵州省毕节县城。他幼年生活在封建书香门第之家，长于辞章之学，思辨之理。1894 年爆发的中日甲午战争，使周素园人生旅途开始了第一个转折，“天下兴亡、匹夫有责”的爱国主义思想早早地植根在他的心上，他是乌蒙深山中颇有才华的封建末世的秀才，却成了贵州“睁眼看世界的先知先觉者，黔省第一报人和新思想的播火者”。早年参加辛亥革命，曾任贵州军政府副主席，1925 年退出政界。当红二、红六军团快到毕节时，国民党专员叫他快走，他说：“我没有多少家当，不必走。”

为了扩大党和红军的政治影响，贺龙、任弼时还请他给老友“云南王”龙云、孙渡等上层人物写信，宣传党和红军的抗日主张。他在给龙云、孙渡的信中写道："蒋介石派中央嫡系万耀煌、樊菘莆等进入云南、贵州来打红军，也叫你们打红军，红军是不好打的，退一步说，即使你们把红军打掉了，也是两败俱伤；万、樊太子以令诸侯，人多势大，那时的云南，还是你们的？假道灭虢，史有明鉴。"由于周素园的工作，再加上萧克、王震也给孙渡写了信，并建议两军签订停战协定，所以，孙渡就在威宁、昭通按兵不动。这对于红二、红六军团集中兵力对付蒋介石的"追剿"，创建根据地都是十分有利的。

2 月底，红二、红六军团准备撤出毕节，转战乌蒙山。贺龙指示说："周素园年纪大了，身体不好，经受不住和我们一道长征。他老先生为人刚正，影响不小，我看可以转到香港去为我们作统一战线工作，发挥他的长处。"并让人把一批黄金和银元送给周素园作路费、生活费及活动经费，并派贵州抗日救国军参谋长、中共贵州省工委委员、周素园的挚友邓止戈做他的动员工作。周素园听后，激动地说："我今年快 60 岁了，以前都没有找到光明。今天参加红军，正是我一生中最光荣的时刻，死也要死在红军里，我不愿离开红军"。

贺龙听了邓址戈的汇报后说："好！好！他既然这样坚决地参加红军，我们抬也要把他抬着走。这样坚强的爱国志士，难找啊！"

28 日，红军攻占贵州与云南交界的盘县，得以休整三天，周素园的身体状况有所好转。为了北上抗日，红二、红六军团根据中共中央的指示，计划北渡金沙江，与红四方面军会师。

31 日，周素园随红军离开黔境，进入云南。到平彝县（今富源县）境，由于滇东北地势较为平坦，周素园离开滑竿，改学骑马。经曲靖、马龙渡过普定河，于 4 月 11 日抵达昆明附近之富民县城。然后经罗次、牟定、姚安、盐牛、宾川、鹤庆，于 27 日到达巨甸渡口。次日，红六军团靠仅有的一只木船胜利渡过金沙江，进入中甸县境。

5 月 3 日，周素园在红军战士的搀扶下，顺利地翻越了格罗湾到小中甸之间的海拔 5000 多米的雪山。随后又穿过中甸人迹罕至的原始森林，接着又翻越了一座大雪山。于 12 日进入西康（今四川甘孜藏族自治州），然后过定乡，沿硕楚河、爬朗上坡雪山，于 22 日到达稻城，再翻越一座雪山，于 6 月 3 日随红六军团在甲洼与红九军团会师。紧接着周素园又随红六、红九军团一道，过理化县（今理塘县）于 17 日到达瞻化县（今新龙县）与红四方面军胜利会师。22 日，到达甘孜附近的普乙隆。在这里，周素园首次见到了慕名已久的朱德、刘伯承等红军领导人。

7 月下旬，周素园到达甘孜。在甘孜周素园读到李宗仁等 6 月 1 日发动“两广事变”的通电，次日即以贵州抗日救国军总司令的名义，写了《对李宗仁援电广播稿》，由红军电台广播。文中批判了蒋介石先安内后攘外的反动政策，认为这是“宁赠友邦，不与家奴”的同义语，希望李宗仁等与红军合作，共同抗日反蒋。

到达甘孜后，周素园奉命随红军总政治部行动，离开了红二方面军。在由甘孜到阿坝的 18 天行程中，行前每人领的 15 天干粮早已吃完，周素园也与大家一道靠啃青草充饥。离开阿坝后，周素园抱病行军，过草地时，周素园掉在队伍后，贺龙同志专门让警卫员跑了许多路，给他送去一小袋酥油烙的青稞饼。红军指战员们对他扶上扶下，嘘寒问暖，关爱备至。当岷州成立甘肃省人民委员会时，周素园被任命为教育部长。10 月初，周素园随军离开岷州北上，于 10 月 9 日在会宁与红一方面军会师。会师时的情形令周素园十分感动。他在《中国共产党 30 周年纪念——我所认识的一个环节》中说：“我们从饥寒绝境中走出，一方面军的部队解衣衣我，推食食我，有房子让我们驻扎，有敌人给我们掩护。一种阶级友爱，令人感到十二分的兴奋。”

12 月 2 日，周素园到达陕北保安（今志丹县）。在保安，毛泽东、周恩来亲切接见了他，称赞他是“我们的一个十分亲切而又可敬的朋友与革命的同志”。

周素园，历时 9 月行程近万里，与红军指战员一起走完了史无前例的长征路。在参加长征的年长的人中，周素园仅比徐特立小两岁，比谢觉哉大 5 岁，比董必武大 7 岁。

宣威虎头山之战

1935年11月19日，完成策应中央红军长征战略任务的红二、红六军团，在贺龙、任弼时、关向应、萧克、王震等率领下，为保存革命实力，寻找新的活动区域，开辟新的革命根据地，分别从湖南桑植县的刘家坪和瑞塔铺等地出发，开始长征。

红二、红六军团采取灵活机动的战略战术，突破敌人的层层封锁线，经3个多月湘黔滇边境的艰苦转战，战胜重重险阻，不断消灭敌人的有生力量，终于达到了调动敌人，疲惫敌人，诱敌北进的目的，跳出了敌人的包围圈，于3月20日、21日分两路先后从贵州威宁进入云南宣威龙潭、倘塘等地宿营。

由于长期转战，红二、红六军团生活非常艰苦，给养十分困难，部队十分疲劳，迫切需要有固定的根据地进行休整补充。军团首长认为：云贵边界地区，山峦起伏，地势险要，便于回旋；这一带地区人民受封建土司、地主盘剥较重，疾苦较深，易于发动；地方军阀出于各自的利益，明争暗斗，貌合神离，两省交界地区防守薄弱，有利于红军部队活动；宣威为云南第一大县，又是入滇重要门户，物丰地沃，各区乡都存有积谷，且盛产名优火腿，占领宣威，便于红军作短期休整扩充。按当时掌握的情况，滇军主力为堵截红军，已深入黔境远离宣威，城内只有两个保安团、两个独立营，追兵只有疲惫不堪的国民党中央军郭汝栋纵队，且减员很大。因此决定，以一部兵力伏击郭纵队，以大部兵力诱使驻宣威之敌出城就歼，从而占领宣威县城，作适时休整，宣传发动群众，扩大红军影响。同时，打击滇军的嚣张气焰，以战斗的胜利，打开新局面，计划在南北盘江一带建立滇黔川边根据地。

国民党云南省主席龙云吸取头年中央红军声东击西，调出滇军，乘虚入云南威胁其昆明老巢的教训，对红军再次入滇早有防备。他一面严令滇军主力孙渡纵队不准深入黔境，只准在滇黔边境威宁一线防堵，一面又急调驻滇西的刘正富旅两个团和个旧独立营等部，组成共约 5 个团的兵力为总预备队，由龙云直接指挥，在宣威附近机动堵截。对于滇军妄图凭其优良武器装备和有利地形堵截红军，为蒋介石效劳，这一点红军是早已估计到的，但龙云于宣威组成第二道防线，以便对红军进行前后夹击这一阴谋，红军却未能充分估计到。

3 月 22 日，红二、红六军团分别从龙潭、倘塘等地出发，分两路进抵来宾铺一带，方圆 20 余里的村村寨寨都驻满了红军。二军团团部驻中和村，配合六军团，六军团团部驻观音堂，担任正面主攻。为了摸清敌情，总指挥部当晚派出一支 30 余人的侦察分队，深入距宣威县城仅 5 华里的稻田冲汕头监视敌情。

23 日拂晓，派出的诱敌小分队，向宣威县城前进，攻城部队陆续到达指定地区，以第六军团第十七、第十八师居中，第十六师为右翼，第二军团第四师为左翼，向相承防汛运动，占领有利地形，诱敌出城就歼。驻守宣威县城的滇军孙渡纵队第一旅旅长刘正富，在得知红军抵达来宾一带后，误以为是红军掩护部队，不是红军主力，其邀功请赏心切，率该旅和保安团、个旧独立营，兵分两路分别从通往来宾铺的大道和东山脚小道向红军扑来，妄图仰仗其精良的武器装备，将红军一举歼灭。

8时许，红军诱敌小分队在虎头山北侧与敌人先头部队接触，小分队奋勇迎敌，将敌击溃。

虎头山位于来宾铺与宣威城址间，最高点2010米，与紫灰山相连形成一道天然屏障，控制着来宾与县城的通道。占领虎头山，进可攻，退可守。敌后续部队在刘正富率领下，很快占领虎头山、紫灰山、老营头等高地，给红军造成很大的威胁。红军后续部队也很快抢占与虎头山相对应的大坡山、高家村、猪街子沟一带，并摆开阵势与敌对峙。

9时许，占据虎头山等有利地势的刘正富，自恃有精良的法式装备，令其嫡系第一团冲下虎头山，向红十七师驻守的高家村一带发起攻击；令保安第一团和个旧独立营向猪街子沟红军阵地攻击。红军奋起反击，进攻高家村之敌顿时阵脚大乱，溃不成军，当即被红军俘虏100余名，残敌狼狈逃回虎头山；进攻猪街子沟的敌保安团和独立营也仓皇溃逃。

初战告捷，极大地鼓舞了红军指战员的士气。军团首长决定乘势向敌主阵地发起攻击。

10时左右，红六军团集中力量，分数路向敌踞守的虎头山、紫灰山阵地发起攻击，战斗异常激烈。虽然英勇无畏的红军前仆后继，奋力冲杀，并攻占紫灰山部分阵地，但敌人依托虎头山等有利地势和优势火力拼死抵抗，使红军攻击夺取敌主阵地的进攻受阻。红军指挥员经仔细观察，发现敌虎头山与紫灰山两阵地的中间敌人兵力较为薄弱，红军遂在主力掩护下，派一个团冒着敌人火力，迂回包抄到敌主阵地，经过反复冲杀，直捣敌旅指挥所。突如其来的攻击，使敌旅长刘正富措手不及，为保全自己的生命，丢弃指挥，仓皇向县城方向脱逃。红军先头部队占领敌指挥所后，红军主力从正面和侧面向敌主阵地步步进逼，整个战场形势的发展对红军极为有利，据守主阵地的敌军完全溃败也只是时间问题。在来宾铺主战场战斗十分激烈的同时，赶到陡山坡的红二军团第五师的两个团，选择有利地形，作好埋伏，待国民党中央军郭汝栋纵队先头营进入伏击圈后，一阵猛打，全歼敌先头两个连，其中毙敌营长 1 名，俘敌数十人，缴获各种枪 200 余支（挺）。后敌陆续增援，多次组织冲击，但红军占据有利地势，一次次打退敌人的进攻，始终将敌压缩在老南山一带，使其寸步难行，有力地配合了来宾铺主战场的战斗。

午后，原驻守贵州威宁黑石头、猫山一带滇军主力孙渡纵队鲁道源、龚顺璧两个旅在纵队司令孙渡的率领下，很快从红军主阵地左右两侧包抄上来，凭借优势炮火向红军发起反攻，妄图歼灭红军。红军为扭转战局，英勇奋战，不怕流血牺牲，频频出击，仍给敌人很大杀伤。至此，敌军与红军形成对峙状态。天色渐晚，贺龙、任弼时、关向应、萧克、王震等军团首长亲临大坡山顶，观察整个战场形势，认为敌军在数量上、武器装备上都已占较大优势，又占据有利地形，不易歼灭。加之当日红二、红六军团总指挥部接到红军总部来电："建议在你们渡河技术有把握的条件下，即旧历三月水涨前，设法渡过金沙江。""如果你们并不十分疲劳，有把握进行运动战时，则可在滇黔边行动亦好。"根据电文精神，为了减少不必要的损失，寻找更大的机动，决定天黑后主动撤出战斗。夜晚 9 时左右，红军突然发起猛攻，滇敌被迫退入战壕，红军趁夜撤出阵地，红二军团向东经龙场、格宜、宝山、田坝进入贵州，攻占盘县县城，红六军团向东南经东山、海岱、羊场再经富源进入盘县。

宣威虎头山之战，是红二、红六军团离开湘鄂川黔根据地后所进行的大仗之一，也是该军团在云南境内进行的一次最大的战斗。双方投入参战部队 4 万余人，其中红军 1.7 万余人，敌方 3 万人。以虎头山一带为主战场，包括紫灰山、陡山坡、东山脚、海河梁子一带，方圆达数十里。战斗给前堵后追之敌以沉重打击，共毙俘敌近 1000 人，缴获各种枪 400 多支（挺）。红军也付出了极大的代价，红二军团第四师第十二团团长钟子廷、第十一团政委黄文榜，红六军团第十八师第五十三团在政委段兴青、第十六师组织科长唐辉、第十七师组织科长罗辉等 400 余名红军指战员壮烈牺牲。红军的英勇气概，深深地感动着当地人民，至今还流传着一首民谣：“红军战士真勇敢，浩然正气冲霄汉；乌蒙山区转一转，甩掉敌人几十万；虎头山上再一战，打得滇军心胆寒；红军战士真勇敢，誓为人民打江山。”

瓦屋塘，贺炳炎断臂

1935 年 11 月 19 日，红二、红六军团在贺龙的指挥下，从桑植县刘家坪轿子垭地区出发，开始了长征。贺炳炎任红五师师长带领全师担任部队的后卫。

当翻越瓦屋塘附近时，国民党军陶广师已抢占了东山头，居高临下阻击红军的先头部队。得知先头部队受阻，贺炳炎非常着急。他知道，敌人后方的追兵很快会赶到，如果不马上突破敌人的封锁，后果将不堪设想。他站在一块大石头上用望远镜观察战场态势，发现敌人虽然占据着有利地形，但为构筑工事，立足未稳。于是，为了整个战局利益，他不再局限于后卫的职责，果断命令全师从后侧超越前进，绕道向东山头攻击。

贺炳炎亲自率部展开了猛烈攻击，满山遍野响彻枪声、喊杀声。刚攀登上山顶正欣喜若狂的敌人，以为这次终于抓住了红军的主力，可以利用有利地形和优势火力歼灭红军时，却没有想到会遭到突然袭击。

陶广赶忙挥动着手枪叫喊："快，调转枪口，打山背后的敌人。"

贺炳炎看自己的进攻已把敌人吸引过来，减轻了前卫部队的压力，就更加起劲了，便挥着驳壳枪，组织兵力、火力继续向敌人攻击。

不料，敌人一颗子弹击中了贺炳炎的右臂，顿时血如泉涌，从棉衣袖筒渗出。开始，贺炳炎还神志清醒，踉踉跄跄，挣扎着想去包扎，不料没走几步便一头栽倒在地，昏厥过去。由于伤势严重，他被送进了医院临时救护所，王军医跑过去帮他止血。结果，急救包打开一个又一个，绷带缠了一条又一条，可血还是止不住。无奈，他大喊："快，担架！"

"不，我不能下去！"贺炳炎醒过来，想从担架上爬起来，但未等他坐起又晕了过去。

"快送卫生部，找贺彪部长！"王军医催促着。贺龙随总部机关离开瓦屋塘，正向西疾进，听说贺炳炎身负重伤，急忙策马折回，来到瓦屋塘战地临时救护所。贺龙俯身担架旁，焦急而又轻声地问："贺炳炎，你……"

这时，贺炳炎在贺彪部长的抢救下，伤口不再流血，人也渐渐地清醒了。看到贺总指挥，他强忍着剧痛硬挤出一丝微笑："贺老总，没……什么关系……挂了……点花，我的血好，不碍事……"

"很严重，右臂的骨头全打碎了。"贺彪背着贺炳炎悄悄地对贺龙说："是汤姆子弹打的。""你看清楚了没有？"贺龙仍抱着一线希望问。

"弹头在右臂大骨处炸开的，只剩下几根筋连着。"

"能不能保守治疗？"

"不能，必须截肢！如果不立即截肢，还会有生命危险。"

"手术需要多少时间？"

"大概要 3 个小时。"

贺龙转身对通信员说："传达我的命令，命令全军再坚持打 3 个小时，保证给贺师长做手术的时间。"

贺炳炎这已是第六次负伤了。过去五次负伤，每次都是简单包扎一下就没事了，这次他的右臂被炸成肉泥状，骨头全碎了，只留下一点皮连着肩膀。

不巧的是，当时仅有的一点医疗器械已驮运转移了，一时半会儿运不回来。救护医生当即让人从老乡那里找来一把锯木头的锯子，决定用它来锯掉贺炳炎受了重伤的右臂。就要动手锯臂了，医务人员将药箱翻遍了，竟然也找不到半点麻醉药。

怎么办？大家正十分焦急时，有人提出用吗啡，并说多吃一些吗啡可以起麻醉作用。贺龙听后，问医生："吃吗啡，有没有其他副作用？"

医生回答："吃少了不管用，吃多了可能对大脑有损伤，再一个很可能上瘾。"

这话被从昏迷中醒过来的贺炳炎听见了，他用左手将医生端上来的吗啡打翻在地，说："吗啡，我不吃。关云长还能刮骨疗毒，何况我是共产党员！"医生找来四名力大体魁的战士，要他们按住贺炳炎。贺炳炎对医生说："麻烦你们给我找块毛巾塞到我嘴里就行了。麻烦同志们把我绑在门板上。"医生拿着木锯轻轻地发抖，怎么也不敢使劲，贺炳炎见状鼓励说："我自己都不怕，你还怕什么？来吧！"

开始锯臂了，贺炳炎忍住剧痛，豆粒大的汗珠直往外涌。他用受伤的左手死命地抠着床边，熬过那艰难的一刻……手术终于做完了，前后共用了2小时又16分钟。贺炳炎嘴里的毛巾被他咬得稀烂！

做完手术，贺炳炎含着眼泪问贺龙："总指挥，我以后还能打仗吗？"

贺龙紧紧地握住老部下的左手，用自己的袖子擦去贺炳炎脸上的汗水，用极其肯定的语气说："怎么不能打仗，你还有一只手嘛！只要我贺龙在，就有你贺炳炎的仗打"

贺龙用一块手巾包起了贺炳炎锯下的骨头，对旁边的战士们说："这是党的好儿子的骨头。将来革命成功了，这些都是珍贵的文物。"

手术后，贺炳炎仅仅在担架上躺了6天，就又骑马率部驰骋在沙场上了。

六甲阻击战

1936年3月底，红二、红六军团决定北上，与红四方面军会合。31日，贺龙率部队冲破滇军防线，向普渡河急进。这时，蒋介石组织了滇黔“剿匪”军总司令部，以云南省主席龙云为总司令，令滇军及国民党军嫡系4个纵队迅速堵截，并派顾祝同到昆明督战。

4月6日，红二、红六军团进抵云南。敌军似乎觉察了红军的动向，判断红二、红六军团可能沿红一军团走多的路线从元谋渡江，龙云急令他的近卫第一、第二团、工兵大队和警卫营从昆明赶到普渡河铁索桥两侧防守堵截，又令滇军孙渡总队加速追击，企图将红军阻止在普渡河东岸。滇军倾巢出动，加上蒋介石的4个纵队，企图把红军消灭在普渡河地区。

8日，红二军团第四师抢占普渡河铁索桥受阻，红六军团又在款庄坝子与孙渡所率的3个旅遭遇，展开激烈战斗；滇军龚顺璧率两个团2700余人，由嵩明向可郎紧追红二军团而来，红军面临被敌合围的险境。红二、红六军团总指挥部组织部署了著名的六甲阻击战，掩护红军主力安全转移。

六甲位于云南省寻甸县城西50余公里，嵩明县城北40多公里，因当时国民党政府实行保甲制，将白子村、研白村、代家村等村落划为第六甲而得名。六甲扼西来达道的要冲，居高临下，由此向东，一路下坡，棣军西进，须要仰攻，六甲道路之左，乃陡峭石山，怪石嶙峋，机宜红军防守阻击。右侧乃一带丘陵，地势比较开阔，灌木丛生，红军可以预设阵地，有的地方开阔，山势起伏，利于跟敌迂回。

遵照总指挥部的命令，红六师师长郭鹏、政委廖汉生立即召集师团负责人作了认真研究，一致认为，要打垮敌人，选在六甲非常有利。

9日凌晨，郭鹏率领十八团为前队，廖汉生率师直属队和十六团为基本队，十七团担任后卫，沿可郎河直返六甲。拂晓，接受阻击任务的红六师第十七团、第十八团，由后队变为前队，从可郎坝的甸尾东返，直奔六甲。

10时左右，第十八团来到石腊它丫口，发现滇军第七旅已进入六甲东面的七甲苏家村。杨秀山政委和成钧团长仔细观察了地形，认为贾白山北侧山峰陡峭，便于防守，山口南侧的地形复杂，便于进攻，于是决定由成团长率一营占领丫口北侧高山，杨政委指挥第二营第六连抢占丫口南侧高地。当敌人进入丫口时，第六连居高临下，先敌开火，击退敌人。

与此同时，第二营、第三营迅速占领了丫口南侧高地，修筑工事，设立第一道防线；第十七团占领贾白山南侧主峰，构筑第二道防线；随后赶到的第十六团控制了山口北侧的制高点。敌人凭借人多武器好、弹药充足的优势，把密集的炮火倾泻到红军阵地，向红军阵地发起集团冲锋。在红军的顽强抗击下，敌人死伤累累。于是，敌人把冲击的重点转向山口南侧，这里敌我双方的地势相差不多，前面的敌人被打倒，后面的敌人借着茂密的丛林掩护，稍一喘息又冲上来了，有时竟冲到红军阵地前沿。第十八团指战员连续几次打退敌人的冲锋，并多次和敌人展开肉搏战，阵地失而复得，双方伤亡较大。第十八团第二营营长、第六连连长壮烈牺牲，政委杨秀山、第六连指导员负伤。此后，隐蔽在山口北侧的一股敌人，企图越过大路侧击第十八团，坚守北侧山头阵地的第十六团团长顿星云看到第十八团带的 1 个营将陷于危境，立即率两个连扑向进攻之敌，一阵猛打，击溃了敌人。由于第十八团伤亡较大，弹药不足，阵地上的空隙越来越难填补，根据师指挥所的命令，向后撤退，与第十七团一起防守第二道防线。这时，敌机也前来助战，由于敌我双方形成拉锯状态，加上树林和地形的限制，敌机虽丢下几颗炸弹，但没有给红军造成损失。而敌人看到飞机来助战，也猖狂向红军阵地猛扑。红军指战员沉着应战，将进攻的敌人击溃。

六甲一带的群众得知红军午后还饿着肚子与敌军作战，有的就主动煮好饭，烧好开水，拿出自己家的牛肉干巴、鸡蛋、腊肉、酸菜等，送到阵地上，有的抬着担架护送伤员。

下午，敌人多次冲锋，但一次又一次被红军击溃。黄昏，敌人又一次发动了进攻，战斗非常惨烈。红十八团加强了正面防御，只要红军的火力稍一减弱，敌人就往上冲，双方在阵地前呈胶着状。

晚上 8 时许，红五师前来增援，稳住了第十八团阵地。第五师第十四团从左翼进攻，一直打到了滇军的指挥所。面对突如其来的攻击，敌军顿时军心涣散，兵败如山倒，纷纷慌不择路，溃退而去。

六甲阻击战，红军重创滇军一个旅，歼敌 700 余人，粉碎了敌人妄图围歼红军的阴谋，红军得以从容调整部署，为横扫滇西、顺利渡过金沙江，创造了有利的条件。

红二、红四方面军甘孜会师

1936 年 4 月 19 日，徐向前以总部的名义命令：红二、红六军团已胜利渡过金沙江，正沿着玉龙大雪山北进。为迎接红二、红六军团北上，实现两支兄弟部队的胜利会师，方面军决定第三十二军和第四军第十二师（全师人员实际上只相当于 1 个大团）、独立师由道孚出动，南下雅江阻击敌人，保证红二、红六军团安全到达甘孜。在红四方面军进驻甘孜、炉霍时，徐向前在朱德的支持下，又提出因西康地广人稀，又是少数民族地区，部队兵员、粮食、衣物无法补充，要赶快北上与中央会合的建议。

25 日，中央来电，分析了当前形势，提出了红四方面军与红二、红六军团迅速北上的战略方针。红军总部和四方面军总部一致决定，全军于 6 月底北出夏、洮地区，届时红二、红六军团可到甘孜，随即跟进。26 日，中央又电询四方面军此后的具体行动方针，徐向前及时地把四方面军的行动计划报告了中央。

6 月 3 日，红六军团先头部队红六师抵近理化（今理塘）以南的甲洼，与前来迎接的红四方面军第三十二军胜利会师。第二天，红六军团全部到达甲洼。

7 日，红六军团和红三十二军到达理化，休整几天后，于 13 日继续北进。17日进抵新龙，受到红四方面军第四军的列队欢迎，随后举行了联欢大会。红四军还从甘孜运来了六驮食盐，送给红六军团。然后，红六军团单独北上，于22日到阿斗甘孜的蒲玉隆，受到红军总司令朱德和红四方面军总指挥部领导人的接见。24日，在蒲玉隆召开了两军会师大会，朱德在会上作了重要讲话，热烈欢迎红六军团的到来。

25日，在朱德领导下，徐向前制定了红四方面军分成左中右三个纵队准备北上的部署。

26日，徐向前令李先念部八十八师和许世友部骑兵师3500人组成先遣军（郑维山后率第二六五团跟上），经西倾寺出阿坝，为后续部队北上侦查道路，筹集粮食。

29日，徐向前发布二次北上的政治命令，红四方面军政治部也下达了北上抗日的政治保障计划。

红八十八师政委郑维山率第二六五团前往迎接红二、红六军团，进至绒坝岔地区时，德格土司的叶巴（军事官员）夏格刀登集合了5个县数千名藏胞，包围了红二六五团。

素有“夜老虎”之称的二六五团在郑维山率领下乘夜反包围，一下子就俘虏了好几百人。红军干部连夜与夏格刀登叶巴和藏胞们谈话，宣传共产党和红军的主张及少数民族政策，并让他们与红军战士同吃同住，终于感化了藏胞。随后，郑维山派人把夏格刀登叶巴送到甘孜。李先念政委接见了他，并同他订立了“和约”，让他参加了“波巴依得瓦”政府。从此，红军改善了与藏胞的关系，筹集和购买了大批牛羊。红四方面军还开展了打毛衣运动，要求每人送一件毛衣给红二、红六军团的同志，作为会师北上的礼物。

7月1日，任弼时、贺龙、关向应等率红二军团来到绒坝岔，与红二六五团会师。当天，郑维山把缴获国民党保安团的好酒、山珍、海味等拿出来，办了几桌丰盛的午餐，为任弼时、贺龙、关向应等领导人接风。席间，郑维山尽自己所知，向任弼时、贺龙等汇报了红四方面军的情况。分别时，任弼时对郑维山说："郑维山同志，谢谢你们的盛情招待。你谈的情况很好。我们会合了，就要北上，革命一定要发展到最后胜利。"

朱德骑马赶了 60 地里路去迎接贺龙、任弼时、关向应等领导人。

当日，党中央发来贺电："我们以无限的热忱庆祝你们的胜利会合，欢迎你们继续英勇的进军，北出陕甘与一方面军配合以致会合，在中国的西北建立中国革命的大本营"，"建立抗日救国的统一战线"，"向着日本帝国主义及其走狗卖国贼，开展神圣的民族革命战争"。

2 日，红二、红六军团与红四方面军举行了胜利会师大会。喇嘛庙的红墙上贴着"向英勇善战的红二、红六军团致敬"的巨幅标语；红四方面军指战员唱起了"来，会合二、六军团，高举红旗向前进"的歌曲。会上，朱德总司令以浓厚的川音洪亮而有力地讲道："同志们，我祝贺你们战胜了雪山，也欢迎你们来与四方面军会合。但是这里不是目的地，我们要继续北上。要北上就必须团结一致，不搞好团结是不行的。此外，在我们前进的道路上，还有荒无人烟的草地，我们要有充分准备，克服一切困难。"朱德在介绍了甘孜地区的情况后，他高声地说："告诉大家一个好消息，中央去年带着一方面军胜利地通过了草地，到达了抗日前哨阵地——陕甘地区。现在，陕甘边根据地巩固、扩大了，红军也壮大了。"朱德讲话后，贺龙发表讲话，表示完全拥护朱德的讲话，号召红二、红六军团要搞好同四方面军的团结，克服一切困难，同四方面军共同完成到达陕北，同红一方面军胜利会合的光荣任务。任弼时在讲话中，旗帜鲜明地说："目前形势很好，中央已经到了陕北，根据地有了发展，中央红军东渡黄河也取得了胜利。现在中央提出了抗日民族统一战线的口号，提出了争取东北军、西北军的问题，我们唯一道路是北上与中央会合。"

三人讲话后，主持会议者调整队列，两军队伍插花排列。随着一声口令，红四方面军官兵拿出精心准备的礼物送给红二、红六军团。同日，红四方面军和红二方面军在甘孜喇嘛庙内召开了领导干部联席会议。会上，朱总司令最后发言，会议确定了红二、红四方面军立即北上与中央会合的决议。

会师期间，红二、红四方面军广大指战员始终十分团结。会师前，红二、红六军团各级领导就对部队进行教育，要求干部战士要主动和四方面军搞好团结。会师后，二方面军领导人要求部队“凡四方面军来的干部，只准讲团结”，“不利于团结的事不说，不做”。红二方面军领导同志还主动找四方面军的负责人谈话，了解情况，沟通思想。红四方面军的干部战士在会师前就为红二方面军准备了毛衣、毛袜等御寒物品，并协助红二方面军筹集粮食、牛羊等。两个方面军的干部战士关系十分融洽。

中共中央、陕甘苏区和红一方面军获悉两军会师的消息后，毛泽东、张闻天、周恩来、博古、王稼祥、彭德怀等68位党政军领导人联名并以陕甘苏区党政军全体人员的名义给红四方面军和红二、红六军团全体人员发出贺电：“我们以无限的热忱，庆祝你们的胜利会合和欢迎你们继续英勇地进军，北上陕甘与一方面军配合以至会合。在中国的西北建立中国革命的大本营与苏联外蒙打成一片，与全国抗日人民、抗日军队、抗日党派建立抗日救国的统一战线，组织人民的国防政府与抗日联军，向着日本帝国主义及其走狗卖国贼开展神圣的民族革命战争，挽救中国之危亡，解放中华民族于日本帝国主义的铁蹄之下。”

7月5日，中革军委颁布命令：决定以红二、红六军团和红三十二军组成红二方面军，任命贺龙为红二方面军总指挥，任弼时为方面军政治委员，萧克为方面军副总指挥，关向应为方面军副政治委员。贺龙、任弼时兼任红二军军长、政治委员；陈伯钧为红六军军长，王震为政治委员。

红四方面军部分编制和领导人也进行了调整，徐向前任总指挥，陈昌浩任政治委员，王树声任副总指挥，李特任参谋长，李卓然任政治部主任。方面军共三万余人。

决策北进

在红三军和红六军团黔东会师时，中央红军第五次反“围剿”已经失败。1934年10月21日，中央红军冲破敌人第一道碉堡封锁线，撤离江西苏区，开始向西实行战略转移。鉴于上述情况，任弼时和两军领导人对整个战争形势和自己的任务，以及今后行动方针，立即进行了审慎研究，认为：刚刚退出江西根据地的中央红军，正与优势敌军作战，夺路向西转移，红三军和红六军团应积极行动，密切配合。

10月22日，中革军委曾电令红六军团：“向印（江）、松（桃）间前进，会合我十七师之一部，在该地与二军团确（取）联络，并在松桃、乾城、凤凰地域建立苏区，发展游击战争。”

根据中革军委的命令和部队的现状，两军团领导人决定红二、红六军团集中去军委指定的地区。25日，两军团领导给中革军委的电报中说：“贵州苏区在印江、沿河间，……以枫香溪、惟（谯家）铺、云（铅）厂坝为中心，南北一百里，东西六七十里，人口[不足二十]万，西靠乌江，东、南、北均系徒涉场很小的小河。粮食很缺乏。地方武装有独立师约千余人，两个独立团[各约二]百余人，游击队三百余人。数日前，黔敌三个团进至［印江苏区］中心，现未退。”“湘西之敌：除陈渠珍师外，另有杨其昌、廖怀中、雷鸣九共计四团，保安三四团，分驻凤凰、乾城、桑植、龙山、麻阳、永顺、辰溪等县。”“以目前敌情及二、六军团力量，两个军团应集中行动。我们决定加强苏区党和武装的领导，开展游击战争，巩固发展原有苏区，主力由松桃、秀山间伸出乾、松、凤地区活动，建立新的根据地。”

此后，两军团领导人曾在南腰界再次开会，进一步研究当面的情况和今后行动方针。贺龙说，乾城、凤凰“那里是陈渠珍的老窝子，活动很困难。陈渠珍是很恶的”，“我们出兵湘西北，可以牵制湖南、湖北一大批敌人，能够支援一方面军。我们把这批敌军背起来，也好让一方面军肩头轻一些嘛”。任弼时问：“去打得赢吗？”贺龙说：“一个军团去不行，两个军团一块去，打得赢。”

两个军团领导人经过认真分析，最终接受了贺龙提出的建议，决定红二、红六军团不去乾城、凤凰地区，两个军团一起挺进湘西北，恢复和发展湘鄂川黔革命根据地。

27日，两军团领导人联名致电朱德、周恩来，报告新的决定。电报说：

> 1. 我二（两）军团明日（二十八日）向龙潭前进，到西阳、龙山、永顺、保靖、永绥间，用秀山附近民众根据地，且向凤凰、乾城发展。2. 我们不直接向乾城、凤凰，有于（下）原因：A. 凤凰、乾城、松桃……（土著）武装多，且极强，经常可动员万人，系受陈渠珍节制。B. 敌人一部“十一和二十七日即进到乌罗司……如向凤凰、乾城，有被敌侧击之虑。

中革军委对于红二、红六军团的现状和湘西的情况缺乏了解，不同意红二、红六军团的建议。26日给任弼时、萧克、王震的电报，指示：

A. 二、六军团合成一个单位及一起行动是绝对错误的。二、六军团应仍单独的依中央及军委指示的活动地域发展，各直受中央及军委直接指挥。B. 六军团应速以军委屡次电令向规定地域行动，勿再延迟。

红二、红六军团领导人慎重考虑后，28 日即由夏曦、贺龙、关向应、任弼时、萧克、王震联名复电中革军委，着重陈述两军分合的利害关系，并再次建议集中行动。电报说：

1. 根据总司令部及我们所得谍报，敌五、一两支队在松桃、秀山间，三十四师龚仁杰旅在茶洞防。松桃之木岩河船只少，不能徒涉，且敌必有防备。2. 六军团除五十二团外，计三千三百余；除留伤病员三百余外，只存三千。二军团、独立师三千九百余，卫戍及伤病员二百余，枪三千七百余。二军团每支枪子弹不过十发。3. 在敌我及地方情形条件下，我们建议二、六军团暂集中行动，以便消灭一、二个支队，开展新的更有利于两军团将来分开行动的局面。目前分开，敌必取各个击破之策。以一个军团力量对敌一个支队无必胜把握，集中是可打敌任何一个支队的。且两军在军事上十分迫切要求互相帮助。

根据两军团集中进军湘西的方针，经中央代表任弼时和两军团领导决定，整顿了组织：红三军恢复了红二军团番号，军团长贺龙，政治委员任弼时，副政治委员关向应，参谋长李达，政治部主任张子意。原红三军的第七师改为第四师，师长卢冬生，政治委员方理明，参谋长韩克西，下辖第十团、第十二团。原第九师改为第六师，师长钟炳然，政治委员袁任远，副政治委员廖汉生，参谋长周天民，下辖第十六团、第十八团。红六军团军团长萧克，政治委员王震，参谋长谭家述，政治部主任甘泗淇。暂时编成 3 个团：第四十九团、第五十一团和第五十三团。由于任弼时是中央代表、中央政治局委员、红六军团军政委员会主席，贺龙原是南昌起义的代总指挥、红二军团军团长，关向应是中央委员，他们在党内、军内威信高，所以，这时虽然没有成立统一的指挥机关，但在实际上，以贺、任、关等为核心的集体领导已经形成了。红二、红六军团从此即由贺、任、关统一领导与指挥。

为了迅速执行新的作战任务，红二、红六军团抓紧进行了两天的休整与准备，对黔东根据地的工作作了安排。将原黔东独立师撤销，兵员分别充实到红二军团的第四、第六师。另以地方武装和两个军团留下的伤病员组建新的黔东独立师，在黔东坚持游击战争，策应主力向湘西发展。

28 日，红二、红六军团由贵州、四川交界的南腰界出发，开始向湘西北进军。

29 日，中革军委再次发出电令，严厉指出：“二、六军团绝对不应合并。”并具体规划了两个军团各自活动的地域。贺龙、任弼时等人以对革命负责的态度，不顾中革军委的反对，决定坚持原定方针和计划，两个军团统一行动，挺进湘西北的决策不变。

30 日，红二、红六军团到达川东的酉阳，守城之川军旅长田冠五率部弃城逃跑，部队顺利地通过了酉阳。此时，陈渠珍害怕红军返回湘西，急派龚仁杰、周燮卿和杨其昌 3 个旅共万余人，从永绥和保靖向北行动，企图阻止红军进入湘西。红军先经湖北省咸丰的百户司渡西水向湖南省龙山县招头寨前进，将敌人向北牵动。

11 月 7 日，当陈渠珍部进到招头寨南的贾家寨时，红军突然掉头东进，占领了湘西北咽喉要地永顺城。

红二、红六军团在永顺进行了七天休整。在这期间，部队加强了战斗动员，抓紧了各项战备工作，准备迎击陈渠珍部。红六军团政治委员王震给红二军团团以上干部作了关于政治工作的报告，介绍中央红军政治工作经验。张子意召开了总支书记和组织科长会议，讲了夏曦的错误。红二军团普遍进行了党员登记，建立和健全了基层党支部。

在永顺，两军团领导人召开会议，着手解决夏曦的问题。会后，萧克、任弼时、王震向中共中央书记处、中革军委作了报告。电报说：“夏曦同志领导中央分局，所以离开湘鄂西苏区，是执行了退却逃跑的机会主义路线，曾使党遭到先后取消党、团，取消红军中政治组织和苏维埃及群众组织的取消主义。”“肃反中，十分之九的连以上军事、政治干部当反革命拘捕了。因他的错误领导，使湘鄂西苏区受到损失。在逃出湘鄂西苏区后（当时夏曾领导部队逃出，对后方武装和地方工作毫无布置），每日忙于逃命，完全没有创造新的苏维埃根据地的决心。”“直到现在还是继续实行退却逃跑路线。……最近三军到白区配合和迎接六军团时，敌进入苏区。夏曦领导独立师脱离苏区逃命，以致这块新苏区缩小。”“分局关向应、贺龙……对夏的领导早已不满。……经过会议，始终没有承认他政治路线的错误。因此，我们认为他不能继续领导，建议中央撤销他中央分局书记及分革军委会主席。……并提议贺龙为分革军委会的主席，萧、任副之”。

11 月 16 日，中共中央书记处复电任、萧、王、贺、夏、关，提出：

（一）依据你们的来电及我们所有的材料看来，中央认为，二军团的政治领导在离开湘鄂西后，曾有如下之主要严重错误：（1）没有创立新的苏区根据地的坚持的决心。（2）肃反方面的，在反革命活动面前走到了乱捉乱杀的严重状态。（3）对于党与群众组织缺乏信心，并走到了取消党与群众组织的道路。中央指出这些严重错误，绝不抹杀二军团领导在三年来没有得到中央经常指导状况下的艰苦斗争，保存了红三军的有生力量，并在湘川黔边建立了新的游击根据地及部分的苏区。因此，在对过去的错误的斗争中，二、六军团的领导者必须在中央的路线周围团结一致，努力为创立湘川黔边新的苏区的任务而斗争。

（二）为集中与加强对于湘川黔苏区的领导，中央决定创立湘川黔边省委，以弼时为书记，贺、夏、关、萧、王等为委员……二军团长由贺龙同志任之，政委由弼时兼。六军团长、（政委）为萧、王。两军团均直受军委领导，但在两军共同行动时，则由贺、任统一指挥之。为加强现有苏区之地方武装及游击战争之领导，组织黔川湘边军区，司令员及政委由贺、任兼任。当贺、任随二军团行动时，应指定军事及政治的代理（人），以保证对于地方党、苏维埃之领导。

设伏龙家寨

红二、红六军团进入湘西后，湘鄂统治者十分震惊。国民党第十军军长兼湖北省主席徐源泉急令驻湖北藕池的第三十四师开赴湖南津市、澧州地区，阻止红军向东发展。国民党湖南省主席何键也严令陈渠珍派兵“堵剿”。根据何键的指令，陈渠珍在凤凰召开“剿匪”会议，成立了“剿匪指挥部”，委派龚仁杰、周燮卿为正副指挥官，指挥龚仁杰旅、周燮卿旅、杨其昌旅和皮德沛部共10个团10000余人，分四路向永顺进攻，企图乘红二、红六军团立足未稳之际消灭之。

红二、红六军团如何对付当面之敌，打好进入湘西的第一仗，是能否立足湘西，进而恢复和发展湘鄂川黔革命根据地的关键。两军团领导分析了敌我情况，认为湖南何键的部队正被中央红军吸引在湘南，湖北徐源泉部大部分散在鄂西南和洞庭湖滨的津市、澧州一带。当面敌人只有陈渠珍这一股。该敌在数量上虽然占有一定优势，但内部派系复杂，指挥不够统一，官无规束，兵无严纪，战斗力不强，且深为当地群众痛恨。红二、红六军团虽然只有8000人，但士气高，而且两个军团指挥统一，团结一致，力量集中。同时，对这一带地形比较熟悉，有利于机动作战，且可得到群众支援。因此，红二、红六军团领导认为，有条件在这里消灭这股敌人，而且也必须消灭这股敌人，才能在湘西打开局面，站住脚跟，并乘胜发展攻势以策应中央红军的作战，遂定下了歼灭陈渠珍十个团的决心。

11月13日，红二、红六军团接到中革军委电示："现我西方军（即中央红军——编者）已进入宜、郴之线，湘敌全部被调来抗击我西方军，二、六军团应乘此时机，深入湖南西北去扩大行动地域。"同日，陈渠珍部逼近永顺。红二、红六军团决定主动撤出永顺，向敌示弱，诱敌尾追，寻机歼灭之。陈渠珍部误认为红军怯战，立即跟追。红二、红六军团一面以一部兵力与敌保持接触，且战且退，时而丢弃几支枪和一些物资，骄纵敌人，一面边走边看地形，选择有利伏击、侧击敌人的地点和时机。第一次拟在永顺城北附近设伏，但因敌军主力没有离开城市，追来的只是一部分，容易收缩固守，乃决定继续北撤。第二次准备在吊井岩打，但因战场容量小，最多只能消灭敌军两个营，因而也没有急于打。后又在颗沙和塔卧等处设伏，均因地形不利于大量杀伤敌人而作罢。敌军因为连日追击均未遇到坚强的抵抗，以为红军是怯战退走，越发骄狂，一直紧跟到永顺城北90里的龙家寨。

龙家寨，南北长约15里，东西最宽处约4里，谷底平坦，村庄较多，可容纳大量敌军。村中多是木板房子，没有坚固的建筑物，利于攻击，不利防守。谷地两侧，林木茂密，山势较缓，既便于隐蔽，又便于多路同时出击，是一个非常理想的伏击战场。

贺龙伫立谷顶，对照地图用马鞭指点现场，向师团干部部署任务：红二军团部署于毛坝和杉木存附近，堵住谷口；红六军团埋伏在谷地东侧的山林，准备从两翼出击。他说："这是一个大口袋，你们回去要告诉大家，打埋伏要万分小心，一定要隐蔽好。敌人进了口袋，打冲锋要突然、迅速，一下子冲到敌人眼前，插到敌人堆里，打得越猛越好，使敌措手不及。"

16日凌晨三时，红二、红六军团伪装继续北撤，撤至十万坪谷地东北隘口时即摆开了伏击阵势。贺龙、任弼时率红二军团团部和四师部署在毛坝附近；红六师部署在杉木村后山，堵住谷口。红六军团十七师（两个团）和十八师（一个团）埋伏在毛坝以南谷地东侧的山林里。下午4时左右，国民党军龚仁杰、周燮卿两个旅进入伏击圈。当他们准备在碑里坪宿营时，红六军团突然从翼侧向周燮卿旅发起猛烈攻击，红二军团则从正面猛攻敌前卫龚仁杰旅。周旅和龚旅在运动中突然遭到红军猛烈冲击，兵多摆不开，枪多不能发挥火力，无法构成防御体系，红军仅用两个多小时就把这两个旅大部消灭。接着即向其余敌人追击，追了十多里后发现国民党军杨其昌旅在把总河构筑工事，企图顽抗。红六军团第五十一团和红二军团第十八团，当即迅速展开夜战。第十八团从右侧攻击，第五十一团从正面攻击，不到两小时，即把杨其昌旅大部消灭。红军留下一个团打扫战场，主力星夜向南继续追击。18日红军重占永顺。

这是一个漂亮的伏击战，俘敌2000余人，缴枪2200多支，给了陈渠珍部以歼灭性打击。这一仗，是红二军团离开湘鄂西根据地及红六军团西征以来扭转困难局面的一个转折点，是恢复和发展湘鄂川黔苏区具有决定意义的一仗。

横扫湘西

龙家寨战斗后，红二、红六军团为了执行中革军委10月26日关于去乾城、凤凰地区的指示，留下红四十九团的三个连于永顺、保靖展开游击活动，保护伤病员，钳制敌人，主力乘胜南下，准备渡过酉水，给陈渠珍部以更大的打击，争取在永绥、乾城、松桃和凤凰建立新的根据地。

部队进到酉水北岸王村时，发现敌人已有防备，布防严密。贺龙、任弼时当机立断，遂放弃渡过酉水之计划，转而折向东北，于11月24日攻占了大庸县城，歼敌朱华生旅一部。接着又占领了桑植城，并与已经解放的永顺连为一体，构成了新苏区的雏形。

11月25日，中革军委来电指示：“我西方军已过潇水，正向全州上游急进中，你们应该利用最近几次胜利及湘西北敌情空虚，坚决深入到湖南中部及西部行动，并积极协助我西方军。首先你们应前出到湘敌交通经济命脉之沅水地域。主力应力求占领沅陵。向常德桃源方向应派出得力的游击队积极活动。”同时指示，应以一部兵力和随队行动的地方干部担负巩固新区的任务。

根据中革军委的指示，贺龙、任弼时等人研究后确定：由任弼时、王震、张子意率红六军团第四十九、第五十三团和红二军团第十六团以及随红六军团行动的原湘赣苏区地方干部留守新区，担负巩固和建设根据地的任务；贺龙、关向应、萧克率红二军团主力和红六军团第五十一团，担负出征沅水地区的任务。

12 月初，红二、红六军团主力由大庸南下，7 日进袭沅陵。原计划夺取这个城市，然后进入湘中，直接威胁在湘南防阻中央红军的湘军的侧背。但由于沅陵国民党守军 4 个团已有准备，袭击没有成功。

贺龙、关向应、萧克等人从实际出发，果断改变计划，率部沿沅江东下，直趋常德、桃源。这一行动完全出乎敌人的意料。何键生怕红军拿下常德，直趋长沙，准备撤下部分主力回援湘西。而蒋介石则认为中央红军方为心腹大患，生恐撤兵会影响围歼中央红军的计划，绝不允许，另调位于湖北的国民党军独立第三十四旅乘船急赴常德、桃源布防。

独立第三十四旅是国民党军主力部队，装备精良，弹药充足，训练有素。旅长罗启疆决心以“决战防御”和红军在常德外围决一高下。遂以第七〇一团驻房桃源以北的梧溪河，第七〇二团驻陬市、河洑，第七〇〇团驻守桃源，旅直属队和当地保安团负责常德城防。其意图是，凭借优势装备，设置几道防线，坚守要点，在防御战斗中消耗、疲惫红军，然后集中主力进行决战，确保常德。

贺龙针对敌人分兵防御的特点，立即抓住部署上的漏洞，决定首先奔袭梧溪河之敌，然后集中力量将敌各个击破。然而，就在红二、红六军团部队即将发起战斗的时刻，中革军委的一纸电令让贺龙等人陷入为难的境地。中革军委反对东进常德、桃源，坚持要两个军团继续南下，在沅水上游或泸溪、乾城、凤凰城地区活动，以最大限度地调动位于黔阳、芷江、洪江的国民党军队，为中央红军渡过湘江和向湘鄂西推进减轻压力。

12 月 14 日，中革军委电示红二、红六军团：“主力仍应向沅江上游行动，以便相当调动或钳制黔阳、芷江、洪江的敌人。如辰州附近不便渡河，可改于保靖附近南渡至泸溪、乾城、凤凰地域活动。对桃源方向只须派一支队去活动，以钳制与迷惑湘中之敌。”

回兵南下，意味着要放弃极为有利的战机；继续东进，则与中革军委指示的意图显然相悖，何去何从，贺龙等人面临抉择。贺龙以对革命事业高度负责的态度，抵制“左”倾路线控制下的中央与中革军委的错误指导，一切从实际出发，正确确定行动方针，贺龙坚定地说：“我看还是接着打吧！军委离得远，对这里的情况没有我们清楚。打了胜仗挨点批评也合算。我看，怎么对斗争有利，怎么能把敌人歼灭多点，就怎么做！”关向应、萧克赞同贺龙的意见。随后，率部横扫湘西。

12 月 15 日，大雨倾盆。天黑之后，红军在大雨和夜色的掩护下，一夜行进百余里，于 16 日拂晓突然对浯溪河之敌发起进攻。

浯溪河三面环山，一面临水。红军先头部队红十二团在行进中一举突入浯溪河西山的国民党军阵地。国民党守军第七〇一团没有想到红军会雨夜突袭，陷入了慌乱，但独三十四旅毕竟是主力，很快就稳住了阵脚，展开猛烈反扑。红二十团力不能支，被迫后撤。在此紧要关头，贺龙率红四师主力和红六师第十八团赶到，首先制止了敌军的反扑，然后指挥部队重新发起进攻。国民党军第七〇一团无法抵挡红军的进攻，很快瓦解，拼命南逃。罗启疆接到浯溪河遭袭的报告后，命令驻桃源的第七〇〇团主力增援。但增援部队先头赶到浯溪河南侧，就被溃退的第七〇一团冲散，不战自溃，与溃兵一道逃往常德。

至此，历时两个月的湘西攻势胜利结束。共击溃国民党军 15 个团，歼灭其中 4 ～ 5 个团的有生力量，占领了永顺、大庸、桑植、桃源、慈利等县城，并进攻沅陵，包围常德，极大地威胁了湘军和蒋介石嫡系中央军部队堵截中央红军作战的总后方，迫使国民党军从堵截中央红军的主力部队中抽调 3 个师驰援湘西，并使鄂西之国民党军未能入川作战，从而在战略上有力策应与配合了中央红军的战略转移，特别是极大地减轻了红军西进入黔作战的压力。

白崇禧让路

1934 年 11 月，李宗仁、白崇禧接到蒋介石急电，要他们派兵去湘江一带围堵红军。白崇禧偕刘斐等人急忙坐了一辆吉普车去视察阵地。

他们来到了龙虎关，只见山势雄伟，关口险削，易守难攻，确是一道雄关，难怪古人冠以“龙虎关”的威名。自古以来，这是连通湘桂交通的咽喉。

到了龙虎关，白崇禧也不歇脚，与刘斐攀关而上，站到关顶的高坡上眺望。攀山感到热，他解开了军上衣的几颗扣子，纵目向西北望去：庞岭以西，湘江以东，兴安以北，全州以南，这块新月形的三角地带，从广西东北入境内，山环水绕，川谷交错，平川田陌之中，异峰突起，风光秀丽，湘漓二水在兴安分流。两千多年前，连秦始皇都重视这块地方，设桂林郡，采巨石砌灵渠以分湘漓，其工程构思精妙而场面浩大，堪称奇迹，足以与四川的都江堰媲美……

白崇禧望着想着，直感到要按老蒋部署打这场恶仗，其后果真是不堪设想。他想着这场仗，身上顿生凉意，向陪同人员询问都庞岭另外三道关的近况。

都庞岭坐落在湘桂两省之间，以凶险难攀的岭脊为界，南北走向，其间有清水关、永安关、雷口关、龙虎关四关口，尤以最南端的龙虎关最为重要。白崇禧想到，红军要是从湘南西出龙虎，即可西逼桂林，南指梧州，无异于一把尖刀插入广西腹地。白崇禧冷然一笑，对刘斐说："为章兄，要是按照老蒋部署，将我们的主力摆在灵川以北的湘江沿岸堵截，岸边既无险可守，我们势必背水一战，将我们广西两万子弟兵拼掉。"

刘斐接着说："其结果，将压迫红军西出龙虎关，我们苦心经营几年的广西大好局面就葬送了。"

听了这话，白崇禧的心顿时沉了下来。自从蒋桂战争以李宗仁、白崇禧失败流落香港、越南而告终，历史又给李、白以机会，1930年后，他俩加上黄旭初人称"李、白、黄"三雄重新统辖广西。他们痛定思痛，励精图治，据地自雄，喊出"重建广西，振兴中华"的口号，实行"三自"（自治、自卫、自给）、"三寓"（寓兵于团、寓兵于学、寓兵于募）政策，经营数年，颇有起色，被称誉为全国"模范省"。白崇禧深知其中重要原因，是因为江西"朱毛"红军的存在，使蒋介石暂时无力用军事手段来对付反蒋意识很强的广西及其友邻广东，使他们在这几年间获得了喘息与发展的机会。怪不得刘斐曾说：江西红军的存在已经成为广西防御蒋介石吞并的屏障。因而一年多以前，也就是1933年夏天，蒋介石要李宗仁、白崇禧派兵去江西参加"协剿"红军，白崇禧虽然不得不派了两个团，后来又增加两个团，但是，白崇禧单独对率领部队的四十四师师长王赞斌说："广西地瘠民贫，养不起兵，而老蒋又时时想解决我们，不能不多养一些兵，以图自存。现在派你两个团去剿共，必须换回四个团的补给来。同时，你们也不能损失一个兵、一支枪。这是主要原则。"所以王赞斌到达江西后，只实行深沟高垒、封锁红军和遥相对峙的政策，避免与红军接触，即使有时派些部队出击，不论胜败，都迅速撤回原防，不许胶着，力避损失。

11月上旬，蒋介石电令，要求桂军在湘江堵截红军。当晚，李宗仁、白崇禧在南宁的第四集团军总部连夜召开高级军事会议，谋商对策。省长黄旭初、四集团军参谋长叶琪、第七军军长廖磊、第十五军副军长夏威等都参加了会议。李宗仁在会上说："中央理应在江西四方筑碉，重重围困，将红军就地消灭。如今要网开一面，也应将缺口开向闽粤两省，把红军驱至沿海，便于就歼。而此次老蒋的战略部署却将缺口开向西南，压迫共军窜入桂。同时中央还动用宣传机构，胡说截获我们予共军电报，说广西李、白勾结'赤匪'，令我军在湘江堵截，以期我军和朱毛红军在互斗两败俱伤之后，中央军可有借口入占广西。大家可想而知，我们面临的局面十分严峻，老蒋的居心极为阴险。"

接着，白崇禧对红军的动向详作分析："我判断红军动向，有三种可能：一是深入广西腹地；二是直驱贵州，并在那里建立根据地；三是进攻四川，占领'天府之国'。经逐一审度，三种可能性之中，以第三种可能性最大。第二个可能性次之。第一个可能性最小。因为我们民团组织严密，红军不会在此久留。我判断红军只是路过广西，并不打算在广西立足。那么，我们是否要在湘江堵击红军呢？请诸位发表高见。"

大家讨论至夜半更深，分析了各方面的情况，认为红军有十万人马，广西全部兵力只有两万余人。如果以两万余人去堵十万人，肯定会被红军吃掉。刘斐说："古语云：'哀兵必胜。'红军到了无路可走的时候，拼死战斗，我们肯定是会被吃掉的。即使我们打得好，也会两败俱伤。不论出现那一种情况，蒋介石的嫡系部队都会以追击红军为名，乘虚而入，广西就会成为蒋介石的天下。"

当晚大家研究出一个对付红军的总方针，就是设法不让红军进入广西内地。要是进了广西腹地，蒋介石势必跟进。会议决定，宁可在桂北地区让出一条走廊，让红军经过，我们"送客"，让红军转到湖南或贵州去。在红军通过时，可以相机进行侧击和追击，"打尾不打头"。打头，红军会硬拼；打尾，就不会回头来救，还可以促使红军快走。

散会不久，白崇禧又接到来自上海的旧日的保定军校同学王建平密电："蒋介石采取政学系头目杨永泰一举除三害的毒计：压迫红军由龙虎关两侧地区流窜平乐、昭平、苍梧，更以主力向东驱逐广东新会、阳春地区，或者沿罗定、廉江逼入雷州半岛，预计两广兵力不足应付，自不能抗拒蒋军的大举进入，如此则一举而三害俱除，消灭了蒋介石的心腹大患。"

白崇禧读后，大骂蒋介石毒辣。当即找李宗仁密商。李宗仁看完电报，也觉得事态严重。

李宗仁、白崇禧拿着上海王建平的密电在总部急切商讨对策，还盼望着在天津与吉鸿昌联系的刘少南会带来新消息。11月10日，李宗仁派驻天津的秘密机关，通过地下电台发来急电：刘少南已被蒋介石的特务击毙，跟共产党没有联系上。同时又接到蒋介石电令：要李、白的四集团军总部从南宁转至桂林，集结桂军主力于灌阳以北各关口，与湘军合力在湘江东岸消灭红军，并要白崇禧坐镇灌阳指挥。

白崇禧阅罢蒋介石的电报，愤然一笑："灌阳？！灌阳在都庞岭与湘江这片地带的中心，老蒋是指令要我们拼命了！老蒋恨我们比恨朱毛红军还更甚。管他呢，有匪有我，无匪无我，我为什么顶着湿锅盖为蒋介石造机会？不如留着朱毛，我们还有发展的机会。"当然，作为一名实战经验丰富的指挥官，他也决不会因为一封未经证实的密电而立即调整部署。只是下令预作准备，何时给红军让路，他还要观望战局的发展。

就在这时，红军的行动让他下定了决心。为了调动敌军，创造渡过湘江的条件，红军以一部兵力西进永明。白崇禧从这一行动断定，红军有夺取桂林的企图。为防止红军进入广西腹地，他立即下令调整部署，按照原定计划，将在湘江沿岸兴安、全州、灌阳布防的第十五军撤往恭城、龙虎关一带，协同第七军，准备全力堵截红军向桂林推进，而让开通往湘江的大道和湘江江防，让红军通过广西。

11月16日，农历十月初十，白崇禧和刘斐到达桂北重镇全州，与湘军总司令何键派来的二十八军军长刘建绪会商联合防堵的作战部署。双方商定：利用湘漓两水天险，防区的划分以黄沙河为界。桂军担任兴安、全州、灌阳至黄沙河（不含黄沙河）之线；湘军担任衡阳、零陵、东安至黄沙河之线。白崇禧在会上振振有词地表示："桂军准备对红军给以迎头痛击。"

11 月 18 日，农历十月十二，李宗仁、白崇禧在桂林召开军事会议，研究了部署。部署定下后，李宗仁即返回省会南宁，由白崇禧驻桂林指挥。白崇禧担心红军直插龙虎关进入广西，于是在刘斐陪同下，亲自驱车到龙虎关察看。

当日下午，白崇禧和刘斐从龙虎关回到恭城县时，接到报告：红军主力部队已到达湖南道县附近，其前锋已接近都庞岭。白崇禧凝视着东边地平线的起伏山峦，叹道："朱德平时走起路来不快，带起兵来却不慢哟！"

白崇禧是国民党军事将领中的佼佼者，在北伐战争中确实表现出运筹帷幄的将才。这次为了对付蒋介石与红军，也确实绞尽了这个"小诸葛"的脑汁。20 日，他离开桂林以前，以李宗仁的名义直接发电给蒋介石："据迭报，匪主力由临武分经嘉禾、兰山西窜，龙虎关、富川、贺县同时吃紧。仁部原在龙虎关以北防堵，故拟即将仁部主力，移赴恭城附近，策应富、贺、兴、灌。但兴安、灌阳以北仅能留一部，诚恐力量单薄，请转饬何总司令部，向江华、贺县推进，以期周密。"

这封电报，是白崇禧采用"金蝉脱壳"之计，以达到将桂系两个军主力全部集结于龙虎关与恭城一带，严防红军进入广西腹地的目的。该电既向蒋介石打招呼要将军队南撤，又将责任推诿给湘军何键。在发此电的同时，白崇禧已令在湘江至灌阳驻防的第十五军做好南撤恭城的准备。

22 日，蒋介石复电同意。白崇禧觉得：给红军让路的时机已到。当日下午，桂军第十五军全部撤离了湘江防线，在湘江沿岸只留下两个团零两个营。

红军向西长驱直进，其前锋抵达湘桂边境的永安关时，从全州至兴安六十公里的湘江，已无兵可守，湘江防线，完全向红军敞开了！

红军对白崇禧让路的部署变化当时并不了解，因而未能利用桂军南撤让出走廊的极其宝贵的时机，长驱入关渡江西进，在李德的指挥下，反而派部队南攻江华县，进击蒋军九十六师与湘军二十三师，耽误了宝贵的渡江时间。

11 月 25 日夜间 11 点半，红军才知道全州、兴安一带并无大股敌军，也获悉何键的 3 个师正全力南下。但红军指挥机关“三人团”并没有立即相应改变部署，仍按原来为打破敌人在湘江堵截而制定的进军计划前进。直至 27 日夜间，红军才改变了作战部署，形成红军主力从永安关、雷口关进入广西，以林彪、聂荣臻的一军团为右翼，彭德怀、杨尚昆的三军团为左翼，向湘江挺进的态势，并迅速以前锋抢占湘江渡口。但是，湘军已抢在红军之前到达全州。红军一军团的一、二师在全州南边的脚山铺阻击湘军南下，三军团的四师抢占了界首以南的光华铺，向南警戒兴安的桂军。尽管红军已经抢占了湘江部分渡口，而且先头部队已经涉过湘江；但是从总的情况看，敌人已经形成南北两方，一头一尾夹击红军的态势。形势十分险恶。

蒋介石从何键“追剿总部”的报告中，得知湘江无兵防守的情报，对桂系的做法大为震怒，于 11 月 28 日严斥桂军放弃职责，严令桂、湘两军按原定计划，对红军已过江的先头部队夹击，对未过河部队堵击，仍然妄图将红军主力歼灭于湘水之东。

坐镇桂林指挥的白崇禧，对于蒋介石的来电严斥，并不在意，仍按桂系的既定方针：“打尾不打头。”他没有执行蒋介石的训令，只以一个师驰援兴安，以防红军南下，而令已从恭县城返回灌阳的十五军，全力向红军后续部队发起攻击。

夏威的部队，除了俘获红军的一些掉队的伤病员，还将追入广西境内的蒋军万耀煌师和周浑元师的各一个连加以缴械。他们将红军的伤病员解送蒋介石处请功，而周、万两师的被缴械者，则经说明不再进入广西境内，就退还武器，送出边界。

湘江战役后，蒋介石恼羞成怒，发电质问白崇禧:“共军势蹇力竭，行将就歼。贵部违令放通川黔要道，无疑纵虎归山，数年努力，功败垂成。设竟因此而死灰复燃。永为党国祸害……公论之谓何？中正之外，其谁信兄等与匪无私交耶？”

白崇禧毫不示弱，复电蒋介石 :“钧座手握百万之众，保持重点于新宁、东安，不趁其疲惫未及喘息之机，一举围歼于宁远、道县之间，反迟迟不前，抑又何意？得毋以桂味壑耶？虽职部龙虎、永安一战，俘获 7000 余人，以较钧座竭全国赋税资源，带甲百万，旷时数年，又曾歼敌几许？……据中央社露布，某日歼匪数千，某日捕匪盈万，试加统计，朱毛应无孑遗，何以通过湘桂边境尚不下二十万众，岂朱毛谙妖术，所谓撒豆成兵乎？职实惶惑难解。”

蒋介石被戳到痛处，暴跳如雷，大骂白崇禧，却也无可奈何，只得令白崇禧继续率兵围追红军，放下此事不论。

龙云“献”地图

1935年4月23日，红一方面军从贵州进入云南后，全军只有一份小比例尺的地图，道路、村庄不详细不准确，因而部队老走弯路。依靠向导带路，则只能搞清楚两三天的行程，有时也要走弯路。大比例尺地图成了困扰行军的最大难题。特别是在准备北渡金沙江摆脱敌人尾追的形势下，不知渡口在哪里，红军上下都十分焦急。因此，中革军委指示各部队要千方百计地收集大比例尺地图。

27日下午，按照原定部署，中央红军沿着滇黔公路向马龙方向挺进。当先头部队行进到曲靖西山乡关下村附近时，与国民党部队遭遇。战斗中，红军的一支侦察队在曲靖西北的公路上截获了一辆敌军汽车，内装有云南省的比例尺十万分之一地图两包。审讯被俘的国民党军官后得知，国民党中央军指挥官薛岳到达贵阳后，要率部进入云南“追剿”红军，但由于没有云南的军用地图，也缺乏药品，就向主政云南的龙云写信请求支援。龙云马上准备了地图、云南的白药、宣威的火腿等物品送往贵阳，不想这些东西都在曲靖西山乡关下村成了红军的战利品。毛泽东得知战斗胜利并缴获云南军事地图的消息后喜出望外，他幽默地说，当年孔明入川有张松“献图”，今天红军入滇有龙云“献图”，真要谢谢这位云南王的“关照”。

当晚，毛泽东和周恩来、朱德、刘伯承等中央领导同志在西山三元宫详细查看缴获的云南军用地图后，召开了党中央和中革军委联席会议，做出了抢渡金沙江，在川西建立苏区的重要战略决策。随后，红军拿着龙云“献”的军用地图连克马龙等地，几天后从皎平渡顺利渡过金沙江，彻底摆脱了敌人的围追堵截，掌握了主动权，取得了战略转移的决定性胜利。

时任周恩来警卫员的范金标、魏国禄分别撰文记述，红军最高领导人之一的周恩来当时就在截车现场。作为警卫人员，他们正在周身边担任保卫。他们的位置在极近的地方，看见汽车驶过来，连车上国民党军徽都看得清楚。周恩来亲自下命令指挥了截车战斗。

2004 年，这个故事中当年的卡车押运员、时年 87 岁的赵汝成撰文记述了当时的过程。

赵汝成当时 18 岁，刚考入云南省汽车管理处任押运员。他接到单位通知，到昆明都兰酒店找中央军薛岳部队的李副官报到，运一批物资到沾益。4 月 27 日早上出车，共两辆，一辆是小包车，一辆是雪佛兰卡车。李副官是外地口音，他叫赵汝成从其住的房间里把几捆玻璃纸密封的圆筒搬上卡车，当时赵汝成不知道是地图。然后到金碧路曲焕章大药房，由早已等在那里的搬运人员往卡车里装了好几十箱“百宝丹”（云南白药）。约九时许，小车在前，卡车在后，由昆明市往滇东公路上驶去。

吕黎平后来写了《巧获地图定决策》打油诗：“曲靖公路上，巧获两件宝。地图辨方向，白药治伤员。渡江走捷径，龙云有‘功劳’。西去崎岖道，汽车不要了。”

《毛泽东传》也有此事叙述：1935 年 4 月下旬，中央红军进入云南境内，苦于没有大比例尺地图，不知金沙江的渡口在何处。27 日，吕黎平和侦察队长陈育才率领小分队在曲靖公路上缴获一辆从昆明开往贵阳的汽车，车上有龙云送给薛岳的比例尺十万分之一地图和治伤员的白药，得到毛泽东等中央首长的表扬和很高评价："我们正为没有云南详图而犯愁的时候，敌人就送上门来了，真是解了燃眉之急。""从一定意义上说，这一战绩比在战场上缴获的武器还要重要，可谓巧合呀！"

美国哈里森·索尔兹伯里在《长征——前听末闻的故事》一书是这样叙述的：

> 毛把第一、三军团调入云南，从东面直逼昆明，然后又让他们迅速向北穿插。当红军总部向昆明以东六十英里的马龙前进时，空中出现了一中队国民党飞机。这飞机没有扔炸弹，在东边消失了。红军指挥官开始感到困惑不解，后来才明白，原来国民党没有料到红军正深入云南腹地。不久，周恩来及其警卫看到从昆明方向开来三辆卡车，扬起一片尘土。他们一直开到红军队伍面前。直到周恩来命令部队把他们包围起来，他们才惊慌失措，停了下来。车队是云南军阀龙云派往国民党将军薛岳驻地去的。应薛岳的要求，车队给他送去云南地形图。龙云本来想派飞机送，但是驾驶员正好病了，于是他改用卡车送。车里还装了食品——云腿，同美国的史密斯费尔德火腿差不多，被视为中国最好的火腿，此外还有医药用品，都是给薛将军的礼物。现在成了红军的战利品。毛充分利用了这些地形图，制订了抢渡金沙江的详细计划。

至于龙云送地图背后的真相，近年也有学者真正作了严谨而实事求是的考证，云南张家德先生，就是其中之一。他发表在《云南师范大学学报》（哲学版）的《滇、蒋军阀对中央红军第二次过云南的堵截》一文，就引用了大批档案史料与报刊文献，把龙云运图送图的原委与途中阻滞的史实予以披露，这里援引其文以代拙笔：

1935年4月20日晚、25日，蒋系十六军李抱冰部先后陆续抵达平彝,后部还在跟进。龙云又立刻于25、26两天内,竟接连“请（李抱冰）饬部迅速向曲靖前进为祷!”更有甚者，蒋系李抱冰在24日和26日的上午，竟两次要求龙云“提供云南省十万分（之）一的军用图”；李抱冰要挟龙云说，本部“奉命集中平彝之138及538（高地）”,“急于觅（红军）截剿,惟苦无地图,不能行动”。这就要云南“迅派飞机，投送昆明以东地区十万分（之）一军用地图”，每师十五份，共（三）十三份，“以应急需”。龙云急得在26日当夜12时复电说:“昨接敬辰（24日上午七至九时）电，即饬处（秘书处）照检本省十万分（之）一地图五份，交驿站递送。又派参谋张汝滨带地图五份及无线电真空管、雷油、电池等，乘汽车驰送前来。顷接有（26日）电,上述两项寄件,均未收到,当系途中阻滞”。不得已，龙云派飞机于次日飞送军用地图给李抱冰部。三送云南的军用地图给蒋系部队，简直无异把云南的军事绝密倾囊开放！非同小可的这种重大行动，足以证明龙云与蒋介石订有密约，共同对付红军。由滇军参谋张汝滨亲自乘车送云南军用地图，竟未送到，确系龙云估计的“途中阻滞”。27中午，在曲靖下关村被中央军委纵队的前梯队通讯班截住俘获。

六盘山三百红军牺牲之谜

1935年10月7日，中央红军越过六盘山主峰后，第一纵队在原甘肃固原青石嘴与国民党何柱国骑兵军第七师十九团展开了一场激战。毛泽东果断地对林彪和左权说："吃掉它！"林彪、左权遂指挥一纵兵力以迅雷不及掩耳之势扑下山去，不到一个时辰战斗即告大捷，毙敌200余人，俘敌近百人，缴获战马150多匹。由此装备了一个侦察连，红军开始有了自己的骑兵部队。

聂荣臻回忆说："我们用缴获的马匹装备了纵队的侦察连，我们也开始有自己的骑兵部队了。第一任连长是梁兴初，副连长就是日后驰骋在晋察冀根据地的骑兵团长刘云彪。"

战斗结束，陕甘支队一鼓作气，于当天下午就翻越了六盘山。身为红军最高统帅的毛泽东，站在六盘山头上，压抑不住自己此时的喜悦心情，诗兴大发，纵情吟词一首《清平乐·六盘山》："天高云淡，望断南飞雁。不到长城非好汉，屈指行程二万。六盘山上高峰，红旗漫卷西风。今日长缨在手，何时缚住苍龙？"此时蒋介石在四川坐不住了，当日决定飞赴陕甘视察。但他又放心不下四川的"剿匪"战事，就在当天，蒋介石连发四道手令，分别给杨森、李韫珩、刘文辉、贺国光，称：“徐、朱合股，图窜西康，此即残匪之末路。只要我军殚精竭虑，必有歼灭成功之道。”

部队翻过六盘山已是黄昏，由于靠近山边居民很少，队伍大部宿营。为彻底甩掉跟踪的敌人，7 日晚林彪、聂荣臻在给二大队队长李英华和黄甦的电报中要求：“明 8 日第二大队应提早出发，以急行军经固城、大石沟，跟我们行进路前进。”同日晚 24 时，毛泽东在给彭德怀、李富春、叶剑英、邓发的电报中也要求：“明日须以急行军通过镇原、固原间大道，并注意向镇原、固原前进之敌三十五师部队。”这天，陕甘支队兵分两路前进，一纵队经固城、大石沟向环县与庆阳方向前进。二、三纵队经石家沟、高家沟向阳城前进。8 日到达乃家河等地，再歼国民党军 1 个团。9 日到达陈家湾，10 日到达三岔，11 日到达苏家湾，12 日到达毛家川，13 日到达王家湾，14 日到达洪德城，15 日到达耿家湾，部队全部通过了国民党军的全面封锁线。对此，毛泽东幽默地对身边的指战员说：“这些从江西到这里的红军战士个个可都是宝贝呀！他们是革命的种子，将来撒向全国都可是要带动一大片的。现在再也不能让蒋介石随便端去了。”

可就在第二天黎明，在耿湾镇发生了一起令人震惊的“红军命案”。住在耿家湾镇外的三个营的红军战士宿营前还一个个生龙活虎，可睡下后就再也没有发出一点声息！如此集体死亡，其原因初步断定是食物中毒。这 300 多名红军战士，对于由最初的 8.6 万人走出草地到达陕北时仅剩 7000 多人的中央红军来说，是个多么大的数字呀！

得知这一消息后，毛泽东十分震惊和愤怒。责令保卫局即速查办谋害这些红军将士的凶手。

究竟谁是凶手？经过一番调查分析，大都认为是国民党派遣特务投毒所致。可敌人在哪儿？他们从哪里来？现在又隐藏在何处？

根据毛泽东的指示，红军立即组织力量进行侦破，也抓了一些可疑人员进行审讯，但案情没有丝毫进展。红军到达陕北后，毛泽东仍惦记着这桩命案，派专人又返回耿湾镇对此案再次进行侦破。但经过数月调查，仍未找到任何线索和证据。此案便成了一桩未了的悬案，被尘封在共和国的历史档案中，成了许多红军将士终生没有解开的一个谜团。每当毛泽东谈起“六盘山”的诗句，讲起长征最后到达陕北的这段岁月，他总是忘不了这300多红军将士的冤魂，扼腕叹息。他曾亲自部署让周恩来负责侦破此案，然而周恩来查遍了全国的重要特务案和间谍案，无论怎样也与此案联系不上，终是未得其解，成为悬案。

由于军情紧急，国民党军毛炳文部和宁夏马家军骑兵奉蒋介石急令猛扑过来“追剿”红军，毛泽东等人来不及在耿湾镇为死难的红军举行任何追悼活动，在草草安葬亡灵后，于16日率部从耿家湾出发向东急进，走了约60里路，经庙家河进驻木瓜城一带。

毛泽东特致电彭德怀：“现在每天走路不多，请令各部利用时间进行教育，并尽力改善给养。”

彭德怀接到电文后，遂命令后勤部长杨立三把好伙食关，不准部队随便喝生水吃生食，违令者严肃处理。彭德怀在后来写的自述中谈及此案依然心痛难忍：300多号人在敌人的围追堵截中都没有倒下，却在长征就要结束的时刻无声无息地倒下了。

10月19日傍晚，陕甘支队到达吴起镇。这时马家军和毛炳文的骑兵又追了上来，毛泽东对彭德怀说：“要想办法打他们一下，砍掉这条讨厌的尾巴，不能让他们一直跟到陕北，这对我们很不利。”彭德怀遂向部队下达命令，进入埋伏阵地。

彭德怀在动员时说：“300多条命不能就此白白丢掉，要让敌人加倍偿还！”经过一夜激战，这条尾巴终于被砍掉了。

1989年初秋，时隔54年之久的“红军命案”终于被解放军驻宁夏给水团揭秘。该团奉命到环县进行水质勘探调查，在与当地政府有关人员的一次偶然交谈中，得知了当年红军在六盘山下发生的这桩多年未破的奇怪命案。

给水团水文地质工程师王学印、王森林等了解了这一悬案后，开始怀疑此地的水质很可能有问题。受职业的敏感与促使，他们决定揭开这个尘封了半个多世纪的红军命案之谜。他们翻山越岭，踏遍了六盘山麓的千沟万壑，在走访当地老百姓时听一些老人回忆说："红军从六盘山下来打了一仗后，一部分人马沿罗家川、马坊川等沟谷川道来到了耿湾镇。当时天色已晚，队伍里很多人饥渴难忍，就到沟谷里找泉水喝。可是万万没想到，第二天这地上躺倒了一片一片的人，再也没有醒来。"

了解了这一情况，让给水团的官兵的心情十分沉重。他们根据已掌握的当地水文地质资料和现场勘察及采水样分析发现：这里的泉水和沟水咸而苦涩，水中钾离子含量高得惊人，一吨水中纯钾含量高达1000克至3000克。而正常情况下，一吨水纯钾含量只有300至500克。同时又发现这里的水中的钠离子含量更高，并且这里有些地方的泉水和沟水溢出外流时，有不少气泡呈间歇状冒出来，且散发着一股难闻的气味。这表明该地为石油分布区，断层构造发育活跃，这些气泡从油层冒出，就很可能带有大量氰气，而氰气与钾结合生成氰化钾，与钠结合便生成氰化钠，这是两种剧毒性化合物，人体若摄入50微克，即可造成中枢神经阻断型死亡，无任何痛苦和知觉就无声无息地死去。当年300多名红军的死亡是否与饮用此水有关？

整整3年时间，王学印和王森林登六盘、下银川，往返数十次，跑遍了银川所有水文地质和石油化工科研单位，通过科学检测，证明他们的推断和采样分析完全正确。六盘山下300多名红军离奇死亡的悬案终于大白于天下。

永坪镇会师，组建红十五军团

红二十五军到达陕甘边根据地后，中共陕甘边特委、军委立即写信报告中共西北工委，并派陕甘边苏维埃政府主席习仲勋、陕甘边军事委员主席刘景范前往迎接。

西北工委组织部立即发出了《为欢迎红二十五军北上给各级党部的紧急通知》，要求“动员全体党员及全苏区的每个劳苦群众，欢迎红二十五军与陕甘红军的会合，庆祝红二十五军北上的伟大胜利”。并要求各级党组织立即动员起来，举行各种形式的欢迎会，散发传单，张贴标语，发动群众捐助各种食品与鞋袜，派代表慰问，欢迎远征的红二十五军。并指令西北红军回永坪镇与红二十五军会师。

正在安定县王家湾休整的陕北红军接到《通知》后，红二十六军军长兼政委刘志丹亲自起草《欢迎红二十五军的指令》，并主持召开红军干部会议，讨论欢迎红二十五军的有关事项。刘志丹在会上讲话，指出：红二十五军到陕甘根据地是件大喜事，革命的力量更加强大了。红二十五军是老红军，他们带来了建设红军的经验，是我们学习的榜样，这是千载难逢的机会，大家不要放过。两军会合后，我们要有好饭让给老大哥吃，有好房让给老大哥住；调什么就给什么，不能讲价钱；打仗要配合，缴获战利品要相互退让。总之，要顾全大局，决不不能有本位主义。会议同时决定，部队立即结束休整，南下与红二十五军会合。

1935 年 9 月 15 日，红二十五军到达永坪镇的。16 日，刘志丹率领红二十六、红二十七军到达永坪镇，与红二十五军胜利会师。

17 日，在中共北方局驻西北代表团的主持下，中共西北工委、鄂豫陕省委和军队的主要领导干部在延川永坪镇召开联席会议，研究确定会师后的统一领导和下一步军事行动等方针问题。

这次会议决定：撤销西北工委和鄂豫陕省委，成立中共陕甘晋省委，由西北代表团书记朱理治兼任陕甘晋省委书记，郭洪涛任副书记；改组西北革命军事委员会，由聂洪钧任主席，戴季英兼任参谋长；撤销红二十五、红二十六、红二十七军番号，组成中国工农红军第十五军团，徐海东任军团长，程子华任政治委员，刘志丹任副军团长兼参谋长，高岗任政治部主任，郭述申任副主任。军团下辖三个师：红二十五军编成七十五师，师长张绍东，政委赵凌波；红二十六军编成七十八师，师长杨森，政委张明先；红二十七军编成八十一师，师长贺晋年，政委张达志。全军团共 8000 余人。

18 日，在永坪镇举行了盛大的联欢会，庆祝两支红军队伍胜利会师，同时纪念“九一八事变”四周年。会场在河滩上，北边搭了个席棚台子，会场当中用石灰划了一条粗粗的白线。左边是红二十五军部队，右边是陕甘苏区的红军。

会后，红二十五、红二十六、红二十七军在中共中央西北代表团和陕甘晋省委的主持下，合编为红十五军团。

红二十五军与西北红军的胜利会合，是中国工农红军在西北大会师的前奏。而红十五军团的成立，对粉碎国民党军对陕甘根据地的第三次“围剿”，巩固和扩大陕北根据地，迎接党中央和主力红军北上，推动革命的发展，都具有重要的意义。

哈达铺整编

1935 年 9 月 12 日，党中央在俄界召开了政治局紧急会议。毛泽东在会上批判了张国焘右倾分裂主义的严重错误。同时，为了坚持向陕甘方向发展的基本方针，为了继续劝告和敦促张国焘和红四方面军随后北上，决定将北上红军改编为中国工农红军陕甘支队，并成立了“五人团”最高军事领导核心和军队编制委员会。俄界会议后，部队的整编工作就着手进行，到哈达铺时条件已基本成熟。“哈达铺整编”虽然时间很短，但“整编”的内容十分丰富，既有改善生活、恢复体力、补充给养的休整，也有优化建制、强化领导、扩充兵员的部队整编，更有分析形势、统一认识、鼓舞斗志的思想动员。特别是党中央在哈达铺第一次明确提出“到陕北去”，初步作出了把长征的落脚点放在陕北的战略决策。这对决定中国工农红军长征的命运，对“北上抗日”的早日实现，都产生了较为深远的影响。

16 日，红四团一营率先向腊子口守敌发起攻击，至 17 日清晨，红四团突破了鲁大昌部精心设置的两道防线，胜利夺取了天险腊子口。腊子口战斗的胜利，打开了红军北上的通道，粉碎了国民党军队企图利用天险腊子口，将红军困死在雪山草地的阴谋。

守敌国民党新编十四师鲁大昌部仓皇向岷县城逃窜，红一军团二师四团乘胜猛追。敌人退至达拉山，依托山峰，用炮火封锁路口，掩护主力逃跑。红四团分兵两路，从两侧向敌迂回，敌遂放弃山头溃逃。傍晚，敌后卫逃至大草滩，正准备起炊做饭，四团先头营又追了上来，一阵短兵相接，敌人全部被歼。接着，红一军直属侦察连攻占岷县哈达铺（今属宕昌县）。

18 日拂晓，在红四团穷追残敌的同时，党中央率领红一方面军一、三军团和军委直属队主力亦通过腊子口，顺朱立沟过达拉山（又称岷山），到达漩窝。为贯彻党的民族政策和严明纪律，军委及时制定了《回民地区守则》，《守则》规定：进入回民区域，应先派代表同阿訇接洽，说明红军北上抗日的意义，得到回民的同意后，才准进入回民村庄宿营，否则露营。保护回民信教自由，部队不得擅自进入清真寺，不得损坏回民经典。不准借用回民器皿用具，在回民地区不准吃猪肉、猪油。为红军进入回民地区做好了充分的思想准备。

19 日，林彪、聂荣臻率红二师主力抵达哈达铺。20 日，毛泽东、张闻天、周恩来等中央领导同志从漩窝出发，过河翻扁路沟梁，经红土坡、绿叶、麻子川、分水岭、阿坞河，到达哈达铺。

哈达铺，是甘肃南部的一个小镇。在哈达铺，毛泽东住在镇上“义和昌”药店后院的平房里，司令部设在离毛泽东住地 50 多米远的“同善社”，周恩来等中央领导同志住在司令部内。

20 日，党中央到达哈达铺后，从国民党的报纸上，主要是七、八月份的《大公报》《民国日报》《中央日报》《西安报》《山西日报》等，通过对报纸中披露的各种消息进行了综合分析和研究，获得了刘志丹、徐海东领导的陕甘红军和根据地还存在的准确消息。这一发现，使中央领导同志极为振奋，遂放弃了建立川陕甘根据地的计划，决定率领红军向陕甘根据地进发。

20 日，中共中央在哈达铺召开政治局常委会议，讨论组织部工作和干部问题。会议由张闻天主持，毛泽东、博古出席会议，王稼祥、罗迈、彭德怀、杨尚昆列席会议（会议记录所列为："洛、博、泽，参加，稼、迈、德怀、尚昆"）。张闻天在发言中强调要爱护干部，有的老同志有能力，但人拖瘦了。现在有马的，不取消。毛泽东在发言中说：为巩固部队，需要了解干部；为扩大部队，需要支配干部；为与反革命作斗争，需要了解干部的一些倾向问题。我们应该承认，我们对干部优待不够，现在的干部是精华，应该注意保护。会议同意张闻天的提议，决定派谢觉哉、毛泽民去新疆建立交通站，"可能的话与国际接"（谢、毛二人当时未能成行）。会议还决定由张闻天起草俄界会议提出的关于张国焘错误的决议。

会议正式确定执行俄界会议决定，对部队进行整编，将一、三军团和军委直属队改编为中国工农红军陕甘支队（简称陕甘支队）。俄界会议确定的陕甘支队领导人不变，彭德怀任司令员，毛泽东任政治委员，林彪任副司令员，叶剑英任参谋长，张云逸为副参谋长，王稼祥任政治部主任，杨尚昆为副主任，杨至诚为后方勤务部部长，罗瑞卿为政治保卫局局长。陕甘支队下辖三个纵队：一军团为第一纵队，林彪兼任司令员，聂荣臻任政治委员，袁国平任保卫局局长；三军团为第二纵队，彭德怀兼任司令员，李富春任政治委员，刘亚楼任副司令员，罗瑞卿任政治部主任；中央机关、红军总政治部、干部团为第三纵队，叶剑英兼任司令员，邓发任政治委员，蔡树藩为副政治委员兼政治部主任。陕甘支队的成立，加强了党对红军的直接领导，增强了部队的战斗力，对实现党中央北上抗日的方针起到了重要的作用。

22日上午，在毛泽东住地，中央领导商议决定向陕甘革命根据地进发。当日下午，在哈达铺关帝庙内召开了团以上干部会议。会上，毛泽东作了关于形势和红军整编的报告。毛泽东在讲话中说："感谢国民党的报纸，为我们提供了陕北红军的比较详细的消息，那里不但有刘志丹的红军，还有徐海东的红军，还有根据地！我们要抗日，首先要到陕北。”毛泽东在批判了张国焘分裂主义，分析了革命形势后，号召说：“同志们，胜利前进吧，到陕北只有七八百里了。那里就是我们的目的地，就是我们抗日的前进阵地！”毛泽东的讲话，使全体与会人员受到极大鼓舞，情不自禁地一致高呼：拥护中央北上抗日的正确路线！到陕北根据地去！全支队共7000余人。

同日，时任中共中央总书记的张闻天通过翻阅缴获的国民党报纸，撰写出题为《发展着的陕甘苏维埃革命运动》的读报笔记。读报笔记将天津《大公报》上披露的红军在陕甘活动和陕北革命根据地的情况作了详细的摘录，对陕甘革命根据地斗争作了深刻的分析，提出了陕甘支队到达甘南之后的方针和任务，指出：“我们工农红军主力之一部，已经开始进入了甘南的重要地区。这在政治上我们能够同二十五、二十六军及通南巴游击区取得配合，协同动作及汇合，并给在这个地区中开展着的游击运动以帮助、组织、领导，‘联系存在于陕甘边之苏维埃游击区域成为一片的苏区’的任务，完成8月20日中央《关于目前战略方针之补充决定》，这将大大地推动陕甘苏维埃革命运动前进，发动千百万西北劳苦群众为苏维埃革命而奋斗。”阐述了中央决策的意向，提出了“在原定目标下重点在陕甘”的最早设想。中共中央政治局常委博古也写了一篇文章，题目是《陕西苏维埃运动的发展与我们支队的任务》。这两篇文章都刊登在1935年9月28日中央前敌委员会陕甘支队政治部出版的《前进报》第三期上。

团以上干部会议结束后，部队立即进行了传达讨论，开展了遵守群众纪律，坚持党的政策的教育活动。一军一师宣传科长彭加伦还连夜创作了《到陕北去》的歌曲：“陕北的革命运动大发展，创造了十几县广大的红区。迅速北进，会合红二十五、二十六军，消灭敌人，争取群众，巩固发展陕北红区，建立根据地。”鼓励指战员的斗志，宣传党中央的主张。

哈达铺整编意义非凡，正如杨成武将军在《忆长征，哈达铺整编》中写到的：哈达铺整编在整个一年多的征途中，只是那么短暂的几天，可它给我们的印象却非常强烈。确实，毛泽东在关帝庙前那鼓舞人心的讲话，给我们增添了战斗的活力，哈达铺也就因此而成了我们长征途中名副其实的加油站了。可以看出，哈达铺整编的重要意义就在于统一思想，增强斗志，明确方向，提高战斗力，坚定了把长征的落脚点和北上抗日的大本营放在陕北的决心和信心，从思想上、组织上、军事上，为中央红军和陕北红军在吴起镇的胜利会师提供了有力的保证。

奠基礼，直罗镇战役

1935 年 10 月，中国工农红军陕甘支队（由红一方面军第一、第三军和军委纵队改编），长征到达陕甘苏区。与此同时，红二十五军和陕甘红军组成的红十五军团，在陕甘苏区第三次反“围剿”中又取得劳山战役的胜利。

11 月初，陕甘支队在甘泉地区同第十五军团会合，随即恢复红一方面军番号，彭德怀任方面军司令员，毛泽东任方面军政治委员，下辖第一、第十五军团，共 1.1 万人。

两军会合，蒋介石极为震惊，立即令西北“剿总”重新调整“围剿”部署，胁迫东北军组织 5 个师的兵力，首先构成沿葫芦河的东西封锁线，并打通洛川、鄜县、甘泉、延安之间的联络，构成沿洛河的南北封锁线，限制红军向南发展，尔后采取南进北堵，逐步向北压缩的战法，消灭红军于洛河以西、葫芦河以北地区。国民党军第五十七军 4 个师，由甘肃的庆阳，合水地区经太白镇沿葫芦河东进；第六十七军一个师由洛川北进鄜县，尔后西进，首先打通由合水至鄜县的交通联系，以实现葫芦河东西封锁线。11 月 1 日，西路第五十七军在军长董英斌率领下，采取稳扎稳打，步步为营的方针，由西向东推进，先头部队第一〇九、第一一一师进占太白镇，第一〇六、第一〇八师随后跟进；南路第六十七军第一一七师沿洛川、鄜县大道北上，配合第五十七军东进。

为了打破国民党军的“围剿”，毛泽东仔细研究了敌情地形，认为：国民党军进攻的关键是构建纵横交错的两道封锁线，而这两道封锁线的中轴线则是葫芦河。葫芦河成为敌我双方争取主动、夺取胜利的战略和战役枢纽。抓住了这一战略与战役枢纽，就抓住了国民党军“围剿”部署的致命“七寸”。只要能够在葫芦河沿岸消灭国民党军一部，则国民党军的整个进攻部署就会被打乱，红军向东、向西转向，都能灵活自如地发展顺利。

毛泽东与周恩来、彭德怀周密筹划，决定将首战目标指向董英斌指挥的沿葫芦河东进部队。首先集中全部兵力，采取诱敌深入的战法，将敌诱入既设战场，力争歼灭葫芦河东进之敌第五十七军 1 ～ 2 个师，尔后视情况转移兵力，各个歼灭，打破敌之“围剿”，并向洛川、中部、宜君、韩城以及关中、陇东一带发展进攻。

为了确保战役胜利，毛泽东等人再三斟酌，并与徐海东等红十五军团干部反复协商，最终敲定了歼敌的战场——位于葫芦河中游，陇东通往鄜县、宜川的必经之地直罗镇。11 月 6 日和 7 日，红一军团进至鄜县西北的秋林子和甘泉西南的老人仓地区；红十五军团攻占了直罗镇以东的张村驿、东村等地，扫清了预定作战地区内的敌军势力。同时，第十五军团第八十一师继续围攻甘泉城，阻止敌人东进。

11 月初，敌第五十七军到达太白镇地区后，犹豫徘徊，停止不前达半个月。红一方面军决定加紧对甘泉之敌的围攻，以造成敌人判断失误，调动第五十七军东进。西北“剿总”果然上当，即令第五十七军立即东进。17 日，第五十七军以 1 个师留守太白镇，主力沿葫芦河向鄜县方向前进。19 日，第五十七军所属的第一〇九师兵指挥第一一一师第六三二团进至黑水寺地区，东英斌率军部及第一一一师主力、第一〇六师进到张家湾地区。

18日，根据敌情发展，毛泽东在张村驿主持召开方面军团以上干部会，做战役动员与部署。毛泽东详尽地分析了敌情，然后给大家讲了《水浒传》中武松打洪教头的故事。他说："武松打洪教头，不是先冲过去，而是先后退两步，这是为了避其锋芒，握紧拳头，发现弱点，一下子击中对方的要害，直罗镇战役的部署正是这个道理。我们要利用有利地形，把敌人引进来，然后集中优势兵力，攻其不备，消灭敌人的主力。"彭德怀也对各级指挥员提出了严格要求：抓战机要准，打敌人要狠，一定要打出我们工农红军的威风，坚决消灭敌人。

会后，毛泽东、彭德怀组织两个军团的干部前往直罗镇，现场确定作战部署。现地勘察后，毛泽东、彭德怀确定了战役计划：主力集结待机，红十五军团以一个连在阎家村北山担任警戒，与国民党军接触后，节节抵抗，把其先头部队第一〇九师引进直罗镇，然后红一军团由北向南，红十五军团由南向北，两面夹击，求歼敌于直罗镇地区。

19日下午，红一军团进至直罗镇地区。红一军团长林彪亲自到观察哨观察国民党军动向，当日晚向毛泽东、彭德怀报告：敌一〇九师向直罗镇前进，可能会先占领和巩固北山寺北端高地，不太可能长驱直入直罗镇，建议红一军团除以一部分人员进行侦察外，主力继续隐蔽待机，何时发起攻击，如何进行攻击，依敌军进展情况再最后确定。

20日，敌先头部队第一〇九师，在飞机掩护下，分三路沿葫芦河谷及南北山地向直罗镇推进，在担任警戒任务的红军部队节节抗击下，16时进入直罗镇，敌军部及第一〇六、第一一一师进至黑水寺地区。敌军到达直罗镇、黑水寺后，杀鸡宰羊，大吃大喝，疏于戒备。

红一方面军决定抓住敌第一〇九师比较突出的有利战机，集中两个军团的优势兵力，求歼该敌于直罗镇地区。

直罗镇是一个不满百户人家的小镇，三面环山，北边是一条小河，东面山坡筑有土围子，一条东西大道穿镇而过，地形险要，利于设伏。

20日夜，红一、红十五军团分别由待机地域向直罗镇开进，并将进入直罗镇的敌第一〇九师包围。21 日，红一军团由北向南、红十五军团由南向北突然向直罗镇之敌发起猛烈攻击。毛泽东的指挥所设在距直罗镇不远的山坡上，他在发起进攻时要求部队：这一仗一定要打好，我们要的是歼灭战。

敌第一〇九师在红军突然打击下，从睡梦中惊醒，左冲右突，激战至 14 时许，该敌大部被歼，师长牛元峰率残部 500 人，退入镇东南的土围内，固守待援。此时，东西两路国民党援军迫近直罗镇。红一方面军遂以少数兵力围困第一〇九师残部和阻击由鄜县西援的第一一七师，主力向西迎击由黑水寺向直罗镇增援的第一〇六、第一一一师。该两师被阻击后，因惧怕被歼，于 23 日下午沿葫芦河西撤。红军冒雪跟踪追击，在张家湾至羊角台途中，歼第一〇六师 1 个团，余部退回太白镇。西援的第一一七师遭红军阻击后，退回鄜县县城。23 日午夜，被红军围困于直罗镇土围子的第一〇九师残部待援无望，开始突围，红军立即发起追击，全歼残敌，师长牛元峰被击毙。

直罗镇战役，红一方面军共歼敌 1 个师另 1 个团，毙敌师长牛元峰，俘敌 5367 余人，缴枪 3500 余支。在战斗中，原红八军团政治委员黄甦不幸牺牲。

直罗镇战役的胜利，彻底打破了国民党军对陕甘苏区的第三次“围剿”，为苏区的巩固与发展赢得了一个相对稳定的环境。正如毛泽东后来评价地那样：“直罗镇一仗，中央红军同西北红军兄弟般的团结，粉碎了卖国贼蒋介石向着陕甘边区的‘围剿’，给党中央把全国革命大本营放在西北的任务，举行了一个奠基礼。”

勇夺腊子口

1935 年 9 月，毛泽东、周恩来率领中国工农红军第一方面军越过雪山草地后，到达位于甘南迭部县东北的腊子口。

腊子口在藏语中意为“险绝的山道峡口”，是川西北通向甘南的门户，地势十分险要。腊子口实如其名，小小的口子不过 30 米宽，两面都是绝壁，形成一个长达百米的甬道。湍急的腊子河从这道缝隙里奔流而下，河上架着一座木桥，成了两山间唯一的连接点。

甘肃国民党守军以腊子口为防守重点布设了数道防线，妄图凭借天险把红军遏阻在腊子口以南峡谷中。是时，红军左侧有卓尼杨土司的上万骑兵，右侧有胡宗南主力，如不能很快突破腊子口，就会面临被敌人三面合围的危险。

毛主席毅然决定立即夺取腊子口，打通红军北上通道。9 月 15 日黄昏，红军第四团接到上级命令：“三日内夺取腊子口，扫除向甘南岷县前进路上的拦阻之敌！”团长王开湘分析完当前形势后，立即率领部队直扑腊子口。

国民党新编第十四师师长鲁大昌得知红军走出草地后，派出其亲信第一旅旅长梁应奎据守腊子口。梁应奎以一个团防守腊子口，在拉子桥东端桥头构筑了几个碉堡，一个营防守，4 挺重机枪面对开阔地构成稠密的火网，封锁通往木桥的通道。主力配置在隘口后的山谷，沿两侧山坡构筑工事，封锁道路。另在至岷州的道路两侧纵深部署了 3 个团，形成了严密的防御体系。在岷州城内，还驻扎着 4 个团的主力部队，随时可以增援。

16 日下午，红四团进至腊子口。先头第一营不停顿地发起进攻，但狡猾的敌人凭借险要地形和坚固工事，躲在炮楼里一枪不发，等红军部队接近桥边时才投下大量手榴弹。50 米的路面上铺了厚厚一层手榴弹破片和没有拉弦的手榴弹，有的地方已经堆了起来。数次进攻均未奏效。红四团当即调整部署，由团长王开湘，政委杨成武率全团营连干部到腊子口前观察，看了很长时间，也找不出个破关之策。腊子口实在是太险了，唯一的办法是利用国民党守军兵力全部集中在正面和桥头碉堡没有封盖的特点，设法爬上守军没有设防的两侧悬崖，居高临下，突然前后夹击。但悬崖高约 70 ～ 80 米，几乎呈 80 ～ 90 度的仰角，既陡又直，让人眼晕，根本无法攀登。

红四团召集全体官兵献计献策。大家提出了一个又一个的方案，又否定所有的方案。就在众人无计可施时，坐在角落中一直未开口讲话的一位外号“云贵川”的苗族战士毛遂自荐，说他能爬上悬崖。杨成武马上和这个战士谈话，了解情况。“云贵川”说：在家时他时常菜药和打柴，爬高山、攀陡壁是家常便饭。只要能找到一根长竿子，竿头绑一个结实的钩子，用它钩住悬崖上的树根、崖缝、石嘴，一段一段地往上爬，就能爬到顶。

事关重大，王开湘、杨成武决定先进行试验。派人用一匹高头大马把“云贵川”送过腊子河，在右岸守军视线死角处开始攀岩。“云贵川”果然身手矫健，借助绝壁石缝中长出的几棵松树，手脚死抠石缝、石板，一段一段地攀登，很快到了崖顶。王开湘、杨成武大喜过望，立即决定连夜进攻。王开湘率军侦察连和第一营第一连，二连组成迂回部队，攀崖绕至守军背后进攻；杨成武指挥第二营正面进攻。夺取木桥，猛攻隘口。

腊子口之战牵动上下，红一军军长林彪、政委聂荣臻和红二师师长陈光接到红四团的攻击部署后，亲自到前沿阵地观察情况，指挥战斗，并决定以军迫击炮连支援红四团。

黄昏时分，迂回部队开始渡河。由于水流湍急，无法徒涉，用麻皮驮渡耗费时间，于是部队砍倒几棵大树，做成两根独木桥，抢渡速度大大加快。几百人全部过河后，“云贵川”攀上悬崖，抛下绳索，后面的官兵顺着绳索依次上攀。

此刻，夜幕降临。正面进攻部队也开始行动了。第二营原为红四方面军第三十三军第九十八师第二九四团。懋功会师后编入红四团，缩编为第二营，很快与红四团融为一体。杨成武到主攻连第六连进行战前动员，战士们群情激昂，都要求参加突击队。最后选定 20 人，由连长杨信义、指导员胡炳云带队。

进攻开始，全团的机枪一起开火。突击队员全身挂满手榴弹，背插大刀，手持枪支，轮番向桥头突击。突击队员、六连连长杨信义率先带领十多人隐蔽接近桥头，一个战士抓着桥下横木过桥时掉进激流，引得敌人向桥下猛烈射击。杨连长趁机带人冲过桥，一边砍杀，一边高呼：“为死去的同志报仇！”敌人被镇住了，有的掉头就跑，有的找隐蔽的角落躲了起来。

与此同时，团长王开湘率领的迂回部队已经直插到敌人背后。他们居高临下，将随身携带的手榴弹绑成捆投向敌阵，炸得敌人嚎叫着跳出工事逃命，正好暴露在六连的面前。六连的战士们早就等着这一时刻，枪也不用，抡起大刀冲向敌阵，展开了肉搏战，峡谷里刀光闪闪，鲜血四溅。激战两个多小时，红四团终于夺取了隘口，并冲破隘口后的第一道防线。

这时天已大亮。梁应奎见势不妙，下令死守山谷后段的第二道防线，等待援兵。杨成武令二营二梯队五连投入战斗，协同崖上的一连、二连歼灭被迂回部队截断退路的守军一个营，自己率二营主力猛攻守军第二道防线。经过近一个小时的连续冲锋，守军放弃阵地，向后逃窜。守军被截断退路的一个营则被红军逼到了悬崖边上，全部缴械投降。一名被俘的敌人感叹道："没有想到，这样的鬼门关都被你们闯了进来！"

腊子口战斗是红一方面军在长征路上最为艰险的一次险关之战。聂荣臻元帅曾对此评论道："腊子口一战，北上的通道打开了。如果腊子口打不开，我军往南不好回，往北又出不去，无论军事上政治上，都会处于进退失据的境地。现在好了，腊子口一打开，全盘棋都走活了。"

张浩：为争取红军长征的完全胜利立了大功的人

1942年3月6日凌晨1时45分，八路军一二九师首任政委张浩在延安中央医院逝世，年仅45岁。

张浩逝世后，毛泽东亲笔题写了“忠心为国，虽死犹荣”的挽联。3月9日，中央决定公祭张浩。公祭之前，毛泽东对朱德、任弼时等人说：“张浩是一位很好的同志。他的去世，是我们党的一大损失，我心里非常难过。我想，同志们的心情也是如此。为表示我们对他的敬意和怀念之情，我提议，他的灵柩由我们几个主要领导人亲自抬。”朱德、任弼时表示同意。上午9时，公祭仪式在延安中央党校门前的广场上举行。中共中央书记处书记任弼时主祭，李克农念祭文。公祭仪式结束后，万余人参加出殡仪式。毛泽东、朱德、任弼时、林伯渠、徐特立、杨尚昆等中央领导人亲自将棺材抬到桃花岭上，并为他下葬。这是毛泽东一生中唯一一次为他人执绋抬棺。

从延安到北京，我党我军的高级领导人中，只有张浩一人享受了这一殊荣。毛泽东还题写了“张浩同志之墓”的墓碑。安葬张浩当天，《新华日报》发表了《悼张浩同志》社论，对张浩一生的功绩给予了很高的评价。

为什么如此高规格？主要是张浩以自己的特殊身份争取张国焘取消第二“中央”，维护了党和红军的团结统一，实现了三大主力红军的胜利会师。

张浩，原名林育英，1897年2月25日生。他和堂弟林彪是受林育南的影响才走上革命道路的。1922年2月，林育英经林育南、恽代英介绍入党，并参加了香港海员大罢工。1923年，林育英在长沙组织大罢工。1924年5月初，林育英被中央选派赴莫斯科共产主义劳动大学学习。1925年7月遵党指示回国，任中共上海沪东区委书记，参与领导了上海的工人运动。1927年初赴武汉，任中共汉口市委书记。大革命失败后，曾领导鄂东秋收暴动。1928年赴湖南参与领导恢复党组织的工作，被选为湖南省委常委和职工运动委员会书记。1929年1月至上海，任中共沪西区委书记，继续从事工人运动。同年5月，在纪念五卅运动四周年的活动中被捕入狱。经组织营救出狱后，以中华全国海员工会特派员身份，奔走于上海、香港和广州之间，指导海员和工会工作。1930年4月，中央调林育英去东北筹建中共满洲省委，并任满洲临时省委书记职工运动部部长。同年9月参加中共六届三中全会，被选为候补中央委员。12月，因叛徒出卖，林育英在抚顺被日军逮捕。他在狱中受尽折磨，但坚贞不屈。1932年2月，林育英经营救获释后返沪，任中华全国总工会常委和中华海员总工会中共党团书记。1933年1月，赤色职工国际决定在苏联召开国际职工代表大会，要求中共中央派一名负责工人运动的领导人出席。中央考虑林育英过去长期从事工人运动，又曾去过苏联，懂俄文，便决定派他与会，同时担任中国总工会驻赤色职工国际代表、中共中央驻共产国际代表。1935年7月，林育英作为中共中央代表团成员，出席了共产国际第七次代表大会。会后，根据会议关于建立反法西斯统一战线的决议精神，林育英参与了以中共中央名义发表的著名《八一宣言》的起草和定稿工作。

为了向正在长征途中的中共中共传达共产国际七大关于建立反法西斯统一战线的会议精神，并尽快恢复与中国共产党的联系，共产国际与中共驻共产国际代表团决定派一位同志回国。经反复考虑，共产国际和中共驻共产国际代表团选中了林育英。

1935 年 9 月底，林育英化名张浩（此后，在党内一直沿用此名），装扮成商人模样，与在苏联受训的密电员赵玉珍一起踏上了归国的征途。一路上，他俩爬山涉水，忍饥挨饿，历尽千辛万苦，经过一个多月的艰难旅程，11 月初终于到达陕西定边县，并很快与定边县党组织取得了联系。当时，定边县党组织的负责人不认识他，甚至对他还有些怀疑。为了弄清情况，定边县党组织向党中央发了一份电报，告知有一个叫“张浩”的人要找党中央，可否送来。中共中央负责人张闻天接到了电报后，认为这个“张浩”很可能就是共产国际派回来的同志，于是特派邓发代表党中央到定边去迎接。11 月中旬，邓发把张浩接到了当时中共中央所在地——瓦窑堡。

张闻天一见到张浩，马上迎了上去。两人紧紧地拥抱在一起，激动得半天说不出话来。过了好久，张闻天才松开手，对张浩说：“辛苦了，欢迎你回来！”张浩顿觉身上的病痛与疲劳全消了。他含着热泪对张闻天说：“总算找到中央了，终于见到领导和同志们了！”张闻天得知张浩是林彪的堂兄时，很高兴，对张浩说：“林彪正与毛泽东同志一起在直罗镇指挥作战。不久，他会回来的。你们兄弟二人就可以见面了。”

12 月 8 日，张闻天和张浩一起到安塞，迎接从直罗镇归来的毛泽东。张浩早就认识毛泽东，但后来由于长期从事地下工作和工人运动，很少有机会与毛泽东会面。张闻天对毛泽东说：“张浩同志刚从共产国际回来，与林彪还是堂兄弟呢！”毛泽东握住张浩的手说：“我们有好多年未见面，你瘦了许多。你回来了，我们的队伍里又多了一员大将！”毛泽东将张浩拉到自己身边坐下，询问了一下共产国际和中共驻共产国际代表团的工作情况。张浩一一作了回答。毛泽东说：“我马上与洛甫、恩来、稼祥他们几个人商量一下，就在最近开个政治局会议。”

12月17日至25日，中共中央在瓦窑堡召开了政治局扩大会议。张浩在会上传达了共产国际七大的会议精神和在莫斯科制定《八一宣言》的经过。这次会议根据共产国际七大的会议精神和国际国内的形势，制定建立最广泛的国际反法西斯和国内抗日民族统一战线的路线、方针和策略，是我党继遵义会议后的又一次重要会议。这样，张浩的回国，不仅使我党和共产国际以及中共驻共产国际代表团恢复了联系，互相了解了情况，也直接促成了瓦窑堡会议的召开和抗日民族统一战线政策的形成。

25日，中共中央召开瓦窑堡会议，作出了《关于目前政治形势与党的任务决议》，确定了抗日民族统一战线的方针。会后，毛泽东找张浩作了一次长谈。毛泽东用商量的口气说："你回来正是时候。目前，中央有几件大事需要你来做，你看怎么样？""哪几件大事？"张浩问。"一是党的工运工作没有负责人，你能否将中央职工运动委员会主任一职担当起来？"张浩说："如果中央认为我适合负责这项工作，我服从组织决定。"毛泽东又说，"二是党的白区工作和对东北军的工作都压在恩来身上不行，这些工作你也有经验，你能否分担一些，再担任中央白区工作委员会副书记和中央东北军工作委员会副主任？"张浩说："我一定协助恩来同志尽力做好这两项工作。""第三件事是中央和红军领导人的团结问题也急于要你来帮助解决。你是共产国际派回来的，目前只有你做这项工作最合适。"毛泽东接着详细解释说："目前，左路军有七八万人，指战员的处境十分危险，要尽快设法将他们拉回来。你现在回来了，可以共产国际代表的身份，配合我们做工作，力争左路军早日回来。"听了毛泽东的一席话，张浩说："我如能起作用那当然好，就怕工作做不好。""也许能起作用，"毛泽东说，"目前，张国焘与我和洛甫（张闻天）、恩来的关系很僵，我们发电去，他听不进去，朱德、向前等同志在那里很为难，也很吃力。张国焘比较相信共产国际，正好你又是共产国际派回来的，你如以共产国际代表的身份做工作，他有可能要听。”当时，张浩住在张闻天的隔壁，张闻天也找他谈过几次话，认为他和张国焘曾一起在白区工作过，关系比较熟，又是共产国际派回来的代表，身份特殊，希望他协助中央尽力做争取张国焘的工作。张浩虽然感到中央交给他的这个任务很重，但为了维护党和红军的团结，表示全力配合中央的工作。

1936年1月16日，张浩根据毛泽东、张闻天的意见，以“共产国际代表”的名义，给张国焘发去了一份电报。电文中说他奉共产国际委派，回国解决一、四方面军发生的分歧，并带有共产国际七大对中国问题的意见和密码，可与国际直接通电。张国焘很快收到了张浩的电报，但他仍不愿意带部队北上。

22日，中共中央召开了政治局会议，通过了《关于张国焘同志成立“第二中央”的决定》，指出张国焘这种行为“无异于自绝于党，自绝于中国革命”，并公布了俄界会议决定。

24日，毛泽东、张闻天又建议张浩以共产国际代表的名义，给张国焘、朱德发去了《共产国际完全同意中共中央的政治路线，张国焘处可成立西南局》的电报。电文称：“甲，共产国际完全同意中国共产党中央的政治路线，并认为中国共产党在共产国际队伍中，除联共外是属于第一位的。中国革命已成为世界革命的伟大因素，中国红军在世界上有很高的地位，中央红军的万里长征是胜利的。乙，兄处可即成立西南局，直属代表团，兄等对中央的原则争论，可提交共产国际解决。”这封电报对张国焘震动很大。他清晰地感到，毛泽东和中共中央得到了张浩这个共产国际代表的支持。尤其是张浩的电报称共产国际“完全同意中共中央的政治路线”，这就等于肯定了中共中央的政治路线是正确的，意味着张国焘的主张和做法是错误的。他若一意孤行，带部队南下，就要背负“违背共产国际指示”得罪名。在这种情况下，他不得不开始重新考虑张浩和中央的意见以及他的南下计划。

27 日，张国焘致电党中央，表示对瓦窑堡决议“在原则上完全同意”，并提出“对目前策略路线既趋一致，应急谋党内统一”。但实际上他的分裂活动仍未停止。2 月上旬，制定了《康道炉战役计划》。此后，部队陆续撤离天全、芦山、宝兴地区，经达维、懋功向西北转移。

2 月 24 日，张浩、张闻天致电朱德、张国焘，对红四方面军的战略行动方针提出了方案，并指出:“育英动身时曾得斯大林同志同意，主力红军可向西北及北方发展，并不反对靠近苏联。”此时，政治上，张国焘完全处于被动；军事上，南下红军作战接连失利，损失惨重，处境日益艰险；组织上，南下红军内部，不仅朱德、刘伯承、徐向前等人一直在和张国焘做斗争，就连一贯支持他的红四方面军政委陈昌浩等也开始反对他。

6 月 6 日，张国焘在炉霍取消第二中央。7 月 2 日，红二、红六军团方与四方面军在四川甘孜会师，红二、红六军团组成红二方面军。27 日，中央批准成立西北局，张国焘任书记，任弼时任副书记。这标志着张国焘分裂主义的彻底破产。

8 月 3 日、9 月 3 日，张浩与毛泽东、张闻天、周恩来、博古又联名给张焘发电，欢迎他率领部队前来会师，并指出“注重目前团结，过去的争论一概不谈”。9 月 27 日，张国焘、朱德、徐向前、陈昌浩联名致电张浩、张闻天、毛泽东，表示尊重共产国际和中央的指示、意见，决不再改变。此后，红二、红四方面军共同动身北上，于 10 月 10 日同红一方面军在会宁胜利会师。

毛泽东高兴地对张浩说：“你这位共产国际代表没有白当，你为党和人民立了一大功。”

19 日，受党派遣，张浩从保安启程，代表中共中央赶往宁夏同心县城迎接红四方面军。在关桥堡，张浩与张国焘单独作了长谈，消除了他的一些疑虑。

12 月 16 日，张浩、朱德、张国焘赶到了保安。在中央举行联欢会之后，张浩再次代表中央找张国焘谈话，表示他这次回来，中央是欢迎的。但希望他能认识自己的错误，并改正错误，真心实意地服从中央的领导，最好是向中央写个书面检讨材料，以取得同志们的谅解，将功补过，为和人民多做工作。张国焘表面表示接受，随后，张浩与张国焘一同回到瓦窑堡。在以后的一段时间里，张浩又多次找张国焘谈话、做工作。对张浩争取张国焘所起的重要作用，除有党史记载和有关老同志在回忆录中作了记述外，张国焘在其所著《我的回忆》中虽多有歪曲，但也还是承认的。

榜罗镇，确定长征的最终落脚点

1935 年 9 月 18 日，党中央率领一、三军团，突破天险腊子口，翻越岷山，占领甘肃哈达铺，进入甘南地区。

20 日，中共中央进驻哈达铺。在哈达铺，中央领导人搜集到了许多国民党统治区域出版发行的旧报纸，其中有天津出版发行的《大公报》、山西出版发行的《晋阳日报》，以及《民国日报》等，了解到日本侵略我国北方的形势以及红二十五军与陕北红军会合的消息。《大公报》上刊载：陕北则有广大之区域，与较久根据地，还报道，陕北的延安、延长、保安、安塞、靖江 5 座县城为红军所占领，“现在陕北的状况正与民国二十年之江西情形相仿佛”。从报纸上了解到陕北有一个大的苏区根据地，有一支活跃的红军，还有游击队和很好的群众基础。了解这些信息后，毛泽东十分高兴。他马上把这些报纸转送给周恩来、张闻天、王稼祥、博古等，召集他们开会，决定落脚陕北。

22 日，中共中央在哈达铺关帝庙召开了红一方面军第一、第三军团和军委纵队团以上干部会议，毛泽东在会上作了报告。按中央政治局俄界会议决定，他正式宣布：军委纵队和红一方面军第一、第三军团改编为中国工农红军陕甘支队，彭德怀为司令员，毛泽东为政治委员，林彪为副司令员，叶剑英为参谋长，张云逸为副参谋长，王稼祥为政治部主任，杨尚昆为副主任，下辖3个纵队。原红军一军团编为第一纵队，纵队长林彪（兼），政委聂荣臻；原三军团编为第二纵队，纵队长彭德怀（兼），政委李富春，军委直属纵队编为第三纵队，纵队长叶剑英，政委邓发。全支队共7000余人。

27日，陕甘支队占领通渭县的榜罗镇。榜罗镇隶属陕西通渭县，位于县域西南100里，因地处交通要道，清初建镇，民国时期发展成为全县四大集镇之一。毛泽东住在县域西关的一个院落里，他的《七律长征》一诗就是在县域文庙参加第一纵队（即原红一军团）第一大队（队长杨得志、政委萧华）先锋连举办的晚会上，首次公开朗诵的。

9月27日，中央政治局常委在榜罗镇召开会议。张闻天、毛泽东、周恩来、王稼祥、博古等人出席会议。会议由张闻天主持，会议讨论研究了当前的形势和陕北的军事、政治、经济状况，认为陕甘支队应迅速到陕北同那里的红军会合。会议决定改变俄界会议关于首先打到甘东北或陕北，以游击战争与苏联发生联系，取得国际帮助，创建根据地的原定战略方针，作出了把红军长征落脚点放在陕北的正确决策，提出保卫与扩大陕北苏区的新的战略方针。会议还决定派一支部队，与国际联系，取得国际的技术帮助。后来因为条件不具备，主观力量达不到而未能实现。

28日晨，在蒙蒙细雨中，党中央在榜罗镇小学旁边打麦场上召开了陕甘支队连以上干部会议。因国民党军飞机频繁出动，会议的时间定在清晨五点。

会场是个露天的打麦场，四周有一圈低矮的土围墙，在一面围墙下放了一张桌子就是主席台，红军干部们全部坐在打成捆的麦草上。中央机关所在的第三纵队和由红一军组成的第一纵队按时进了会场，由于行军和战斗的原因，很长时间没有见面的战友相互问候着。早晨六点，会议正式开始。

支队政委毛泽东在会上传达了中央政治局常委会议的新决策，进行了政治动员，提出：“1. 日本侵略北方的严重性；2. 陕北根据地和红军状况；3. 陕北方可成为抗日新阵地的经济、政治条件；4. 要避免同国民党军作战，要迅速到达陕北集中；5. 严格整顿纪律，充分注意群众工作，解释我军北上抗日的意义，注意扩大新战士等。”

支队司令员彭德怀，党中央总负责人张闻天和支队副司令员林彪先后讲了话。贾拓夫还向大家介绍了陕北根据地和刘志丹的情况。会后，各部队立即进行政治动员和物质准备，提出整顿军队风纪，做群众工作，扩大新战士，进行宣传等具体要求。

榜罗镇会议把陕北确定为中国革命地大本营，保存了红军的基本力量，使中共中央和红军主力转移到了抗日战争地前进阵地，获得了战略转移的立足点和开创新局面地出发点。

9 月 29 日，毛泽东、彭德怀率第一纵队先行出发，抵达通渭城，迈出了向陕北前进的第一步。

吴起镇，巩固扩大陕甘根据地

根据榜罗镇会议作出的保卫与扩大陕北苏区的新的战略决策，党中央率陕甘支队约6000人分左、中、右三路纵队北上，通过通渭地区，翻越六盘山，又经过1000多里的艰苦行军和英勇作战，从甘肃进入陕北，于1935年10月18日抵达铁边城。党中央在这里召开了第一次政治局常委会议。参加会议的有：张闻天、毛泽东、王稼祥、博古、林彪、聂荣臻、杨尚昆等。会议由张闻天主持，议题主要是讨论陕甘支队入陕作战方针和进入吴起镇与红二十五军、陕北红军会合等问题。会上，张闻天指出：关于在陕北建立苏区问题，政治局同志无一异议；毛泽东在上次榜罗镇召集的会议上作出决定，大家是同意的，应批准；至于中央整个政治决议，应在与二十五、二十六军同志商量后再发。

在这次会议上，根据当前形势和部队实际情况，提出了许多议案，如红军入陕后的作战方针主要是在西边打蒋介石的嫡系部队，还是在南边打东北军，或是向北打的问题，同西北红军会合的方向和解决战略方针的问题，整顿部队，提高战斗力、群众工作、解决物资、冬衣等问题，认为上述这些问题迫切需要中央迅速作出决定。毛泽东在会上还指出，现在我们已到陕西，到保安尚有 4 ～ 5 天路，需要一天休息才好，这几天没有饭吃，不得不走，到前面有粮地方休息。我们要把保安变为苏区，过去敌人对我们是追击，现在改为“围剿”，我们要打破这“围剿”，我们须在敌人“围剿”前做很多工作。这次会议实际上是吴起镇会议的预备会议。

10 月 19 日，党中央和中央红军进驻陕甘革命根据地吴起镇。随后又同十五军团胜利会师。至此，中央红军胜利地完成了历时一年，纵横 11 个省，行程 2.5 万里的长征。党中央和中央红军主力终于找到了长征立足点，抵达最后的目的地，胜利地实现了历史性的战略转移。

10 月 22 日，中央政治局在吴起镇召开扩大会议。参加会议的有：张闻天、博古、毛泽东、周恩来、博古、王稼祥、邓发、李富春、聂荣臻、刘少奇、叶剑英、凯丰、贾拓夫、彭德怀等，张闻天主持会议，会议的中心议题是，总结俄界会议后红军的行动，讨论目前的形势和任务，确定新形势下陕甘支队的行动方针。首先由毛泽东作报告。

毛泽东在报告中首先报告了俄界会议以来的形势与陕甘支队的任务。主要内容是：1. 宣布中央红军已完结一年长途行军，提出党的新任务是保卫与扩大陕北苏区，以领导全国革命。报告指出：自俄界出发已走了 2000 里，到达这地区的任务已完成了，敌人对于我们追击堵击不得不告一段落，现在是敌人“围剿”，而我们保卫与扩大陕北苏区，主要敌人是蒋介石、张学良、阎锡山。他们正准备对陕北苏区的“围剿”。所以，现陕甘支队，应提出保卫陕北苏区的口号。俄界会议与张国焘决裂，那时口号，打到陕北去，以游击战争与苏联发生联系。榜罗镇会议改变了俄界会议的决定，因为那时得到了新的材料，知道陕北有这样大的苏区与红军，所以作出改变，决定在陕北保卫与扩大苏区。在俄界会议上想在会合后，带到接近苏联的地区去，那时保卫与扩大陕北苏区的观点是没有的，现在我们应批准榜罗镇会议的改变，从陕北苏区来领导全国革命。2. 确定了红军当前作战方针。毛泽东根据陕北的环境和形势，阐明了红军的作战方针。指出，10月到11月初约20天，我们方向应是西和西北，大的方向是陕甘，陕甘晋三省是发展主要区域，现在先向西，以吴起镇为中心，整顿部队，扩大部队，群众工作。3. 规定了红军当前中心工作。报告指出：在部队方面应提高战斗力，扩大红军，解决物质问题。这三件是目前部队中心工作。4. 决定继续加强与国际联系。报告说：与国际联系派一支队去，取得国际技术帮助，现在仍是一项重要任务，但目前我们具体不能派去，条件还不够。5. 重视同西北同志的团结。毛泽东指出：现我们应极大注意两方面关系问题。南北军队有些不同，互换领导，亦须注意。我们应以快乐高兴的态度，和他们见面。

在讨论中，邓发、李富春、聂荣臻、刘少奇、叶剑英、凯丰、博古、贾托夫、张闻天、彭德怀先后发言。他们着重阐述了下列主要问题：1. 粉碎敌人“围剿”，保卫与扩大陕北苏区。指出：如没有动员广大陕北群众，单靠陕甘支队力量，是不能粉碎敌人“围剿”的。由于陕北苏区领导全国的革命运动，所以，我们的任务是“扩大和保卫陕北苏区”，要“采取一切力量来巩固与发展陕北苏区”。2. 拥护榜罗镇会议决定，使陕北成为领导全国革命的中心。指出榜罗镇决定的改变是很正确的重要的，是很应该的，应决定在此建立巩固苏区，应向战斗员解释。彭德怀指出：俄界会议还不能决定在陕甘的什么地区建立根据地，现已胜利的到达这一地区，保卫这一苏区是唯一正确方针。3. 打通国际路线，取得苏联援助。刘少奇认为：打通国际路线，取得联络，现虽不能派部队，但用电报或通讯，与之联络是很重要。博古指出：派一个支队在打通国际路线应拒绝，取得联络，求得指示，是很重要，长期失去国际联络是损失。张闻天认为：打通国际路线，无论如何要打通，主要是政治帮助，与之发生直接联系。4. 加强与西北红军联系。叶剑英认为，应使二十五、二十六军了解中央红军到陕北苏区，为着领导一方面军二十五、二十六、二十八军，我们应公开军委与中央机关，他还提出，恢复一、三军团名义，有很大历史意义。

毛泽东作会议总结发言时指出，党中央和中央红军已经完结一年长途行军，开始新的有后方的运动战。他还强调指出：正确的方针，需要我们一致的努力，首先统一领导问题，应由政治局委托常委去解决。

中共中央在吴起镇召开的政治局扩大会议作出的另一个重要决定是派王首道、贾拓夫两位同志立即赶赴瓦窑堡，迅速将中央的情况告诉陕北苏区的党和军队领导人，同时勒令陕北苏区立即停止“肃反运动”。

中央还决定成立由博古负责的党务委员会，任务是迅速纠正陕北苏区错误的“肃反运动”。

27日，中央政治局常委在吴起镇再次召开会议，参加会议的有张闻天、毛泽东、周恩来、博古、王稼祥等，会议由张闻天主持，主要议题是研究部队工作。会议赞同毛泽东的意见，即目前我们队伍虽小，但它是将来发展的基础，现在环境变了，二万多里走完了，将来再不会走了，应向干部解释。会议决定，陕甘支队南下，同红十五军团会师，隆冬之前打破国民党军的“围剿”，扩大苏区。

吴起镇会议批准了榜罗镇会议把红军长征落脚点放在陕北的战略决策，决定党和红军今后的战略任务是建立西北苏区，以领导全国革命，从而宣告了中央红军长征的完结，开创了党中央全国革命大本营放在陕北的新的历史时期。

贾拓夫：确定长征落脚点的功臣

1934年10月，由于第五次反“围剿”失利，中央红军被迫向西转移，开始长征。中央红军关于落脚点的选择，几经变更，自1934年10月中央红军离开江西苏区进行长征以来，先后有数次准备建立新根据地的落脚点：一是到湘西与红二、红六军团会师，在湘西建立根据地；二是以贵州遵义为中心的黔北根据地；三是遵义会议后准备在川西或是川西北建立根据地；四是打回川陕甘地区去；五是在“与苏联接近的地方创造一个根据地，将来向东发展”，在最终将陕北作为落脚点的过程中，贾拓夫作出了重要贡献。

毛泽东是从旧报纸上获悉陕北有红军的消息的，这已经成为党史研究者的基本共识。据《毛泽东年谱》中记载，毛于9月18日会见一纵队侦察连连长梁兴初、指导员曹德连，要他们到哈达铺找些“精神食粮”，只要是近期报纸杂志都找来。杨尚昆在他的回忆录里这样写：“在哈达铺，我们才知道陕北有刘志丹的部队，有一块根据地。当时，我看到两个材料，一个是国民党政府出的布告，说刘志丹‘匪徒’在三边地区活动，政府正‘围剿’。聂总先看到的，马上报告叶剑英，并把布告揭下来送到毛主席那里。另一个是我在老百姓家里看到的一张油印的红军传单，上面有‘红军占领中心城市的伟大胜利’这样的话；所谓中心城市是指瓦窑堡……此外，从当时收罗来的国民党区域的报纸上也证实国民党军队正在向陕北红军刘志丹部进攻。知道这些消息后，毛主席非常兴奋，说你总要找一个地方歇脚呀。他召开了一个小会，决定向陕北红军所在的那个地方走，就是向延安西北方的保安那里走。过了几天，部队进到通渭县的榜罗镇，中央召开政治局常委会，改变俄界会议关于在接近苏联的地方建立根据地的决定，确定将中共中央和红军的落脚点放在陕北。”

据史料记述，1935 年 9 月 12 日俄界会议后，中共中央率陕甘支队迅速北上，18 日到达甘肃岷县以南的哈达铺。毛泽东是 1935 年 9 月 21 日抵达哈达铺的，住在一家名叫“义和昌”药店的后院。22 日，党中央就在毛泽东的住处召开会议，初步改变原先要北上建立川陕甘革命根据地的计划，决定到陕北去与刘志丹的红军会合，并宣布正式成立有三个纵队组成的中国工农红军陕甘支队。毛泽东在会上讲，我们要感谢国民党的报纸，提供了陕北红军比较详细的消息，那里不但有刘志丹的红军，还有徐海东的红军，还有根据地，我们要抗日，首先要到陕北去！从这里到刘志丹创建的陕北根据地，不过七八百里的路程，大家要振奋精神，继续北上。

在这里，聂荣臻得到一张 7 月份的国民党报纸，上有消息写道：“陕北刘志丹部占领六座县城，拥有正规军五万多人。”聂荣臻立即将报纸专送司令部叶剑英。为核实消息真伪，充分了解陕北红军情况，叶剑英找到中央红军中唯一来自陕北革命根据地的红军总政治部白军工作部部长、曾担任中共陕西省委秘书长的贾拓夫。看完报纸后，贾拓夫高兴地说：“陕北是个闹革命的好地方，群众生活很苦，迫切要求革命，加上穷乡僻壤，可以和反动势力周旋。”贾拓夫言简意赅地阐明了陕北具有进行革命的牢固阶级基础、良好的群众觉悟以及充分的战略机动空间等优势。

听完贾拓夫的汇报，叶剑英把报纸拿给彭德怀，彭德怀看完后，又带着报纸找到毛泽东。彭德怀回来说：“老毛和中央其他同志已初步决定，到陕北去靠刘志丹。”

据时任中央红军作战参谋的孔石泉回忆，旧报纸上的这个消息给历尽磨难、几近绝境的中央红军带来了历史性的契机，就像在茫茫夜空中找到了指路的北斗。作为陕甘支队司令员的彭德怀也兴奋地对叶剑英说：“这张报纸来得太及时了，中央已决定下一步到陕北去，去找刘志丹！”

由于长征落脚点的选择事关重大，毛泽东找来贾拓夫当面询问陕北详情。贾拓夫将 1933 年 7 月陕西省委被破坏以前陕甘游击队、红二十六军的活动及陕西革命斗争等情况作了详细汇报，并建议中央到陕北立足。毛泽东听后兴奋地说：“别说陕北有几万红军，能有一万就好了。”并向身边的谢觉哉说：“看来刘志丹在陕北至少开辟了一块根据地，到了陕北再说吧。”

贾拓夫的汇报，坚定了中央落脚陕北的决心。毛泽东在随后召开的团以上干部会议中明确指出：“首先要到陕北去，那里有刘志丹的红军。”毛泽东代表中央第一次明确了红军的落脚点。

9 月 27 日，中央政治局常委在榜罗镇开会。会议正式决定，把中共中央和陕甘支队的落脚点放在陕北，在陕北保卫和扩大苏区。贾拓夫列席了会议。会后，贾拓夫作为向导，跟随在毛泽东等领导人身边，随时介绍陕北的政治、经济、军事等各方面概况，为中央决策提供参考。

1935 年 10 月 19 日，中央红军进驻吴起镇。看到一间窑洞门口挂着工农民主政府的牌子，红军觉得终于到家了。22 日，中央政治局召开会议，宣告中央红军长征结束。

切“尾巴”

1935年10月19日，中共中央和毛泽东率领工农红军，到达西北革命根据地，进驻吴起镇（今吴旗县），胜利地结束了长征。

吴起镇地处陕、甘交界，北与定边县接壤，东、南和赤安县（原保安县，今志丹县）苏区相连，是西北革命根据地的边缘地区。中共中央和中央红军到达吴起镇，即使西北革命根据地成为长征的落脚点和后来抗日战争的出发点。

正当中央红军离甘进陕之际，蒋介石即电令宁夏马鸿逵：“红军长途行军，疲惫不堪，企图进入陕北会合刘志丹，兹令你部骑兵前往堵截，相机包围，予以歼灭。”随即调集了马鸿宾部第三十五师1个骑兵团，毛炳文部的第八师、第二十四师，东北军骑兵第三师两个骑兵团、第六师3个骑兵团，先后于甘肃省何连湾集中，协同尾追红军。

中共中央和毛泽东一到吴起镇，就作出了一系列英明决策。为了保护苏区人民不受追敌的侵害，立即部署了“切尾巴”战斗，决心将尾追之敌歼灭在苏区以外。毛泽东召开陕甘支队干部会，坚定地说：我们后面的敌人是条讨厌的“尾巴”，一定要把这条尾巴斩断在根据地门外，作为与陕甘红军会师的见面礼，不能把敌人带进根据地。

为了打好这一仗，毛泽东、周恩来等中央领导接见地方干部，并作了重要指示。吴起镇周围的县、区、乡党组织，坚决响应党中央的战斗号令，领导苏维埃政府、游击队和赤卫军，立即准备担架，做好救护准备工作，选派强有力的干部战士给中央红军当向导，决心配合中央红军打好这一仗。

根据中央军委的部署，红军先后于10月19日晚和10月20日晨分别进入阵地。陕甘支队一纵队进入吴起镇及二道川塔儿湾以东，埋伏于三道川、二道川与头道川之大峁梁上，其四大队埋伏在头道川的杨城子左右山坡上，准备截断敌人的退路；二纵队进入吴起镇西北乱石头川的梁台、郭沟门一线，埋伏于头道川与石头川之间的山梁上；三纵队进入吴起镇东南宁塞川的宗圪堵至彭沟门一线，埋伏于洛河东侧吴起镇的燕窝梁上。红军布下口袋战术，严阵以待。

10月18日拂晓，国民党军在何连湾集结后，奉命追击红军，骑兵为前锋，步兵跟进。东北军第六师师长白凤翔率3个骑兵团，副师长张诚德率第三师两个骑兵团和第三十五师马培清骑兵团日夜兼程，盯住红军不放。10月19日晚，马培清骑兵团进抵铁边城附近宿营，距红军只有10多里。

红军主力为了在吴起镇集结，决定由第三纵队干部团担任阻击任务。团长陈赓命肖应棠率3个班埋伏在距铁边城约10华里的王畔子东西两个山坡上滞敌前进。

10月19日晨，驻铁边城的马培清团派出1个排，顺头道川侦察前进，当进入红军的伏击圈时，肖应棠一声令下，机枪、步枪一齐开火，敌骑兵措手不及被打散。随即1个连又向红军阵地扑来，顷刻之间又被打散。午后，第三十五师骑兵团的1个营在飞机、迫击炮和轻重机枪的掩护下，顺着小沟向红军阵地袭来，红军战士以一当十，激战两小时，将其击退。10月20日，第三十五师骑兵团让开中路，顺二道川与头道川之间的山梁侦察前进，从侧翼夹攻。下午准备在二道川刘河湾一线宿营时，遭到红军一纵队的伏击，马培清凭借有利地形，将部队拉到头道川与二道川山梁上构筑工事，准备扼守。此日，白凤翔率骑兵部队由正面推进。白部凭借人多势众，装备精良，顺着头道刷奔驰而下。黄昏时，第三师两个骑兵团已进入红军包围圈。埋伏在杨城子山坡上的红军第一纵队四大队趁其不备，突然发起进攻，经两个多小时的激战，打死打伤 400 余人，缴获战马 100 余匹。

10 月 21 日 4 时半，毛泽东登上洛河以西的平台山（今胜利山）指挥所，召集部分干部开会，再次进行动员，反复强调打好这一仗的重大意义。7 时左右，一纵队二大队在二道川塔儿湾对第三十五师骑兵团发起进攻，其军大乱，团长马培清随即把兵力拉到二道川与头道川的山梁上，窥视方向，准备逃跑。逃跑不到 10 华里，又遭到红军一纵队主力的伏击，其警戒连被歼。这时战役全面打响，红军左右两翼配合作战，截住白凤翔第六师的 1 个骑兵团，将其全部缴械，其余被红军击溃。白凤翔率残部逃窜，红军追击 50 余里。马培清骑兵团亦被红军在山梁上打得七零八落，即率残部向元城子方向逃窜。在齐桥又遭埋伏在三道川的一纵队二大队的伏击，经过激战歼灭 50 余人，缴获战马 20 余匹。整个战斗从 7 时打响，到 9 时多结束，全歼国民党军第三师的两个骑兵团，第六师的 1 个骑兵团，击溃第六师的两个骑兵团和第三十五师马培清骑兵团，毙、伤、俘 1600 余人，缴获迫击炮、重机枪数十门（挺），战马 1600 余匹。至此，红军切断了长征中的“尾巴”，实现了战略大转移。

战斗开始前，毛泽东给警卫员说：“现在休息休息，枪声激烈时不要叫我，打冷枪时再叫我。”大家立刻心领神会。长征中，毛泽东神机妙算、用兵如神，其高超智慧早为红军将士所折服。不用说，这场对敌人骑兵的战斗，已经是胜券在握了。

果然，先是马鸿宾的第三十五师骑兵团耀武扬威地走过来。骄横的敌人，气焰嚣张，根本没料到红军设伏。当其进入红军的埋伏圈时，彭德怀立即下达了攻击命令。顷刻间，枪声、手榴弹爆炸声响成一片，火光闪闪，打得敌人晕头转向，纷纷落马溃逃。随后东北军白凤翔的骑兵先遣团赶来，又迅即被打乱，掉头逃命。红军立即乘胜追击，利用土岗深沟，将敌人分割包围。与此同时，敌另外 3 个骑兵团也被同时击溃。这一仗干净利索地消灭了敌 1 个团，击垮 3 个多团，俘敌 700 余人，缴获一批轻重武器和战马，其中有马术教官、兽医和会钉马掌、修马鞍子的工兵，补充了红军新建的骑兵队。

据说一直等枪声开始稀疏了，毛泽东才睁开眼睛，翻身起来，带着警卫员亲临前线。他举起望远镜，逐一观察着战场情况，直到枪声渐渐移向远方，判定残敌已经溃逃，才回到住地。

刚进入陕北就打了一个漂亮的胜仗，毛泽东在吴起镇简陋的窑洞里，想到彭德怀卓越的指挥才能，在历次作战中屡建奇功，不禁诗兴涌动，写下了一首六言诗：

山高路远坑深，
大军纵横驰奔。
谁敢横刀立马，
唯我彭大将军。

战斗结束，彭德怀来到毛泽东住处，看到桌子上放着的这首诗。诗的第一句，恰好是他和毛泽东等在战前签发的作战命令中的一句话，只是毛泽东把其中“路险”写成了“路远”，把“沟深”写成了“坑深”。当他看到最后一句是“唯我彭大将军”时，觉得胜利不应归功于他个人，随即拿起笔来，把“唯我彭大将军”改为“唯我英勇红军”。

毛泽东诗不写己，彭德怀功不自居，展现了何等的胸襟与气度啊！于是，这段改诗的佳话，在全党全军，一直被人们传颂。

“切尾巴”战斗之后，吴起人民为了纪念红军的胜利，把平台山改名为胜利山。

《三大纪律八项注意》歌

1935 年 9 月 16 日，刘志丹等率领红二十六、红二十七军赶来和红二十五军会师。两支部队指战员热烈握手，热情拥抱。在这次会师中刘华清第一次见到刘志丹。

9 月 18 日，在永坪镇举行了盛大的联欢会，庆祝两支红军队伍胜利会师，同时纪念“九一八事变”四周年。会场在河滩上，北边搭了个席棚台子，会场当中用石灰划了一条粗粗的白线。线的左边是红二十五军部队，右边是陕甘苏区的红军。

会后，根据陕甘晋省委决定，为了统一指挥，红二十五、红二十六军和红二十七军合编为红十五军团。徐海东任军团长，程子华任政治委员，刘志丹任副军团长兼参谋长，高岗任政治部主任、郭述申任副主任。下辖第七十五师（红二十五军改编）、第七十八师（红二十六军改编）、第八十一师（红二十七军改编）。军团机关和直属队编有司令部、政治部、供给部、卫生部、手枪团、补充团、交通队等，全军团共七千多人。军团政治部机关，由原红二十五军政治部改编。政治部下面设科，刘华清仍当宣传科长。

红十五军团成立不久，为了打破敌人对陕甘苏区的第三次“围剿”，就在劳山、榆林桥打了两个大胜仗，稳定了局势。战斗中有大量缴获，红军的武器装备得到改善，服装给养得到补充，为中共中央和主力红军的到来创造了有利条件。

劳山、榆林桥战斗后，陕甘苏区掀起了参军热潮，部队补充了大批新兵，两次战斗中的大批解放战士也补入部队。为了加强对他们的政治纪律教育，军团政治部要求刘华清负责组织编写教育提纲，派出有带兵经验的政工干部下连队讲课，同时组织了一些典型人物，现身说法，搞两种军队的对比教育。

在对新兵进行纪律教育时，军团政治部秘书长程坦找刘华清，建议把“三大纪律八项注意”编为歌曲，让大家唱。两人一拍即合。程子华到鄂东北时，曾教刘华清学过中央苏区很多歌曲，并讲了“三大纪律八项注意”的条文，具体内容与鄂豫皖红军的条文有些差别。按他的意思作了修正后，印发各部队，要求指导员给战士讲，并在行军宿营检查执行。红二十五军长征到陕南创造新苏区时，程子华、郑位三要刘华清去部队教唱歌，讲“三大纪律八项注意”事项，刘华清觉得太麻烦，也曾有过把“三大纪律八项注意”编成歌曲的想法。但是，战事频繁，加之没有音乐知识，也就作罢。现在程坦秘书长已把鄂豫皖原有“三大纪律八项注意”的条文与中央苏区的条文修正好了，要变成歌曲，找刘华清商量，真是不谋而合。程坦和刘华清一样，也不懂音乐。他俩就借用了鄂豫皖苏区流行的《土地革命完成了》的歌谱，反复咏唱，认为歌词和曲子很合拍。唱了许多遍后，觉得可行。就向军团政治部主任郭述申报告，得到郭主任的称赞，在《红色战士报》上刊出，印发各部队，在部队组织教唱，收到了非常好的效果。因为歌词容易领会，曲调也简单，这首歌很快就传唱开来。

对这段历史，郭述申是这样回忆的：“这首歌的歌词，是程坦同志写的。……到达陕北后，中央红军先遣队带来了《中国工农红军三大纪律八项注意布告》，他为了用革命军队的纪律教育广大指战员，特别是对刚补入部队的一批解放战士，便依照布告内容，逐条编写成歌词。在军团政治部宣传科长刘华清的协助下，把歌词填入原来在鄂豫皖苏区流行的《土地革命歌》的曲调中。他们送给我看时，我让他们在军团政治部编印的《红色战士报》上予以刊登。最初的歌名叫《红军三大纪律八项注意歌》。”

这支歌很快又在更大范围引起了注意。1935 年 10 月 19 日，中央红军结束长征，胜利到达陕北吴起（今吴旗）镇。打下张村驿等据点后，于十一月上旬在鄜县（今富县）以北地区与中央红军会师了。中央决定，恢复中国工农红军第一方面军的番号，红十五军团编入红一方面军。彭德怀任方面军司令员，毛泽东兼任政治委员，王稼祥任政治部主任，下辖第一军团和第十五军团。也就在庆祝两军会师的大会上，红十五军团的官兵高声唱起了《三大纪律八项注意》歌，立即引起全场注意。会后不久，许多部队都组织学会了这支歌。

可以说，《三大纪律八项注意》歌是由红二十五军先唱起来，然后在红军各部队中传唱开的。

刘华清后来回忆说：“当时并没想到这首歌会流传得那样快，那样广，影响这么久远。如果这算得上是一份成绩，主要是程坦同志倡议干的，是他的历史功绩，我只是协助，做了个‘媒人’，把苏区现成的曲调往歌词上嫁接了一下。”

瓦窑堡，确定抗日民族统一战线总政策

1935年12月，中共中央在陕北瓦窑堡召开了一次重要的政治局扩大会议，即瓦窑堡会议。这次会议，是在中日民族矛盾日益加深，大规模的抗日民主运动重新高涨的形势下，为制定正确的政治路线和革命策略而召开的。

1935年夏秋之间，日本帝国主义制造华北事变，妄图吞并华北进而灭亡整个中国。12月9日，北平爆发了“一二·九”运动，把全国的抗日救亡运动推向新高潮。此时，中国共产党面临着从土地革命战争向民族革命战争转变的新形势。为了对整个形势作出分析，制定出适合新情况的完整的政治路线和战略方针，1935年12月17日，中共中央在陕北安定县（今子长）瓦窑堡召开政治局扩大会议。出席会议的有毛泽东、张闻天、周恩来、博古、李维汉、王稼祥、刘少奇、邓发、凯丰、张浩、邓颖超、吴亮平、郭洪涛等十多人。

张闻天主持会议，并作关于政治形势和策略问题的报告，张浩作关于共产国际七大精神的传达报告。会议着重讨论了全国政治形势和党的策略路线、军事战略，确立了建立抗日民族统一战线的新策略，并相应地调整了各项具体政策。

决议分析了当时政治形势的基本特点，规定了党在新形势下的策略路线。指出：当前时局的基本特点是日本帝国主义“正准备并吞全中国，把全中国从各帝国主义的半殖民地变为日本的殖民地”。民族矛盾已上升为主要矛盾。一切不愿当亡国奴，不愿充当汉奸的中国人的唯一出路，就是“向着日本帝国主义及其走狗汉奸卖国贼展开神圣的民族战争”。决议认为，民族革命的新高潮推醒了工人阶级和农民中的落后阶层；广大的小资产阶级群众和知识分子已转入革命；一部分民族资产阶级，许多乡村富农和小地主，甚至一部分军阀也有对革命采取同情中立的态度以至有参加的可能。党应该采取各种适当的方法与方式，去争取这些力量到反日战线中来。决议指出，在地主买办阶级营垒中间，也不是完全统一的，党也应利用他们之间的矛盾与冲突，以利于抗日民族解放斗争。对于日本帝国主义与其他帝国主义之间的矛盾，也应采取这样的策略。决议指出：党的策略路线是发动、团结与组织全中国全民族一切革命力量去反对当前主要的敌人——日本帝国主义与蒋介石。

为了结成广泛的抗日民族统一战线，决议批评了党内长期存在的“左”倾关门主义，分析了它的来源与危害，指出这是目前党内的主要危险，必须坚决加以纠正。

决议提出了中国共产党在抗日民族统一战线中的领导权问题，强调共产党必须以自己彻底的反日、反汉奸卖国贼的言论和行动去取得统一战线的领导权，“只有在共产党领导之下，反日运动才能得到彻底的胜利”。此外，为了适应抗日民族统一战线的需要，决议提出将工农共和国改为人民共和国等问题，并相应地改变了党的若干政策。

23 日，毛泽东作了军事问题的报告。同日，根据毛泽东的报告，会议通过《中央关于军事战略问题的决议》，提出红军行动的战略方针是：把国内战争同民族战争结合起来，准备直接对日作战力量和猛烈扩大红军。

25日，会议通过了《中央关于目前政治形势与党的任务决议》。27日，毛泽东根据瓦窑堡会议决议精神，在党的活动分子会议上作了《论反对日本帝国主义的策略》的报告，进一步从理论和实践上阐明了党的抗日民族统一战线策略方针。

瓦窑堡会议，是中国共产党在中华民族危亡关头，是在中国革命的转折时刻，是在红军扩大发展的重要时刻，召开的一次极为重要的会议。会议科学地分析了中国的政治形势，解决了遵义会议没有来得及解决的党的政治策略问题，制定了全党全军进入新阶段的基本战略方针，为红一方面军规定了战略任务，指明了前进的方向。从此，中国革命开始由国内革命战争转为抗日民族革命战争。

纠正“陕北肃反”，挽救根据地危机

在中共中央率领陕甘支队到达陕北时，陕北根据地党内正面临一场严重的危机。1935 年 7 月，朱理治以中央代表名义到达陕北，开始推行“左”倾错误路线。红二十五军到达陕北后，成立了中共陕甘晋省委，朱理治任书记，戴季英任政治保卫局局长，并改组了西北军事委员会，聂洪钧任主席。在聂洪钧、戴季英的主持下，继续推行王明“左”倾冒险主义，错误地开展反对“右倾取消主义”的斗争，一直发展到严重的错误肃反，前方“肃反”工作由聂洪钧负责，后方由戴季英负责。在“肃反”中，“左”倾错误的执行者采取了“逼、供、信”的手段，造成乱供乱抓，株连无辜。他们先是拘捕在后方工作的西北军委和原陕甘边根据地的重要干部，接着将“肃反”扩大到前线。先后逮捕了刘志丹、高岗、习仲勋、杨森、张秀山、杨琪、张策、刘景范、马文瑞、郭宝珊、蔡子伟、黄罗斌等一大批领导干部，原陕甘苏区军队营以上、地方县以上的领导干部和从白区来的知识分子几乎全部被捕；200 多名军队营以上、地方县以上的领导干部遭杀害；一些干部被调离重要工作岗位。致使党组织和干部队伍严重削弱，军心动摇，民心不稳；地主、富农乘机煽动反攻倒算，以致保安、定边等地发生“反水”情况。根据地陷入严重的危机。

党中央到达吴起镇之后，毛泽东、周恩来等人在接见当地游击队负责人张明科时，首次了解到了陕北苏区“肃反”的严重情况。当听说刘志丹也被捕时，毛泽东十分震惊，起身反复问道：“为什么？什么时间被关押的？现押在什么地方？”并指示先期出发寻找陕甘晋省委和红十五军团的贾拓夫、李维汉，一定要把情况弄清楚，立即电告中央。

贾拓夫、李维汉到达下寺湾时，与中共陕甘晋省委副书记郭洪涛相遇，证实了陕甘苏区“肃反”扩大化的严重问题。他们立即将这一情况电告党中央。毛泽东意识到了事情的严重性，派国家保卫局局长王首道前往瓦窑堡接管被“左”倾冒险主义执行者控制的西北军委保卫局，立即发出“停止逮捕，停止审查，停止杀人，一切听候中央来解决”的指示。毛泽东提出“我相信创造这块根据地的同志是党的好干部”，要求“刀下留人，停止捕人”“一切等候中央解决”。

10月30日，毛泽东等率领陕甘支队继续东进，抵达甘泉县道佐铺，听取了徐海东等同志的汇报。毛泽东提出，粉碎敌人的“围剿”，要先占领张村驿。11月2日，中共中央来到陕甘边苏维埃政府所在地——甘泉县下寺湾，边区政府在此召开欢迎大会，庆祝中共中央、中央红军长征到达陕北。

3日，中共中央在此召开常委会议，听取陕甘晋省委和西北军委负责人关于西北根据地“肃反”及劳山、榆林桥战役情况的汇报。中共中央决定成立党务委员会，由董必武、张云逸、李维汉、王首道、郭洪涛等组成，审查错误肃反问题。

7日，张闻天、博古、王稼祥、刘少奇等率领中央机关抵达瓦窑堡，着力解决错误“肃反”问题。19日，毛泽东、周恩来、彭德怀致电张闻天、博古，请他们详细考虑陕北苏区“肃反”中的问题，指出“错捕有一批人，定系事实”。提出纠正肃反中的错误。11月底，中央组织部召开会议，宣布了《西北中央局审查肃反工作的决定》。张闻天、博古、刘少奇等中央领导及“党务委员会”成员出席会议。会上王首道代表党务委员会宣布“刘志丹等同志是无罪的，党中央决定立即释放，并且分配工作”。刘志丹在会上表示：这次“肃反”是错误的，我们相信中央会弄清楚，正确处理的。我们也相信犯错误的同志会认识错误，改正错误，团结在党中央周围一道奋斗。会上，对错误“肃反”负有责任的同志也作了检查。

毛泽东、周恩来等亲自过问，参与处理。先期到达的王首道等在瓦窑堡仔细审阅了案卷，调查研究，证明刘志丹等同志的“罪状”纯属诬蔑。中央抵达瓦窑堡的当天即将刘志丹等被捕同志全部释放。张闻天、毛泽东、周恩来先后接见了刘志丹等同志，亲切地安慰刘志丹说：“你和陕北的同志受委屈了。”刘志丹毫无怨言，立即代表全体获释同志感谢党中央的正确处理。一再强调：革命利益高于一切，要顾大局，绝对服从中央的调遣，要向中央红军学习。

在刘志丹的影响下，许多受迫害的同志都不计个人恩怨，勤恳工作，使西北红军和中央红军团结得亲密无间。

24日，毛泽东在会见徐海东时，当听到鄂豫皖苏区“肃反”还有三百多“反革命嫌疑犯”没有作结论时说：他们长征都走过来了，这是最好的历史证明，应该统统释放；党员、团员要一律恢复组织生活，干部要分配工作。并责成徐海东亲自抓这件事。

26日，中共西北中央局做出关于《检查肃反工作的决定》，指出中共陕甘晋省委个别领导人在肃反工作中“犯了小资产阶级的‘极左主义’和‘疯狂病’的严重错误”，“以致在某些地方党内与部队内造成了严重的恶果，客观上帮助了反革命”。

30日，西北中央局党务委员会做出决定，给在陕北错误肃反中犯错误的聂洪钧、戴季英以党纪处分。同时，中共中央组织部在瓦窑堡召开平反大会，公开宣布刘志丹等无罪，并予以分配工作。七年后的1942年，中共中央对陕北错误肃反重新进行了审查，正确分析了路线是非，指出刘志丹等同志所坚持的政治路线和立场是正确的，朱理治等同志所执行的路线是错误的“左”倾机会主义路线。

下寺湾，陕甘支队与红十五军团会师

1935 年 9 月 18 日，中共中央和中革军委率领红一方面军主力到达甘肃岷县以南的哈达铺。在这里，根据从当地找到的报纸上获悉陕北的红军和根据地仍然存在的情况，毛泽东提出到陕北去。按照俄界会议的决定，红一方面军主力在此正式改编为中国工农红军陕甘支队，彭德怀任司令员，毛泽东任政治委员。27 日，陕甘支队占领通渭县榜罗镇，中央政治局常委在此召开会议，正式确定落脚陕北，保卫和扩大根据地。会后，陕甘支队越过六盘山，于 10 月 19 日进抵陕甘根据地的吴起镇（今吴旗）。21 日，陕甘支队在吴起镇附近将尾追之敌骑兵 2000 余人击溃。中央政治局在此召开会议，指出历时一年的长途行军已经结束，今后的战略任务是保卫和扩大陕北苏区，以陕北苏区领导全国革命。陕、甘、晋三省是发展的主要区域。会后，派出先遣队寻找陕北红军和刘志丹。

29 日，党中央派人给红十五军团送去了陕甘支队全体指战员《告红二十五、二十六军全体指战员书》，表达了对红二十五、二十六军的热情慰问、鼓励和对胜利会师的祝贺。《告指战员书》指出：

红二十五、二十六军全体英勇的指战员，亲爱的弟兄们：

我们经过了两万万里的长途远征，经历了11个省的地区，粉碎了国民党的堵击追击截击，越过了无数的天险要隘高山大河，为的是要与亲爱的红二十五、二十六军弟兄们会合，开展西北苏维埃运动的大局面，替中国苏维埃运动定下巩固的基础，迅速赤化全中国。

现在我们已经胜利地完成了党所给我们这一光荣任务，到达陕北苏区，与亲爱的弟兄们会面了，帝国主义国民党任何阻止我们的企图完全失败……亲爱的同志！记着：我们的会合是中国苏维埃运动的一个伟大胜利，是西北革命运动大开展的号炮！

正因为陕甘革命运动的巨大发展，因为我们会合震撼了地主资本家的反动统治，帝（国主义）国民党正在准备用新的“围剿”来对付我们，但是我们有着会合了的力量和丰富的战斗经验，有着党中央的正确领导，有着广大群众的拥护，我们必定能够取得胜利。亲爱的同志们！我们亲密地团结起来，为保卫和扩大陕北苏区，粉碎敌人新的“围剿”，开展西北苏维埃运动的大局面，开展神圣的民族革命战争，武装保卫苏维埃而斗争！

同志们！我们手牵手勇敢前进！伟大的胜利就在前面。

苏维埃新中国万岁！

中国工农红军陕甘支队全体指战员

一九三五年十月二十九日

红十五军团指战员听了《告指战员书》无不欢欣鼓舞，群情振奋。军团长徐海东高兴地说:“毛主席快到了，再打上一仗，作为见面礼！”

同日，陕甘支队政治部发出了《给陕北工农劳苦群众书》，号召人民群众起来斗争。指出：“苏区工农劳苦弟兄们！战斗的动员起来，团结在苏维埃和红军的周围，拿起枪炮和刀矛，坚决肃清苏区内部残余的反动势力，积极进攻外面来的敌人的“围剿”，为保卫和发展苏区斗争。“邻近苏区游击区域的群众们：……努力发展游击战争，同红军配合起来消灭敌人。”“反对国民党军阀对苏区和红军的进攻。”

11月2日，瑞雪纷飞。中共中央率领陕甘支队先头团进驻陕甘边苏维埃政府驻地甘泉县下寺湾，与红十五军团胜利会师。3日，党中央在这里召开了全军干部会议，热烈庆祝中央红军与红十五军团胜利会师。中央领导毛泽东、张闻天、周恩来和陕甘支队司令员彭德怀、红十五军团军团长徐海东等出席了会议。会议由杨尚昆主持，毛泽东首先讲了话。他概括地总结了长征，指出：“我们从瑞金算起，总共走了三百六十七天。我们走过了赣、闽、粤、湘、黔、桂、滇、川、康、甘、陕共十一个省，经过了五岭山脉、湘江、乌江、金沙江、大渡河以及雪山草地等万水千山，攻下了许多城镇，最多的走了两万五千里，这确实是一次远征，一次名副其实的、前所未有的长征！敌人总想消灭我们，我们并没有被消灭，现在，长征以我们的胜利和敌人的失败而告结束。长征，是宣言书，是宣传队，是播种机。它将载入史册。我们终于红军从江西出发时，是八万人，现在只剩下一万人了，留下的是革命精华，现在又与陕北红军胜利会师了。今后，我们红军将要与陕北人民团结在一起，共同完成中国革命的伟大任务！”毛泽东讲话之后，其他中央领导同志和中央红军代表萧华、红十五军团代表郭述申也讲了话。

同日，中华苏维埃共和国临时中央政府决定成立中国工农红军西北革命军事委员会，西北军委宣布恢复红一方面军番号，红十五军团编入红一方面军建制。红一方面军司令员彭德怀，政治委员毛泽东（兼）。红一方面军下辖红一军团和红十五军团。林彪任红一军团军团长，聂荣臻任政委，左权任参谋长，朱瑞任政治部主任、罗荣桓任副主任；徐海东任红十五军团军团长，程子华任政委，郭述申任政治部主任、冯文彬任副主任。尔后，红一方面军总部和红一军团即从下寺湾地区向甘泉以南道左铺地区红十五军团驻地开进。毛泽东、彭德怀在红十五军团驻地会见了徐海东、程子华等，给予了亲切的勉励。

为了加强对红十五军团的各级领导，中革军委先后派周士第、王首道、冯文彬、张纯清、陈奇涵、宋时轮、黄镇、唐天际、杨奇清、周碧泉、伍修权、毕士悌等一批军政领导干部到红十五军团工作，受到红十五军团各级领导的热烈欢迎。

山城堡战役，长征的最后一仗

1936 年 10 月，红一、红二、红四方面军在甘肃省会宁和静宁以北的将台堡（今属宁夏）会师后，北移至海原、靖远打拉池地区。这时，蒋介石不顾中国共产党一再提出的“停止内战，一致抗日”的主张，继续坚持反共的内战政策，并坐镇西安，调集国民党军 5 个军，于下旬从会宁至隆德一线由南向北，分 4 路向红军进攻。

为粉碎敌人的进攻，争取抗日民族统一战线的形成，红军前敌总指挥部根据中共中央和中革军委的指示，决定集中主要兵力给国民党军第一军（军长胡宗南）以歼灭性打击；以一部兵力牵制第三、第三十七军，并相机予以打击；对东北军第六十七军和骑兵军积极进行统一战线工作，以迟滞其前进。

10 月底，红一方面军第一、第十五军团和第八十一师，红二方面军第二、第六军团及红四方面军第四、第三十一军，开始由打拉池、海原地区逐次向东转移，寻机歼敌。至 11 月 15 日，各部分别移至豫旺堡、毛居井以东和环县以西以及萌城、甜水堡地区。此时，国民党军第三十七军正准备西渡黄河，“追剿”红军河西部队（西路军）；东北军第六十七军、骑兵军经红军劝阻，前进缓慢；第三军进占同心城后，也停止前进；唯独第一军紧紧尾追红军，进至豫旺地区。中革军委命令红军主力，向山城堡迅速靠近，打击国民党军进攻。16日，红军各部向山城堡南北地区集结。

山城堡位于环县以北洪德和甜水堡中间地带，川塬交互，沟壑纵横，地形复杂，利于大部队设伏。17日，国民党军胡宗南部第一军分左中右三路向盐池、甜水堡、山城堡方向前进：左路第一师第一旅由惠安堡东进；中路第一师第二旅向萌城、甜水堡推进；右路第七十八师由田家原向山城堡前进；第四十三、第九十七师为第二梯队进至豫旺县城及附近地区。当日，红军第四、第三十一军击溃中路第一师第二旅，歼敌团长以下600余人。

18日，毛泽东、张国焘、彭德怀、任弼时、朱德、周恩来、贺龙等联合签发《关于粉碎蒋介石进攻的决战动员令》，指出“当前的这一个战争，关系于苏维埃，关系于中国，都是非常之大的。”当晚，周恩来从陕北赶到环县河连湾前敌总指挥部与朱德、彭德怀、任弼时、刘伯承、萧劲光、赖传珠、陈赓等领导研究部署山城堡战役的作战计划。

19日，红军前敌总指挥彭德怀作出集中优势兵力求歼孤立深入之右路第七十八师的部署：红一方面军第一军团在山城堡以南待机；第十五军团一部诱其东进，主力隐蔽于山城堡以东及东北山地；红四方面军第四军主力于山城堡东南地区，第三十一军于山城堡以北地区隐蔽待机；红二十八军在红井子一带牵制国民党军左路第一师第一旅；红二方面军第六军团和红一方面军第八十一师等部在洪德城、环县以西地区迟滞第六十七军和骑兵军；以红二方面军主力集结于洪德城以北之水头堡地区策应各部作战。

20日，国民党军右路第七十八师进占小台子、风台堡，其第二三二旅及另1个团进至山城堡地区，并派出两个连沿山城堡至洪德城大道向南侦察，在八里铺以南遭红一军团一部突然攻击，大部被歼。

红军前敌总指挥部当即决定对山城堡之敌发起攻击。21日下午，红十五军团一部和红一军团第二师向山城堡西北之哨马营攻击，断其退路。红一军团主力由南向北，第三十一军由北向南，第四军由东南而西北向山城堡进逼。当日黄昏，红一军团第一、第四师和红三十一军一部，乘敌向山城堡以北山地撤退之机，从南、东、北三面攻入山城堡，并乘胜追击。此时，红二师红十五军团一部已经绕至敌后，截断退路。敌军顿时溃散，一部突围，大部被红军包围压缩于山城堡西北山谷中。至22日9时，将敌第二三二旅又1个团基本歼灭。同时，红二十八军在红井子附近击溃左路第一师第一旅。敌第一军其他各部仓皇西撤。这次战斗，共歼灭敌第七十八师丁德隆部一个多旅。第七十八师在战报中说：此战“损失极重，混乱不堪”，“以现计约损失三分之二以上”。

23日，红军前敌总指挥部在山城堡召开了团以上干部祝捷大会，朱德、彭德怀、贺龙等讲了话。

山城堡战役，是中国工农红军三大主力会师后，相互配合密切协作取得的第一次重大的军事胜利，也是红军长征胜利结束后的最后一仗，给蒋介石嫡系胡宗南部以沉重打击，迫使国民党军停止了对陕甘苏区的进攻，对巩固陕甘苏区，贯彻“逼蒋抗日”的方针、促进国内和平的实现，都起了重要作用，在中国革命史上留下了光辉的一页。

钟赤兵独腿走完长征路

在共和国的开国将领中，有一位极富传奇色彩的独腿将军，他骁勇善战，屡建奇功，毛泽东曾亲自为他颁发红星奖章。他就是凭着顽强毅力以残缺之躯走完长征路的钟赤兵。

1935 年 2 月，红三军团所属各师整编为四个团，21 岁的钟赤兵由原五师政委改任十二团政委。在 26 日的娄山关战斗中右腿被 9 发子弹打伤，撕开了一块肉，仍坚持指挥战斗，打退了敌人多次反扑，直至昏迷。护送途中，因失血过多，一直处于昏迷状态，经过急救才又活了过来。

红军第二次占领遵义后，钟赤兵被送到野战医院。医生经过仔细检查后，决定立即实施截肢手术。当时的医疗条件极其简陋，没有麻药，医生就用绷带把钟赤兵绑在门板上，手术工具是一把老百姓砍柴用的刀和一条断成半截的木匠锯。手术中，木匠锯上下拉动发出刺耳的响声，钟赤兵忍着如万箭穿心的剧痛，始终没哼一声。在场的医生、护士都被他坚强的意志所感动，年仅 15 岁的小护士马湘花抽泣着说："我从没见过这样的场面。"

因手术时没有消毒药品，几天后钟赤兵的伤口感染了，高烧持续不退。为把他从死神手里拉回来，医生决定进行第二次截肢手术，把右腿膝盖以下全部截去。不料，术后伤口仍继续感染，医生不得不硬着心肠将他的整条右腿从股骨根部截去。

此时，部队又将踏上长征路。是让钟赤兵留在当地老百姓家里养伤，还是让他继续参加长征？组织上举棋不定。钟赤兵对前来看望他的毛泽东、周恩来、彭德怀说："无论如何，我不离开红军。就是爬，我也要跟上部队！"毛泽东当即表示："钟赤兵很能打仗，是有战功的，怎么能把他丢下不管呢？就是抬也要把他抬着北上！"就这样，钟赤兵被安排到干部休养连，拖着一条腿随中央直属部队行军。

8月，钟赤兵所在的干部休养连由川西北黑水芦花出发，在粮食匮乏、没有油盐吃、衣服单薄的艰难条件下，爬雪山，过草地。起初，走平路时战友们用担架抬着他走；遇到悬崖峭壁，担架抬不过去，他就自己拄着双拐前进。每迈动一步，伤口便剧烈地疼痛，有时实在难以拄拐杖通过，他就在地上爬着走。有时候，他不得不同双手撑起全身的大部分重量，单腿作为支撑点。好几次，他手没抓稳，滚落下来，但他拒绝搀扶，艰难地站起来，憋着劲接着攀爬。后来，当伤口稍有好转时，他就让战友把他绑在马上行军。

部队进入彝族、藏族聚居区后，当地反动武装不断打冷枪袭击红军，部队不得不尽量隐蔽、疏散行军。钟赤兵为缩小行动目标，坚决不躺担架，硬是咬着牙坚持一个人拄着双拐一瘸一跛地走。钟赤兵的警卫员曾回忆说："钟政委过雪山时没让人抬，他自己一点一点慢慢爬，经常从高处滚下来。"

爬雪山，正常人都很费力，何况少条腿的钟亦兵。行至半山腰，钟亦兵太想坐下来甚至躺下歇一下，哪怕是一小会儿。然而，眼前的一幕让他放弃了这个念头：一个战士坐在雪地上休息，却再怎么叫也起不来了。钟亦兵清楚，不能停，停下就是死。

过了雪山，还有草地。不止一次，钟亦兵感到体力已经耗尽，但凭着坚定的信念和顽强的意志，克服了常人难以忍受的艰难困苦，硬是一路坚持下来，最终到达了陕北。一个人凭单腿，居然走完了万里长征。一个西方作家也惊呆了，他写道："长征将成为人类坚定无畏的丰碑，永远流传于世。阅读长征的故事将使人们再次认识到，人类的精神一旦唤起，其威力是无穷无尽的。"

1937 年，经党中央批准，钟亦兵赴苏联医院做了最后一次手术。3 个月后，进苏联共产国际党校学习，不久转入伏龙芝军事学院特别班深造。他夜以继日如饥似渴地刻苦学习，以初小文化水平成为苏联最高军事学府特别班最优秀的学员。

别样女红军

中央红军长征开始时，中央党政军机关分为两个野战纵队：第一野战纵队，又名“红星纵队”，是军委首脑机关，也是总指挥部；第二野战纵队，又名“红章纵队”，由党中央机关、政府机关、后勤部队、卫生部门、总工会、青年团和担架队组成。此外，中央政治局常委还决定留下一个领导机关，叫中央分局，在原地坚持斗争。女红军战士被分在“红章纵队”中，她们是按照中央的命令，被批准随队出征的中央领导同志的妻子和因工作需要的女同志。对于女同志参加长征，中央当时规定了 3 个条件：一是共产党员，政治可靠；二是有独立工作能力，会做群众工作；三是要身强体壮，能适应艰苦环境。

经过严格筛选和把关，最终确定参加长征的女同志共有 32 人：蔡畅、邓颖超、康克清、贺子珍、刘英、刘群先、李坚真、李伯钊、钱希均、陈慧清、廖似光、谢飞、周越华、邓六金、金维映、危秀英、杨厚珍、吴富莲、钟月林、甘棠、肖月华、危拱之、李建华、王泉媛、李桂英、谢小梅、曾玉、刘彩香、丘一涵、吴仲廉、彭儒、黄长娇。出发时，彭儒、黄长娇因病留在苏区，最后只有 30 名女红军跟随中央红军踏上了漫漫征程。

长征开始时，这些女红军组成了一支由刘群先任队长、金维映任政治委员、党支部书记的妇女队，在中央纵队工作团团长董必武、副团长徐特立的带领下，与中央纵队卫生部一起行动。她们只需带 15 斤重的东西，其中包括换洗的衣服和一些日用品，粮食由部队发放，同时还给她们每人配发了一只大搪瓷缸，里面塞着毛巾和牙刷。红军们把搪瓷缸子挂在腰间，成了长征途中一道别致的风景。

1934 年 12 月 16 日，编入中央纵队的女兵们跟随红三、五、八军团进入黎平县城。县城坐落在山顶上，四周群山环抱，看不到一块平地。当地的侗族百姓穷得一贫如洗，十室九空，家中仅有的一点稻谷也被王家烈、王文华、袁组铭等贵州地方军阀的苛捐杂税抽光了，而黎平县国民党政府的仓库里却贮藏着堆积如山的谷物。红军开进县城后，马上打开仓库把粮食分给百姓。为了密切军民关系，红军总政治部号召每个战士送一样东西给侗族同胞。女红军们慷慨地打开挎包，把自己喜爱的衣服、毛巾、日用品送给了当地百姓。当地许多十五六岁的女孩子穷得从来没穿过衣服，接到女红军送给她们的上衣、裤子时，感动得热泪盈眶。由于甩开了蒋介石主力和湘军的堵截，敌情较为缓和，中央决定在这里进行短期的休整。

军委副主席周恩来在红军转移的方向问题上，决定采取毛泽东的意见，西进渡乌江北上，而李德主张折入黔东，两人争论得面红耳赤，李德因此大怒不已。因为这件事，周恩来忙得几乎连一个囫囵觉都睡不上，炯炯有神的双眼里布满了血丝。

尽管这样，他还是决定挤出时间考虑另一件事情。此前，许多人向他反映，女兵们分散在各个单位行军有许多困难和不便。当时红军中的平均主义思想十分严重，如果在生活上对她们有些特殊照顾，就会引来指责和非难。女红军战士刘群先后来曾向外国作家尼姆·威尔斯这样讲述过："长征中，女同志们时常同党的负责人吵嘴，因为她们得不到足够的粮食，以至有时候相互间竟抢着吃，每一个人都想吃饭，但没有一个人愿意带米，因此我们不得不调查研究是不是每个人都带了她自己的粮食。女人们吃的食物跟男人们的一样，别的待遇也没有一点不同，只有在实在不能走路的时候，才允许她们骑马。我们 30 个女同志没有一个在路上死去。当时队伍里有许多受伤的人，当他们看见女同志骑在马上，都很妒忌，为了这件事情大家吵起嘴来……”正是因为这些情况，周恩来决定成立一支特殊连队，把这些女红军以及年老的、党的高级干部和重伤员集中在一起，给予特殊关照。可是，派谁去当连长呢？周恩来想到了何长工。

“周副主席，有什么指示？”何长工急匆匆地赶了来，一见面就问。

“我想任命你一个新的职务。”

何长工时任军委纵队第二梯队司令员兼政治委员，他想了半天也没有猜到周恩来会封给他一个什么样的官，就问道：“周副主席，是什么新的任命？”

“我想请你兼任干部休养连连长。”周恩来说。

何长工一听，惊得差点跳起来，他知道自己能当梯队司令员兼政委，却不一定当得了这个小小的连长。他想推却，但周恩来却表情严肃地告诉：“事情就这么定了。这个兼职连长你不仅要当，而且必须当好。”何长工只好硬着头皮答应下来。

周恩来接着说：“这支特殊连队交给你带，责任重大啊！他们中的大多数人都是党的宝贵财富，你要绝对保证他们的安全，到转移结束时，如果他们在，你也在，那就是两全其美；如果他们保住了，你不在了，我追认你为烈士；如果他们中有人丢掉或牺牲了，你还活着，我就要你的脑袋。”

何长工知道这话的分量了，只得吐吐舌头，受命上任了。

没有人会想到，在贵州黎平的小县城里会诞生这样一支特殊的连队：“兵”大于“官”，许多中央委员、中华苏维埃政府的部长及要员都曾在这个连队里当过“兵”；20 多位中外闻名的女红军战士全都出自这支连队，几位胡子拉碴的中共元老也全都编在这个连队。在漫漫征途中，党中央和中央军委的首长见了他们也要下马让路，向他们行注目礼……经过整编后的干部休养连人员猛增了许多，这里面包含了四方面军的干部；董必武领导的中央党校的部分教职员和学员；从中央机关精简下来的领导同志；分散在各机关的女红军和中央首长、军委首长的夫人；红军师团以上的伤病员。

这是一个十分庞杂的连队，有 300 多号人、十几副担子和几十匹马。何长工无法用全部精力管理这个连队。在这种情况下，总卫生部长贺诚向周恩来提出配备一个专职连长。侯政在这时出现了。

侯政是八军团的卫生部长，八军团在强渡乌江时被国民党湘军堵住，部队减员严重，中央军委决定撤销八军团建制。25 岁的侯政学过医，又带过兵，是比较合适的人选。总卫生部长贺诚和总政治部机关党总支书记蔡畅先后同他谈话。心里有些发怵的侯政想打退堂鼓。周恩来又出马了。

“你叫什么名字？”周恩来问。

“侯政。”

“原来在什么部队？”

“八军团卫生部。”

“任什么职务？”

“卫生部长。”

……

通过这一问一答，周恩来对侯政有了初步的印象和了解，他感到满意。

“很好嘛，这个连长就由你来当。”周恩来望着他，一字一句地说：“这个连的工作很光荣，责任也很重大，你的每一个兵都是党的宝贵财富，损失一个，我可要杀你的头的。”

侯政听说事关性命，心里有些发毛，站在那里一句话也不敢说。

周恩来很快发现气氛过于严肃了，他笑了起来，然后问道：“你是新官上任，有什么困难吗？”

“周副主席，困难有两个，一是挑担子、抬担架的民伕少，二是给病号和老头使用的马匹。”

周恩来答应给他补充几匹马，同时让他去找李富春同志要民伕。

侯政上任刚几天，有两位女红军战士来报到，一位是当连指导员的李坚真，一位是当连秘书的吴仲廉。李坚真当过苏区中央局的妇女部长，离开瑞金时被分配在中央直属机关司令部任民运科长，负责找粮食、找向导、运输伤员和做群众工作。她做事风风火火，说话快言快语。女红军们有些“个人问题”无法向侯政说，李坚真一上任，就成了她们的贴心人，在行军和住宿时总能让女红军们舒心满意。此外，因为在苏区时的工作关系，她同蔡畅的关系十分密切，连队遇上什么麻烦事，她就去找蔡畅，蔡畅立刻反映给总政治部代主任李富春，这样，再棘手的问题也会迎刃而解。

为了保证休养连的战士能跟上部队行军，李坚真和女红军沿途四处寻找担架员，有时碰到敌机轰炸，伤病员增加，她就和几位身体好的女战士用担架抬伤员，遇有复杂的地势，她们就干脆背着伤员前进。有一次，部队遭敌机轰炸，马匹被炸死，担架被炸坏，找来的民伕死的死，逃的逃。一些受重伤的红军指挥员见状，纷纷流着泪说：“姐妹们，你们快走吧，不要管我们。”

当时，女红军分别以三种身份出现在干部修养连。（一）修养员，有邓颖超、贺子珍、陈慧清、曾玉、金维映、刘群先、杨厚珍、丘一涵。她们虽然因为伤病、怀孕或体弱定为修养员，但做了大量的思想工作和群众工作。（二）工作组组员，有李伯钊、廖似光、钱希均、钟月林、谢飞、肖月华、谢小梅。她们的任务是调查土豪，宣传群众，寻找民伕。（三）政治战士，有危秀英、邓六金、吴富莲、王泉媛、刘彩香、甘棠、李桂英。她们的任务是随担架行军、做好担架排和运输班工作、稳定民伕的情绪，也要参加打土豪、筹粮筹款等活动，有时还得亲自抬担架、挑药箱、护理伤员等。

红军离开贵州时，谢小梅、甘棠、李桂英三人被留下来参加地方工作，没有去陕北。

红一、四方面军在四川懋功地区会师后，吴富莲、王泉媛、吴仲廉三人被派到红四方面军工作。她们参加了西征，历经失败、被俘等种种磨难。另外，康克清、李伯钊等曾一度到红四方面军、红二方面军工作，后来辗转到了陕北。所以，红一方面军30位女红军中，只有25位最终到了陕北。

在长征途中，女红军们承受了比男同志更多的特殊困难，如曾玉、陈慧清、贺子珍、廖似光、吴仲廉5人先后在长征途中分娩，产后立即行军，孩子被安排到农民家中；有的如贺子珍在敌机的空袭中为了掩护其他红军指战员，自己身受重伤；有的如危秀英小脚却抬着沉重的担架，护理伤员；有的如李伯钊、李坚真、王泉媛等积极开展文艺宣传，以革命的乐观主义精神鼓舞斗志；有的如刘群先、金维映、危秀英、吴富莲等深入偏僻农村，联系群众，争取群众的支持……她们在长征中建树了许多可歌可泣、惊天动地的英雄壮举，显示了特别能忍耐、特别能战斗、特别有信心、特别求光明的革命英雄主义精神。

长征伊始，为了隐蔽，红军大部分时间是在夜里行动，而且夜里行军时也不允许打火把。

这些本来就不习惯走夜路的女红军，走起路来难免摇摇晃晃、磕磕绊绊。她们的双脚在经过几百上千公里的长途跋涉以后，正经受着难言的痛楚。长征途中，红军的药品并不充裕，即使是伤病员都不舍得用药。

女红军并没有获得特殊的待遇，她们身负10公斤重的行装，包括武器、干粮等。此外，杨尚昆的妻子李伯钊还背着红军剧社的剧本，在长征途中，她肩负着宣传鼓动的任务，每天往返于部队之间，走的路程是别人的双倍。她一直带着她的剧本行军，直到在湘江边接到轻装的命令。女红军们都配有马匹，但这些马匹常常被让给伤员，她们需要徒步行军。

爱美是女人的天性，哪怕是在艰苦的战争环境中。刚开始突围的时候，女红军们还是很在意自己形象的，即使走在队伍中，也会拿着一把小梳子，时常拢一下散落下来的头发。到了宿营地，马上找个地方几个人凑在一起洗个澡。但随着红军进入白区，地形复杂，环境越来越艰苦，她们唯一的享受就是用热水泡脚了。

每到宿营地，女红军们总是先支起锅灶烧上一大锅水，热了以后打到洗脸盆里，再把酸痛的双脚泡进去，一边泡脚，一边聊天儿。温热的水将脚掌上的每一个毛孔都打开，酸痛和劳累顿时随着滚滚的热气飘散开来，那个惬意，那个爽呀！没有经历过长途跋涉的人不懂得那种苦楚，同样，也体味不到这种苦尽甘来的舒畅。此时，该是这些女战士们最欢愉的时光了。

刘彩香保护脚的方法，和大家不太一样。一到宿营地，别人都累得躺在行李上懒得动弹，她虽然也累，却不急着躺下，而是绕着行李跑几圈，跳一阵儿，做一些简单运动，使紧绷的肌肉慢慢松弛下来，这样全身血脉平稳流通，然后再去休息。这无疑就是朴素的运动科学，可惜连她自己当时也没有意识到。这些女红军绝大部分是第一次参加这种长途跋涉的行军，其中身体健壮的女红军，一人要护理三四个担架的同时，还要帮助其他人背行李、干粮和药箱。每到宿营地，男红军就像泥一样倒在地上一动都不想动。但是，这些女红军是不能倒下的，她们要先安顿伤员。急行军的间隙，她们还要在伤员们休息的时候，去村子里说服老百姓作挑伕，补充那些中途损失的人。所有这一切都安排好以后，她们才能享受那段美妙的泡脚时光。

在红二十五军里，有7名女战士显得格外若眼，她们就是被称为“七仙女”的红军医院女护士：周东屏、戴觉敏、余国请、田喜兰、曾纪兰、张桂香、曹宗楷。

部队出发以后，每天急行军40多公里，有时50多里。为了隐蔽，部队常常夜间行动，7名女战士就把绑腿解下来，结成一条长长的带子，相互牵引着摸索前进。为了防止掉队，每天行军，都提前出发，最后到达营地，一天下来，全身就像散了架一样。尽管这样，她们还是坚持给伤病员送药，争着去做护理工作。

医院随部队行动，她们既要抢救和看护伤病员，又要当宣传员。每到一地发动群众，都少不了她们的身影，唱歌、跳舞、演新戏，用自身的革命乐观主义情绪鼓舞着每一个红军战士和群众。在战斗频繁、工作紧张的情况下，班长曾纪兰于 1935 年 7 月牺牲在宁陕县境内，女护士曹宗楷在北过渭河以后不幸牺牲了，其余 5 人坚持到了红二十五军长征的终点——陕北延川永坪镇，走完了长征路。

参加长征的女红军，红四方面军人数最多，2500 人；也是最悲壮的，由于张国焘的错误路线，她们两次爬雪山、三次过草地，后来随西路军西征，只有不到 300 人返回陕北。

1935 年 2 月，红四方面军总指挥部为迎接红一方面军入川共同北上抗日，把从各苏区撤到旺苍来的妇女工作者集中起来，连同妇女独立团在旺苍县王庙街整编为妇女独立师，全师 2500 多人。

长征途中，妇女独立师肩负着运输、筹粮及警卫后方机关等艰巨任务。她们不仅是一支出色的后勤部队，还是一支善战的战斗队。到达陕北时，女红军有将近 2000 人，其中 1300 人被编成妇女抗日先锋团，团长王泉媛，政委吴富莲，特派员曾广澜，全团辖 3 个营 9 个连，平均年龄不到 20 岁，随西路军西征。

在红二、红六军团长征中，有 20 多位女红军，她们没有单独编队，也没有统一建制，大部分分散在政治机关宣传队、电台机要部门、医疗卫生单位、随军被服队等，其中有政工干部、机要人员，宣传队员、医务护理员、炊事员和被服人员。她们当中既有姐妹，也有母女、婆媳。李贞，1934 年随同红六军团参加西征，任六军团政治部组织部部长。同年 10 月，与贺龙率红二军团会师后，参加了创建湘鄂川黔革命根据地的艰苦斗争，任湘鄂川黔军区政治部组织部部长。1955 年成为解放军首次授衔的唯一女将军，也是长征女红军中唯一的女将军。

会宁会师，长征胜利的标志

红军长征中先后举行过多次会师，而1936年10月红一、二、四方面军在甘肃会宁地区的会师，是其中规模最大、影响最广、意义最深远的一次会师，标志着全部红军胜利地结束了举世闻名的长征，开创了中国革命的新局面。正像徐向前元帅在《历史的回顾》一书中所说："三个方面军会宁大会师，胜利结束了长征，在中国革命史上揭开了新的一页。"

1936年10月，中国工农红军第一、第二、第四方面军高举北上抗日的伟大旗帜，在会宁地区实现了大会师。对于会师，从机关到部队、从领导到士兵，欢欣喜悦之情可想而知。

10月10日，古老的会宁城的大街小巷都被打扫得干干净净，街道上到处飘扬着红旗，南门上还搭起了欢迎红红二、红四方面军北上的简易彩门。红一、红四方面军在文庙前的广场上举行盛大的庆祝会师大会。各方面负责人相继发表了热情洋溢的讲话。

杜义德回忆当时的盛况时，这样写道：

十日傍晚，夕阳嫣红，霞云如火，给会宁城染上了一层绚丽夺目的光彩。部队穿着整齐的服装，扛着铿亮的武器，雄赳赳气昂昂地来到会宁城文庙前，参加庆祝会师联欢会。

坐在主席台上的朱德、张国焘、徐向前、陈昌浩、王树声、李先念、李特、李卓然、陈赓等领导同志。每个人都面带笑容。整个会场充满了团结、胜利、欢乐的气氛。

大会由红四方面军政治部主任李卓然主持。徐向前总指挥首先讲话，他说："同志们！今天，我们一、二、四方面军经过千难万险，终于胜利会师了！"顿时全场报以热烈的掌声。陈昌浩、陈赓同志也作了热情洋溢的讲话。

最后，敬爱的朱总司令在热烈的掌声中作了亲切的讲话。他操着浓重的四川口音，挥动有力的手臂说：

"同志们！我代表党中央、代表中央军委、代表个方面军总部。向同志们问好！"

我当时激动得脱口而出："总司令好！"

同志们也都按捺不住内心的激动，一齐欢呼起来。

掌声、欢呼声如雷鸣般，把欢庆会师的气氛推向高潮。

……

这欢庆会开了两个多钟头。会场上始终充满着热情洋溢、亲密团结的气氛，笑声、掌声、欢呼声经久不息。

10日，中共中央、中华苏维埃中央政府、中革军委致电红军总司令部及3个方面军的全体指战员，热烈祝贺三大主力红军的胜利会师。指出：这一会合，证明"中国民族抗日统一战线与抗日联军是有了一坚强的支柱了"，"全国同胞是有了团结御侮的核心了"，对于反对日本帝国主义侵略和在国内政治关系上，"将要起一定的决定作用"。中央号召全军指战员要成为全国人民的模范，抗日战线的模范，为扩大、巩固抗日根据地，为保卫西北、保卫华北，保卫全国而战，为联合一切抗日力量，驱逐日本帝国主义出中国而战。

会宁是红军长征期间，三大主力红军唯一经过全境、战斗生活时间最长的地方，有近 7 万名红军将士曾在会宁境内战斗生活过。红军的宣传和教育，使觉醒了的会宁人民认识到红军是自己的队伍，怀着对红军的深情厚谊，会宁人民从人力、物力各方面全力支援红军长征和会宁大会师。据不完全统计，全县有 400 多名青年参加了红军，征集带走的粮食近 250 万公斤，为红军支援生猪、羊只达 2889 头（只），布匹衣物 6380 件（匹），此外还有大批的银元。

红军三大主力红军会师后，蒋介石不顾中国共产党提出的“停止内战，一致抗日”的主张，急忙调集胡宗南第一军、王均第三军、毛炳文第三十七军、东北军第六十七军和骑兵军 5 个军，组织“通渭会宁”战役，分四路围堵红军主力。

这时候的会宁地区，国民党大军压境，给人以“山雨欲来风满楼”的感觉。凭借着优势兵力和飞机的支援，敌军毛炳文、王均两路兵力相继攻打红军控制的通渭、马营、华家岭、会宁等要地，胡宗南部进至静宁界石铺，向打拉池、海原方向推进。驻扎在这些地区的主要是红四方面军第四军、第五军、第三十一军，面对敌人的疯狂进攻，红军指战员们英勇作战，顽强抗击，在付出巨大牺牲的情况下，拖住了敌人，完成了阻击敌人于会宁县以南地区的任务。

三军会宁会师前后，在会宁地区，红军和国民党军共进行过 6 次大的战斗，其中打得最惨烈的一仗是大墩梁阻击战。

大墩梁是会宁南部中川的一座高山，属横跨通渭、定西、会宁三县的华家岭山系，距会宁县城大约 35 公里。担任大墩梁阻击战的是红五军，这是一支铁军，自红军长征以来，一直担任后卫，将士们个个都是英雄好汉，被兄弟部队尊称为“铜墙铁壁”，被毛泽东称为“铁流后卫”。

23 日，红五军与敌人周旋了两天两夜后，从华家岭退到了大墩梁上。战士们已非常疲惫，但他们顾不上休息迅速在山头上挖出了战壕。进入战壕不久，敌人第三军和第三十七军仗着猛烈炮火的配合，向红五军阵地全面展开进攻。红五军的临时作战指挥部设在大墩梁上一个破旧的堡子里，在通渭负伤、由担架一路抬着行军的红五军副军长罗南辉带伤在这里指挥战斗。在罗南辉的部署下，红三十七团、红三十九团、红四十三团、红四十五团分别占据周围山头上的有利地形，先后5次打退了敌人的猖狂进攻。为了节省子弹，战士们多次冲入敌群，用刺刀、木棒、枪托和敌人搏杀。面对“铜墙铁壁”的红五军，看着死伤无计的战场，敌军变换了进攻的方式，他们从兰州调来7架飞机，在大墩梁上空呼啸着，轮番将一排排炸弹疯狂地投了下来。没有树林遮挡的光秃秃的大墩梁立即陷入一片硝烟土雾中。

在飞机的掩护下，敌军又一次发起进攻，向山头冲来，不时有红军战士在敌机投下的炸弹中牺牲，红五军各团在硝烟中组织了几次反冲锋，但已无法有效打退敌人的进攻。尤为不幸的是几枚炸弹射中了红五军指挥部，副军长罗南辉再一次被炸弹击中，壮烈牺牲，年仅28岁。

飞机过后，敌人蜂拥而至，接着是一场又一场的残酷激烈的肉搏战，有的红军战士牺牲时口中咬着敌人的手指头，有的战士倒下后仍手持卷刃的马刀。悲壮惨烈的血战整整持续了2天，红五军伤亡887人，他们用沉重的代价，胜利地完成了阻击敌人的任务，掩护了主力部队安全转移，为红军西渡黄河，北进陕北赢得了时间。

罗南辉牺牲后，红四方面军总指挥徐向前闻讯后悲痛不已，他流着热泪说：“南辉同志是红军中的一位优秀指挥员，他的牺牲是我军的一大损失。南辉同志为党献身的精神比华家岭还高，南辉同志的英名将与华家岭共存！”

1986年10月，会宁县政府在大墩梁修建了红军烈士纪念碑，以缅怀罗南辉和红军烈士。2006年，在纪念红军三大主力会宁会师暨长征胜利70周年之际，进行了修缮。

参考文献

1. 中国人民解放军历史资料丛书《红军长征·文献》，解放军出版社 1990 年版。

2. 中国人民解放军历史资料丛书《红军长征·综述、大事记、表册》，解放军出版社 1990 年版。

3. 中国人民解放军历史资料丛书《红军长征·回忆史料》，解放军出版社 1990 年版。

4. 中国军事百科全书编审委员会：《中国军事百科全书》“军事历史”卷，军事科学出版社 1997 年版。

5. 中国工农红军第一方面军军史编委会：《中国工农红军第一方面军史》，解放军出版社 1992 年版。

6. 中国工农红军第二方面军战史编委会：《中国工农红军第二方面军战史》，解放军出版社 1992 年版。

7. 中国工农红军第四方面军战史编委会：《中国工农红军第四方面军战史》，解放军出版社 1989 年版。

8. 中国工农红军第二十五军战史编委会：《中国工农红军第二十五

军战史》，解放军出版社 1990 年版。

9. 中国人民革命军事博物馆编著：《红军不怕远征难——长征中的故事》，解放军出版社 1996 年版。

10. 树军等著：《万里长征亲历记》，中共中央党校出版社 1996 年版。

11. 李海文著：《中国工农红军长征亲历记》，四川人民出版社 2005 年版。

12. 红军不怕远征难编写组：《红军不怕远征难》，人民出版社 2004 年版。

13. 李云、凌步机著：《中央红军长征从这里出发》，中央党史出版社 2004 年版。

14. ［美］哈里森·索尔兹伯里著：《长征——前所未闻的故事》，解放军出版社 1994 年版。

15. 李镜著：《新写长征图文档案》，中国社会科学出版社 2002 年版。

16. 军事科学院军事历史研究部著：《中国人民解放军战史》第一卷“土地革命战争时期”，军事科学出版社 1987 年版。

17. 解放军烈士传编委会：《解放军烈士传》第 3—5 集，长征出版社出版 1991、1992 年版。

18. 徐占权著：《解读长征》，中央文献出版社 2005 年版。

19. 中国人民革命军事博物馆:《走进中国人民革命军事博物馆》，兵器工业出版社 2003 年版。

20. 罗开富著：《红军长征追踪》（上、下），经济日报出版社 2005 年版。

21. 力平、余熙山、殷子贤著：《中国工农红军长征史》，中共党史出版社 1996 年版。

22. 中共中央党史研究室第一研究部：《红军长征史》，中共党史出版社、万卷出版公司，2006 年版。

23. 陈宇著：《谁最早口述长征》，解放军出版社 2006 年版。

24. 费侃如著：《中国工农红军第一方面军长征史事日志》，贵州人民出版社 2002 年版。

25. 伟大的长征编委会：《伟大的长征》，陕西人民出版社 1991 年版。

26. 徐占权、徐婧著：《长征中的重大战略抉择》，军事科学出版社 2004 年版。

27. 肖显社著：《东方魅力——长征与外国人》，中共党史出版社 2006 年版。

28. 陈伯江著：《跨越雄关——长征中的重大战役》，中共党史出版社 2006 年版。

29. 常敬竹著：《战地女杰——长征中的红军女战士》，中共党史出版社 2006 年版。

30. ［美］埃德加·斯诺著：《西行漫记》，生活·读书·新知三联书店 1979 年版。

31. 叶心瑜著：《放眼看长征》，华文出版社 1996 年版。

32. 红六军团征战记编辑组：《红六军团征战记》，解放军出版社 1994 年版。

33. ［美］艾格妮丝·史沫特莱著：《伟大的道路》，东方出版社 2005 年版。

34. 《星火燎原》选编之二，战士出版社 1979 年版。

35. 军事科学院军史部编著：《中国工农红军长征史》，山西人民出版社 1996 年版。

36. 姜思毅等著：《长征大事典》，贵州人民出版社 1996 年版。

37. 郭晨著：《特殊连队——红一方面军干部修养连长征纪实》，农村读物出版社 1985 年版。

38. 吴辅佐、王宏德著:《独臂将军传奇》，黄河出版社 2002 年版。

39. 马宏伟、张铁志著：《长征中的女红军》，军事科学出版社

2004 年版。

40.《围追堵截红军长征亲历记》编辑组：《围追堵截红军长征亲历记——原国民党将领的回忆》，中国文史出版社 1991 年版。

41. 当代中国人物传记丛书编辑委员会：《贺龙传》，当代中国出版社 1993 年版。

42. 中国人民革命军事博物馆：《勇者无畏——为国捐躯的八百将校》，光明日报出版社 1995 年版。

43.《长征大典》(上、下卷)，贵州人民出版社 1996 年版。

44.《红军长征文献》，解放军出版社 1995 年版。

45.《红军长征参考资料》，解放军出版社 1992 年版。

46.《红军长征图片》，解放军出版社 1993 年版。

47.《中国工农红军第一方面军长征记》，人民出版社 1955 年版。

48. 中共中央文献研究室编著：《毛泽东年谱》，人民出版社、中央文献出版社 1993 年版。

49. 中共中央文献研究室编著：《周恩来年谱》，人民出版社、中央文献出版社 1989 年版。

50.《朱德年谱》，中央文献出版社 1986 年版。

52.《任弼时年谱》，中央文献出版社 1993 年版。

53.《彭德怀年谱》，人民出版社 1998 年版。

54.《聂荣臻年谱》，人民出版社 1999 年版。

55.《星火燎原》(7—10 集)，解放军出版社 1980—1997 年版。

56.《中国工农红军第一方面军史》，解放军出版社 1993 年版。

57.《中国工农红军第二方面军战史》，解放军出版社 1992 年版。

58.《中国工农红军第四方面军战史》，解放军出版社 1991 年版。

59.《中国工农红军第二十五军战史资料选编》，解放军出版社 1991 年版。

60.《国民党高级将领列传》，解放军出版社 1993—1996 年版。

61.《中央红军长征史》，中共党史出版社 1996 年版。

62.《中国工农红军第一方面军长征史事日志》，贵州人民出版社1999年版。

63.《红军不怕远征难》，人民出版社2004年版。

64.《杨成武回忆录》，解放军出版社1986年版。

65. 杨成武著：《忆长征》，解放军文艺社1982年版。

66.《红军长征大事纪略》，解放军出版社1986年版。

68.《中国工农红军长征大事月表》，军事科学出版社1986年版。

69.《长征丰碑永存》，解放军出版社1996年版。

70. 陈伯钧、童小鹏、伍云甫、张子意著：《红军长征日记》，档案出版社1986年版。

71. 童小鹏著：《军中日记》，解放军出版社1986年版。

72. 中国人民解放军历史资料丛书编委会编：中国人民解放军历史资料丛书《红军长征·文献》，解放军出版社1995年版。

73. 中共中央文献研究室、中人民解放军军事科学院编：《毛泽东军事文集》，军事科学出版社、中央文献出版社1993年版。

74. 中共中央文献研究室、中国人民解放军军事科学院编：《周恩来军事文选》，人民出版社1997年版。

75. 中共中央文献研究室、中国人民解放军军事科学院编：《叶剑英军事文选》，解放军出版社1997年版。

76. 中共中央文献研究室、中国人民解放军军事科学院编：《朱德军事文选》，解放军出版社1997年版。

77. 中共中央文献研究室编著：《毛泽东传》，中央文献出版社1996年版。

78. 中国人民解放军军事科学院毛泽东军事思想研究所年谱组编著：《毛泽东军事年谱》，广西人民出版社1994年版。

79. 中共中央文献研究室编著：《周恩来传》，人民出版社、中央文献出版社1989年版。

80. 中国人民解放军南京陆军指挥学院课题组编著：《伟大的军

事家周恩来》，军事科学出版社 1997 年版。

81. 程中原著：《张闻天传》，当代中国出版社 1993 年版。

82. 中共中央文献研究室编著：《任弼时传》，中央文献出版社 2004 年版。

83. 徐则浩编著：《王稼祥年谱》，中央文献出版社 2001 年版。

84. 中共中央文献研究室编著：《朱德传》，人民出版社、中央文献出版社 1993 年版。

85. 彭德怀传编写组编著：《彭德怀传》，当代中国出版社 1993 年版。

86. 《彭德怀自述》，人民出版社 1981 年版。

87. 刘伯承传编写组编著：《刘伯承传》，当代中国出版社 1992 年版。

88. 中国人民解放军总参谋部贺龙传编写组编著：《贺龙传》，当代中国出版社 1993 年版。

89. 徐向前传编写组编著：《徐向前传》，当代中国出版社 1991 年版。

90. 徐向前著：《历史的回顾》，解放军出版社 1984 年版。

91. 聂荣臻传编写组编著：《聂荣臻传》，当代中国出版社 1994 年版。

92. 聂荣臻：《聂荣臻回忆录》，战士出版社 1983 年版。

93. 叶剑英传编写组编著：《叶剑英传》，当代中国出版社 1995 年版。

94. 中央军委红一方面军史编审委员会编写：《中国工农红军第一方面军史》，解放军出版社 1992 年版。

95. 中国人民解放军军事科学院军事历史研究部编著：《中国工农红军长征史》，山西人民出版社 1996 年版。

96. 徐占权编著：《解读长征》，中央文献出版社 2005 年版。

97. 刘英：《在历史的激流中——刘英回忆录》，中共党史出版社

1992 年版。

98. 中国革命博物馆编:《红军长征日记》，档案出版社 1986 年版。

99.《中国工农红军第一方面军长征记》，人民出版社 1958 年版。

100. 杨尚昆 :《杨尚昆回忆录》，中央文献出版社 2001 年版。

101. 中国军事博物馆编著 :《红军不怕远征难》，解放军出版社 1996 年版。

103. 曲爱国、张从田著 :《长征记》，中国旅游出版社 2006 年版。

104. 康月田、刘庭华主编 :《铁血军魂》，江西人民出版社 2007 年版。

105. 徐占权、徐婧著 :《长征实景记录》，中央文献出版社 2006 年版。

106. 陈虎著 :《长征日记》，中国长安出版社 2005 年版。

107. 姜廷玉主编:《多视角下的长征》,国防大学出版社 2006 年版。

108. 李世明、田修思主编 :《历史的决策——长征重要会议》，国防大学出版社 2012 年版。

109. 徐占权主编 :《中国工农红军长征全史》，军事科学出版社 2006 年版。

110. 谭智男著 :《四渡赤水》，人民出版社 2000 年版。

111. 庹平著 :《天下铁军》，蓝天出版社 2001 年版。

112. 陆平著 :《再生之狱——告诉你一个真实的长征》，国防大学出版社 1996 年版。

113.《红军长征史料选编》，学习出版社 1996 年版。

114. 刘益涛、张树军编写 :《红色铁流 : 红军长征全录》，中共党史出版社 2006 年版。

115. 中共云南省委党史资料征集委员会 :《红军长征过云南》，云南民族出版社 1986 年版。

116. 云南省党史资料征集办公室:《红二、红六军团长征过云南》，云南人民出版社 1986 年版。

117. 程子华：《程子华回忆录》，中央文献出版社 2005 年版。

118. 《中国人民解放军高级将领传》，解放军出版社 2013 年版。

119. 广州市政协文史资料研究委员会编：《南天岁月——陈济棠主粤时期见闻实录》，广东人民出版社 1987 年版。

120. 刘华清：《刘华清回忆录》，解放军出版社 2004 年版。

121. 《朱德选集》，人民出版社 1983 年版。

122. 南京军区司令部编：《打胜仗》，江苏凤凰教育出版社 2014 年版。

123. 总政宣传部编：《我们的队伍向太阳》，解放军出版社 2014 年版。

124. 李世明、田修思主编：《殊死的较量——长征战役战斗》，国防大学出版社 2012 年版。

125. 朱少军、王晓阳著：《征程军魂——长征中的著名将领》，中共党史出版社 2006 年版。

126. 中共宣威县委史志委员会编：《红军长征过宣威》，云南人民出版社 1993 年版。

127. 朱和平著：《朱德嫡孙解读：长征中的朱德》，解放军出版社 2006 年版。

128. 高红光、褚银主编：《青少年爱国主义教育读本：共和国将军》，浙江大学出版社 2011 年版。

129. 程子华：《为党掌握武装而斗争》，《红旗》1978 年第 8 期。

130. 《中共中央文件选集》，中共中央党校出版社 1986 年版。

131. 《参考消息》编辑部译编：《长征秘闻》，山西人民出版社出版 1992 年版。

132. 《党的文献》。

133. 《今古传奇》。

134. 《党史纵横》。

135. 《解放军报》。

后记

屈指算来，我从事中国人民解放军军战史研究一晃已是二十余年了，可谓研龄不短，收获颇丰。当初，从军科院政治部组织部转到军事历史研究部第一研究室，分到红军组，专门从事土地革命战争史研究。在老研究员的言传身教下，很快进入角色，完成了从机关干事到研究人员的转变。

关于长征，我有幸参加中国工农红军长征胜利 60、70 周年的纪念活动，还赶上了为中央政治局第 33 次集体学习《红军长征的胜利与思考》讲课稿及胡锦涛总书记讲话稿的起草工作。平时还承担了大量的咨询、审读和审看任务。通过活动和任务牵引，查阅了大量的文献资料，对长征那段历史进行了全面认真的梳理和专题研究，使自己在这个领域有了话语权。今年是长征胜利 80 周年，总想把多年的积累变成文字，正当我准备动笔的时候，接到江西人民出版社总编辑游道勤先生的约稿电话，当即一拍即合。游总编约写的题目是《长征中 80 个精彩片断》，仔细思考，觉得把片断改为细节更为合适，得到游总的认可。之所以改为细节，源于 2015 年遵义会议召开 80 周年，应《解放军报》“军史发现”专版刘璇编辑约写了《遵义会议那些历史细节》，军报用了一个版面的篇幅全文登载，当日中国军网头条、各大网站和《每周文摘》《今参考》等文摘类报刊相继转载，得到许多正反馈。

据相关人员统计，关于长征方面的图书出版了上万种，但从细节的角度解读长征到目前还没有看到。众所周知，历史都是由细节组成的。长征历时两年，细节很多，在写作的过程中，我既考虑到四路长征队伍之间的平衡，也根据实际情况有所侧重；既选取重大事件、战役战斗的细节，也有小到个人的某个细节。总之，从点线面各个角度，在诸多的细节中选取了具有典型性、标志性的细节来还原和展现长征是绝处逢生的战略大转移，是人类战胜艰难困苦的英雄史诗，是战争史上巍峨的丰碑，是大千世界千万故事中的惊险传奇。

在撰写此书的过程中，我的学生赵梦姗、章世森、王玮、晁华有所贡献，在此表示谢意。但由于资料搜集还不充分，加之个人水平有限，本书错讹、疏漏和不当之处在所难免，敬请从事长征研究者和广大读者提出宝贵意见，以便再版时加以修正和订正。

作者

2016 年初春于北京西山